Karamba Diaby
mit Eva Sudholt

Mit Karamba in den Bundestag

Mein Weg vom Senegal ins deutsche Parlament

Hoffmann und Campe

1. Auflage 2016

www.hoca.de
Satz: pagina GmbH, Tübingen
Gesetzt aus der Sabon LT und Congress LT
Druck und Bindung: Friedrich Pustet, Regensburg
Printed in Germany
ISBN 978-3-455-50420-0

HOFFMANN
UND CAMPE

Ein Unternehmen der
GANSKE VERLAGSGRUPPE

Dieses Buch widme ich meiner Schwester Goundoba und meinem zu früh verstorbenen Bruder El-Hadj Mamadou Gassama.

Inhalt

Die Sensation von der Saale *9*

Ein Waisenkind in Afrika *25*

Meine einsame Reise nach Norden *49*

Karamba Diaby angenommen. Stop. *64*

Freunde fürs Leben *81*

Wie ich lernte, den Laubenpieper zu lieben *97*

Als Schwarzer in »Dunkeldeutschland« *115*

Als ich rot wurde *143*

Mit Karamba in den Bundestag *156*

Berlin, wir kommen *172*

Riesenstimmung und Debakel *205*

Dank *219*

Anmerkungen *220*

Die Sensation von der Saale

»Das musst du alles mal aufschreiben.«

In unserem Wohnzimmer hängt ein gerahmtes Foto an der Wand, das ich selbst geschossen habe. Es zeigt ein paar Frauen, die auf den Reisfeldern von Marsassoum arbeiten. Sie schauen nicht freundlich in meine Kamera, sie protestieren viel mehr in meine Richtung. Ich hatte sie nicht gefragt, ob ich das Bild machen dürfte, und nun schimpften sie, was einem Fremden wie mir einfalle, sie einfach zu fotografieren. Sicher wolle ich die Bilder irgendwo verkaufen und hätte auch sonst nur Niederträchtiges im Sinn.

Ich war natürlich beleidigt, denn ich war voller Stolz nach so vielen Jahren in Deutschland zum ersten Mal in den Senegal zurückgekehrt. Ich hatte wohl angenommen, alle würden mich sofort erkennen und mir gerührt um den Hals fallen. Und nun wussten sie nicht einmal, wer ich war?

Als ich meinen Familiennamen in ihre Richtung rief, um sie zu beruhigen, da war mit einem Mal alle Feindseligkeit aus ihren Gesichtern verschwunden. Ich war doch der kleine Junge aus dem Dorf, der endlich in seine alte Heimat zurückgekehrt war. Nur war ich längst kein kleiner Junge mehr. Und meine Heimat, so spürte ich damals schon, lag mittlerweile in einem anderen Land. Auch wenn es den Staat, der mich sechs Jahre zuvor bei sich aufgenommen hatte, nun nicht mehr gab.

In Deutschland war gerade die Mauer gefallen. Ich hatte auf der östlichen Seite gelebt, die DDR war das einzige Deutschland, das ich kannte. Es war das Land, in dem ich leben wollte, das mir eine Zukunft geschenkt hatte, als ich in Dakar nicht mehr studieren konnte. Dem ich dankbar und verbunden war. Dasselbe Land, das viele Menschen unglücklich machte und das sie lieber heute als morgen verlassen hätten, wenn sie denn gekonnt hätten. Ich selbst hätte als Ausländer mit meinem senegalesischen Pass zwar jederzeit aus der DDR aus- und wieder einreisen können. Nur hatte ich damals kaum Geld, schon gar nicht für einen Flug in den Senegal, und ich hatte wohl auch zu viel Angst, dass man mich vielleicht nicht mehr reinlassen würde. Erst als die Mauer gefallen war, buchte ich endlich einen Flug zu meiner Familie. Die deutsche Wiedervereinigung wurde auch für mich, der ich bei den historischen Ereignissen um mich herum nur Zuschauer sein konnte, zu einem persönlichen Wendepunkt im Leben. Nun war irgendwie alles möglich, und vieles musste ganz neu beginnen. Doch genau das, immer neu zu beginnen, das war längst der rote Faden geworden, der sich durch mein ganzes Leben zog. Ich nahm ihn an und machte das Beste daraus.

Wann immer ich den Menschen von meinem Leben erzähle, höre ich sie sagen: »Das musst du alles mal aufschreiben.« Wenn ich einmal angefangen habe zu reden, dann höre ich so schnell nicht mehr auf. Und so will ich nun die Geschichte meines Lebens erzählen, die sich in einem Satz ungefähr so zusammenfassen lässt: Ein muslimischer Waisenjunge aus dem Senegal fliegt, ohne ein Wort Deutsch zu sprechen, in die DDR, studiert, promoviert, entwickelt ein Faible für Schrebergärten, Eisbein mit Sauerkraut und deutsche Pünktlichkeit, tritt der SPD bei und zieht für die angebliche Nazi-Hochburg Halle an der Saale als erster Schwarzer in den Deutschen Bundestag ein.

Tolle Drehbuch-Story, denken Sie jetzt vielleicht, nur ein bisschen weit hergeholt. Entspricht aber – fast – alles der Wahrheit. Immer wieder wurde über mich geschrieben, ich sei der erste Bundestagsabgeordnete Deutschlands, der in Schwarzafrika geboren wurde. Allein diese Tatsache hat Kamerateams aus der ganzen Welt von *CNN* bis *Al Jazeera* nach Halle gelockt. *New York Times* bis *Super Illu* schickten ihre Reporter los, um über die Sensation von der Saale zu berichten. Streng genommen war ich aber gar nicht der Erste. Von 1983 bis 1994 hat schon einmal ein Abgeordneter im Bundestag gesessen, der in Schwarzafrika auf die Welt gekommen ist.

Wie man aber schon an seinem Namen hören dürfte, ist an Hans-Günther Toetemeyer nicht sehr viel mehr afrikanisch als der Breitengrad seines Geburtsortes Keetmanshoop. Seine Eltern waren Missionare und zur Zeit seiner Geburt in Deutsch-Südwestafrika, dem heutigen Namibia, stationiert. Zwei Jahre nach seiner Geburt zogen sie mit ihrem Sohn zurück ins Ruhrgebiet. 1983 zog Toetemeyer als Sozialdemokrat in den Bundestag ein und blieb drei Wahlperioden Mitglied des Parlaments.

Ich selbst bin das Kind zweier Senegalesen. Ich kam erst mit Anfang zwanzig aus Schwarzafrika nach Deutschland und musste nicht nur die Sprache neu lernen.

Als »Schwarzafrika«, das ich ab jetzt nur noch in Anführungszeichen verwenden will, bezeichnet man gemeinhin jene Teile des Kontinents, die sich südlich der Sahara befinden – darum sagen wir auch Subsahara-Afrika – und die klimatisch im tropisch-subtropischen Bereich liegen. »Schwarzafrika«, das klingt nach bedrohlicher Fremde, nach Joseph Conrads *Herz der Finsternis*, nach Voodooritualen und Stammeskriegen. Tatsächlich geht der zu Kolonialzeiten geprägte Ausdruck auf die Schwarze* Bevölkerung in diesem Erdteil zurück, aber Assoziationen einer den Bewohnern unterstellten Barbarei und Kulturlosigkeit waren natürlich nicht unbeabsichtigt.

Ich habe mich im Rahmen meiner Arbeit oft dagegen gewehrt, dass wir all jene Länder unter dem Begriff »Schwarzafrika« zusammenfassen. Nicht nur wegen des so überdeutlichen Bezugs zur Hautfarbe ihrer Bewohner. Nein, wenn Migrantinnen und Migranten in Deutschland nach ihrer Herkunft aufgeschlüsselt werden, sind in den Statistiken immer alle Länder einzeln aufgeführt. Nur bei den Ländern südlich der Sahara heißt es immer »Schwarzafrika«, obwohl es erhebliche Unterschiede zwischen den einzelnen Staaten und Regionen gibt.

Manche Länder im subsaharischen Afrika gehören zu den ärmsten der Erde. Mein Heimatland, der Senegal, stellt unter seinen Nachbarländern, die zum Teil seit Jahrzehnten von Kriegen und Krisen erschüttert werden, eine Ausnahme dar. Es herrscht Frieden im Senegal, Toleranz und Freiheit gehören zur Staatsräson. Doch auch aus dem Senegal machen sich jedes Jahr Tausende auf, um ein besseres Leben in Europa zu finden. Wer seine Heimat, seine Familie, sein ganzes vertrautes Umfeld verlässt, der wagt diesen Schritt nicht aus Langeweile oder einer flüchtigen Laune heraus, sondern aus einem existenziellen Zwang. Als ich mich Mitte der achtziger Jahre entschied, mein Land zu verlassen, litt ich weder Hunger, noch wurde ich

---

* Ich habe mich mit der teilweisen Großschreibung von »Schwarz« der Argumentation der Initiative Schwarze Menschen in Deutschland (ISD) angeschlossen: »Schwarz wird großgeschrieben, um zu verdeutlichen, dass es sich um ein *konstruiertes* Zuordnungsmuster handelt, und keine reelle ›Eigenschaft‹, die auf die Farbe der Haut zurückzuführen ist. So bedeutet Schwarz-sein in diesem Kontext nicht nur, pauschal einer ›ethnischen Gruppe‹ zugeordnet zu werden, sondern ist auch mit der Erfahrung verbunden, auf eine bestimmte Art und Weise wahrgenommen zu werden.«
http://isdonline.de/uber-schwarze-menschen-in-deutschland-berichten/

politisch verfolgt oder an Leib und Leben bedroht. Ich wusste trotzdem nicht, wie es dort für mich weitergehen sollte. Und so entschloss ich mich zu dem Schritt, der alles für mich veränderte. Ich bewarb mich für ein Stipendium, das mich weit weg ins Ausland bringen sollte.

Ich will von meinem Leben erzählen, weil es vielen Menschen ähnlich geht wie mir damals: Sie müssen in der Fremde von vorn anfangen. Ich will davon erzählen, weil mein Weg nie geradlinig verlaufen ist, er war voller Kurven und Abzweigungen, manchmal so unwegsam und holperig, dass ich ganz kurz davor war zu stolpern.

Ich wünsche mir, dass mein Weg andere Menschen inspiriert und motiviert, sich ein bisschen mehr zuzutrauen im Leben. Dass sie an meinem Beispiel sehen, was alles möglich ist in diesem Land. Auch als Migrant.**

Mein Leben ist geprägt von Grenzüberschreitungen. Ich spreche nicht nur von Ländergrenzen, nicht nur von den scheinbaren Grenzen des Machbaren, sondern auch von den Grenzen des Miteinanders. Ich spreche von meinem Schwager in Marsassoum, der mich selbstlos umsorgt hat wie seinen eigenen Sohn und mir alles Wichtige mit auf den Lebensweg gegeben hat. Vom rassistischen Taxifahrer in Magdeburg, der mir die Mitnahme verweigert und mich zu Fuß durch den Tiefschnee zur Staatskanzlei laufen lässt. Ich spreche von jener Chemikerin in der DDR, die mich bei sich willkommen hieß

** Ich erlaube mir noch einen Hinweis, der mir wichtig ist: An einigen Stellen, wenn es um Personengruppen geht, verwende ich zugunsten eines besseren Leseflusses lediglich die männliche *oder* die weibliche Form. Aber auch wenn ich in diesen Fällen dann nur von dem Bürger oder der Bürgerin, von dem Kleingärtner oder der Kleingärtnerin spreche, so habe ich auch jeweils das geschlechtliche Pendant im Sinn.
Und nun darf ich Entwarnung geben: Sie müssen sich nicht auf die Lektüre weiterer Präliminarien am unteren Seitenrand einstellen.

wie ihr sechstes Kind und mir Schals und Mützen strickte. Von der Kellnerin in Berlin, die mich nicht bedienen will. Vom Gezischel im Zug. Den bösen Blicken auf der Straße. Von der übergroßen Anerkennung meiner Hallenser. Und immer wieder von Hass-Mails in meinem Postfach.

Wie alle guten Geschichten hat auch diese nicht nur helle, sondern auch ihre dunklen Seiten. Ich will sie ins Licht ziehen, sie sichtbar machen. Ich beobachte mit Sorge den Rechtsruck in Europa und befürchte, dass die offene Feindseligkeit im politischen Klima unserer Zeit noch besser gedeihen wird. Hass gegenüber Fremden, anderen Religionen, gegen Juden und gegen Muslime.

Ich selbst bin islamisch erzogen worden. Unsere Familie gehört der Richtung Qādirīya an, das ist die liberalste Form des Islam. Ich stamme aus einer Gelehrtenfamilie, der Name Diaby ist den Menschen auch in den Nachbarländern des Senegal noch ein Begriff. Auch ich war darum schon als Jugendlicher dazu berufen, andere Kinder in Religion zu unterrichten. Doch schon beim Studium in Dakar trat der Glaube für mich immer weiter in den Hintergrund. In der DDR war Religion generell kein Thema für die Menschen. In meinem Umfeld, auch unter den ausländischen Studierenden, gab es kaum jemanden, der den Islam praktizierte, und so verschwand er allmählich auch aus meinem Leben.

Heute gelten für mich die Kernwerte der abrahamitischen Religionen, des Islam, des Christentums und des Judentums. Aber natürlich haben sich auch auf meine religiöse Erziehung schon wirre Unterwanderungstheoretiker gestürzt, um mich zum Mitglied einer islamischen Weltverschwörung zu erklären.

Ich hoffe, dass meine eigenen Erfahrungen, die ich in diesem Buch schildern will, manchen Menschen dabei helfen, ihr »Anderssein« nicht als Hindernis zu sehen – auch wenn es immer

Leute geben wird, die sie genau das spüren lassen wollen. Meine eigene Geschichte zeigt: Es gibt zum Glück auch jene, die es gut mit einem meinen. Auch dort, wo man sie nicht vermutet. Weil man selbst schließlich auch nicht frei von Vorurteilen ist. Gegen Schrebergärtner zum Beispiel.

Ich denke oft an die Zeit kurz nach der Wende zurück, als ich, ein junger Doktorand damals, in Halles Kleingärten unterwegs war. Ich war nicht auf der Suche nach einer eigenen Laube, nein, ich grub mit zwei wissenschaftlichen Mitarbeitern des Lehrstuhls für Geoökologie etliche metertiefe Löcher in den Boden. Ich arbeitete damals an meiner Promotion über die Schwermetallbelastung in Schrebergärten und stapfte als wahrscheinlich erster Schwarzer überhaupt durch die ostdeutschen Parzellen.

Doch anstatt mir mit Skepsis oder Ablehnung zu begegnen, erlebte ich bei den Bewohnern vor allem Hilfsbereitschaft. Und manches Mal sagte einer von ihnen: »So, nun kommste mal her und trinkst erst mal ein Bierchen mit uns.« Dann wollten sie alles über mich wissen, wo ich herkomme, wie das Leben dort sei, wie es sich hier so lebe für »einen wie mich«. Und ich lernte meinerseits sehr viel über die deutsche Gesellschaft.

Meine Geschichte soll darum auch ein Plädoyer sein für Neugier und Aufgeschlossenheit. Nicht nur gegenüber dem fremden, sondern auch dem eigenen Land. Die Vorurteile gegenüber »dem Osten« sind ja mancherorts so groß wie gegenüber Afrika. Vor allem die Tatsache, dass ein Schwarzer nicht nur friedlich unter Ostdeutschen leben, sondern auch noch zu deren Volksvertreter werden kann, hat in den letzten Jahren viele Menschen verblüfft.

Im März 2013, als mein Wahlkampf für die Bundestagswahl begann, war auch der *Spiegel* auf mich aufmerksam geworden. Das Magazin schickte einen Reporter nach Halle, mit dem ich mich gut und ausgiebig über mein Leben und meine politischen Ziele unterhielt.

Als der Artikel kurze Zeit später erschien, war ich schockiert. Und mit mir die halbe Stadt. Unter der Überschrift *Das Experiment* erzählte der Journalist von dem bizarr anmutenden Versuch eines offenbar völlig naiven Schwarzen, in Sachsen-Anhalt gewählt zu werden. Meinen Wohnort nannte er eine »Hochburg der Rechtsradikalen«, bei der Landtagswahl 2011 habe die NPD in manchem Viertel fast zehn Prozent der Stimmen geholt. Und um die Szenerie des Grauens perfekt zu machen, kickte in seinem Text ein kleiner Junge im Hintergrund auch noch am helllichten Tag eine tote Taube durch die – natürlich – menschenleere Fußgängerzone.[1]

Wer einmal zu Besuch in Halle war, der erinnert sich ganz sicher an die pittoreske Innenstadt und den belebten Marktplatz, an liebevoll renovierte Altbauten, und er dürfte sich wohl fragen, wo sich eigentlich diese Zombiestadt versteckt hat, die ihm der *Spiegel* versprochen hatte.

Die Schreckenszahl von »zehn Prozent« entnahm der Autor der Angabe eines einzigen Halleschen Wahllokals im Viertel Industriegebiet Nord, in dem von 90 Stimmen neun für die NPD abgegeben worden waren. Schlimm genug, aber in den Landtag haben es die Rechtsextremen sowieso nicht geschafft, einzig im Stadtrat von Halle haben wir es leider mit einem NPD-Mann zu tun.

Halle war empört über das Nazi-Klischee. Leider war es nicht so einfach, mich auf die falsche Darstellung des Reporters zu berufen. Stattdessen wurde mir von einigen vorgeworfen, ich selbst hätte dieses Image inszeniert und mir zunutze machen wollen, um mich wie einen Helden unter Schurken zu gerieren. Es dauerte eine Weile, bis ich das Missverständnis aus der Welt räumen konnte. Doch die Proteste, die der Artikel auslöste, zeigten mir nur noch einmal, welches Potenzial in dieser Stadt steckt. Es gibt hier jede Menge Menschen, die sich aufregen, einmischen und ihre Stimme erheben.

Im *Spiegelblog* erklärte sich der Autor noch nachträglich, weil auch ihm die Aufregung nicht entgangen war, die sein Artikel ausgelöst hatte.[2] Und sicher zu Recht zitierte er darin auch Stimmen aus Halle, die befürchten, mit dem Kleinreden eines Neonazi-Problems leiste man dem Rechtsradikalismus auch noch Vorschub. Schlimmer als offensichtliche Menschenfeindlichkeit sei viel mehr der virulente Alltagsrassismus in der sogenannten Mitte der Gesellschaft – wie auch ich ihn tatsächlich immer wieder erlebe. Aber der gilt traurigerweise für Ost- wie Westdeutschland gleichermaßen.

Noch einmal bemühten sich in den Kommentaren unter dem Blogbeitrag gebürtige wie zugezogene Hallenser in langen Einlassungen um eine Richtigstellung. Mit dem Artikel habe der Autor genau das betrieben, was er selbst doch anzuprangern vorgebe: einen engagierten Lokalpolitiker auf sein Aussehen zu reduzieren.

Damals bekümmerte mich die allgemeine Aufregung sehr. Ich frage mich selbst manchmal, wie man mit so viel Harmoniebedürfnis, wie ich es habe, ausgerechnet Politiker werden kann. Mittlerweile kann ich solche Zwischenfälle leichter nehmen. Der Journalist und ich grüßen uns heute freundlich. Wir begegneten uns in den ersten Jahren dieser Wahlperiode im Bundestag; im politischen Berlin läuft man sich ja ständig über den Weg.

Ich bin heute sehr glücklich darüber, dass die Attraktion meiner physischen Erscheinung mittlerweile dem Interesse an meiner politischen Arbeit gewichen ist. Aber ich kann eben auch nicht bestreiten, dass mir all die Artikel, die während meines Wahlkampfs in der ganzen Welt über mich erschienen sind, geholfen haben auf meinem Weg in den Bundestag. Ich wandele ständig auf diesem schmalen Grat, meine Herkunft, mein Äußeres nicht zu sehr in den Vordergrund treten zu lassen, mich nicht auf dem »Exotenticket« auszuruhen, das mir ein Journalist mal beiläufig attestiert hat, und zugleich nicht zu verleugnen, dass ich gerade deshalb so viel Aufmerksamkeit errege, weil ich in meiner Biographie ein paar Extreme vereine, die eine gute Geschichte ausmachen.

Es dauerte nach dem *Spiegel*-Artikel jedenfalls nicht lange, da rief die *New York Times* bei mir an. Man wolle mich bei meiner Arbeit begleiten, sagte der Reporter, und ich schlug eine Wahlkampfveranstaltung am 1. Mai 2013 vor. Ob da auch schön viele Leute unterwegs seien, wollte er wissen. Und er hatte offenbar den Wunschtraum, auch ein paar Neonazis zu begegnen.

Meine Botschaft war klar. Ich präsentierte ihm eine Stadt der kulturellen Vielfalt – die Nationalakademie Leopoldina, die Bundeskulturstiftung, Georg Friedrich Händel, Martin Luther, eine Universität mit über 500-jähriger Tradition, an der die erste Frau promoviert wurde und der erste Schwarze studierte – und nein, ich meinte nicht mich damit, mein Vorgänger Anton Wilhelm Amo war schon 250 Jahre vor mir hier, aber von ihm erst später mehr. Der Journalist beschrieb in seinem Artikel, wie ich einen Chocolat Chip Muffin, den ich angebissen in meiner Hand hielt, über zwei Stunden weder verspeiste noch wegwarf, weil ich von einem Gespräch ins nächste geriet und ihn schlicht in meiner Hand vergessen hatte. Abgereist ist er schließlich mit einem ganz anderen Eindruck von Halle. Immerhin.

Danach machte ich noch so einigen Quatsch für die Medien mit. Für einen Beitrag bei RTL habe ich mich in ein Dorf in der Nähe von Halle karren lassen, um dort mit dem örtlichen Fußballverein zu kicken. Ich war furchtbar schlecht, sie haben mich gequält und mich sieben Minuten am Stück über den

Platz rennen lassen, bis endlich einer »Danke!« rief. Viele Journalisten hatten dann die Idee, mich und meine Familie zu Hause zu besuchen, weil ja irgendwann schon alles geschrieben war. Aber ich sagte konsequent: »Ich mache alles mit, nur keine Homestory.« Partnerschaft ist ein Bereich, in dem man sich nie ganz sicher sein kann. Kinder und Ehe bleiben privat. Ich dachte immer an Christian und Bettina Wulff. Wie die beiden ihre Ehe in einer Weise öffentlich gemacht hatten, dass hinterher nichts mehr im Verborgenen blieb. Wer einmal seine Türen geöffnet hat, der hat kaum eine Chance, seine Privatsphäre zurückzuerobern.

Die Aufmerksamkeit der Medien hielt auch nach meiner Wahl in den Bundestag an. In meinen ersten Wochen in Berlin hielt ich Pressekonferenzen ab, weil die Anfragen nicht abreißen wollten. Selbst Japan und Mexiko zeigten Interesse an mir, sogar dort hatte man ein grotesk überzeichnetes Bild vom Rechtsextremismus in Ostdeutschland. Und ich dachte: Wer könnte besser damit aufräumen als ich selbst? Eine französische Journalistin von *TV5 Monde* und ihre Kameramänner, die mich in Halle interviewt hatten und am nächsten Tag gleich morgens zurück nach Paris fliegen wollten, geradezu fluchtartig, so kam es mir vor, lud ich noch zu einer kleinen Kneipentour ein. Die Reporterin, eine Frau aus Kamerun, winkte ab. Was sie denn noch vorhabe, fragte ich. Nichts, sagte sie, nur schnell ins Hotel und dort noch etwas essen. »Kommt gar nicht infrage«, sagte ich. »Wir gehen noch aus.« Sie schaute nicht begeistert. Sie schien sich vor den Hallensern zu fürchten.

Ich ließ nicht locker, und sie waren am Ende des Abends sehr dankbar dafür. Wir verbrachten ein paar herrliche Stunden in meinem Lieblingsrestaurant mit ein paar Freunden, die sich zu uns an den Tisch setzten. Und ich war glücklich, dass ich das Medieninteresse an meiner Person nicht nur für mich selbst, sondern auch für eine Imagekorrektur meiner Heimat nutzen konnte.

Im Januar 2014 sollte das Interesse seinen vorläufigen Höhepunkt erreichen. Ich hatte schon etliche Male im Leben öffentlich und vor zahlreichen Leuten gesprochen. Der 16. Januar aber begann für mich mit Bauchkribbeln und zittrigen Händen. Es war der Tag meiner ersten Rede im Deutschen Bundestag. Und ich war furchtbar nervös. Ich wollte über die Ergebnisse der PISA-Studie sprechen und über meine Vorstellungen einer zukünftigen Bildungspolitik. Ich merkte in meiner Rede aber auch etwas Persönliches an. Ich sagte: »Wer meine Biographie und meinen Werdegang kennt, weiß: Ich kann heute nur vor Ihnen stehen, weil ich in verschiedenen Phasen meines Lebens immer wieder eine Chance erhielt. Als Abgeordnete haben wir die Aufgabe, gemeinsam dafür Sorge zu tragen, diese Chancen keinem Kind zu verwehren!« Bei Facebook erreichte ich mit meinem Auftritt über 89 000 Menschen. Meistens lese ich die Kommentare nicht, mein Team hat es mir verboten. Aber damals war ich überwältigt von dem großen Zuspruch, den ich bekam. Und ich dachte: »Na siehst du. Nun hast du auch diese Hürde genommen.«

Meine persönlichen Lebenserfahrungen wollte ich vor allem noch an anderer Stelle in meine politische Arbeit einfließen lassen: Rassismus und Diskriminierung sind für mich ja keine Theorie, ich kenne sie aus meinem Alltag. Und das macht mich eben zwangsläufig zum Fachmann für ein Problem, gegen das ich umso hartnäckiger ankämpfen will. Schon zu Beginn meines Wahlkampfs habe ich auch die großen Erwartungen gespürt, die an meine Person geknüpft waren. Nicht nur aus meinem Wahlkreis, sondern auch seitens der NGOs, der Migrantenselbstorganisationen und nicht zuletzt der Presse. »Du bist unser Vorbild«, höre ich oft aus der afrikanischen Diaspora. Das schmeichelt mir natürlich, aber es macht mir auch ein bisschen Angst. Ein Vorbild muss tadellos und mustergültig sein. Beides bin ich nicht. Ich kann nur von meinem eigenen Weg erzählen. Und ich kann nicht allen Ansprüchen genügen.

Wenn ich von meinem Leben erzähle, dann will ich den Menschen keine märchengleiche Aufstiegsgeschichte präsentieren. Ich hatte einfach schon immer den Drang dazuzugehören. Was mir gut und vernünftig erschien, da wollte ich mich einbringen. Dieser Wunsch, mich zu beteiligen, zieht sich durch mein Leben. Was mich dabei wohl am stärksten geprägt hat, war die Erfahrung, dass Hilfsbereitschaft nicht nur dem Hilfebedürftigen nützt, sondern auch demjenigen, der Hilfe leistet. Er bekommt sie fast immer zurück.

Auch in Deutschland brauchen viele Menschen heute unsere Hilfe. Innerhalb weniger Monate hat sich die Stimmung im Land stark verändert. Wir stehen heute vor Herausforderungen, denen sich viele Menschen in Deutschland nicht gewachsen sehen. Viele suchen einen politischen Spiegel ihrer eigenen Feindseligkeit im Programm rechtspopulistischer Parteien. Ihr Wahlspruch lautet nicht etwa »Wir schaffen das nicht«, er heißt vielmehr: »Wir wollen das gar nicht schaffen.« So sagte es bei einem Wahlkampfauftritt Hans-Thomas Tillschneider von der AfD. Seit März 2016 sitzt er nun im Landtag von Sachsen-Anhalt. Wie sehr sich die Stimmung auch hier verändert hat, kann man fast täglich erleben. Ich selbst erfahre es am eigenen Leib.

Ein Beispiel. Eine Bahnfahrt nach Bitterfeld, es ist der 7. März 2016. Ich bin auf dem Weg zu Angela Kolb-Janssen, SPD, Justizministerin meines Bundeslandes. Mein Parteifreund Andrej Stephan und ich besteigen den Regionalexpress. Dass er mich an diesem Tag begleitet, erwähne ich nicht ohne Grund.

Angela Kolb-Janssen befindet sich gerade mitten in der heißen Phase des Landtagswahlkampfs in unserem Bundesland, und ich bin mit ihr verabredet, um sie bei ein paar Terminen zu unterstützen. Auf dem Programm stehen Treffen mit Gewerkschaftsseniorinnen der GEW zum Weltfrauentag, ein Besuch in einer Biogasfabrik und abends ein Treffen im Ortsverein Bitterfeld-Wolfen. Andrej und ich teilen uns das Abteil mit einer Gruppe von fünf Leuten, die offenbar auf dem Weg zum Schichtwechsel in ihrer Firma sind. Drei davon, zwei Männer und eine Frau zwischen 25 und 35 Jahren, unterhalten sich. Als sie mich einsteigen und Platz nehmen sehen, fährt der Wortführer unter ihnen seine Lautstärke deutlich nach oben. Er setzt unter ständigem Schielen zu meinem Platz zu einem abstrusen Monolog über Flüchtlinge an – dass nur die wenigsten von ihnen wirklich verfolgt gewesen seien, dass die meisten nur von unserem Sozialsystem schmarotzen wollten und dass für die Deutschen mal wieder nichts getan werde. Alles werde teurer, und die Zukunft sei unsicher. Das Klügste, was man als Deutscher nun tun könne, sei es, nach Mazedonien zu gehen und dann als Flüchtling nach Deutschland zurückzukommen, dann habe man es besser als jeder Hartz-IV-Empfänger.

Niemand im Abteil widerspricht, auch wir ziehen es vor zu schweigen. Die latent-aggressive Situation löst sich erst auf, als die Gruppe in Landsberg den Zug verlässt.

Am Abend im Ortsverein in Bitterfeld kommt das Gespräch schnell auf das unvermeidliche Thema Flucht. Die Diskussion erreicht bald ihren Höhepunkt, als ein aktives Mitglied der Kommunalpolitik vorbringt, es müsse nun vor allem etwas für das »Sicherheitsgefühl unserer deutschen Mitbürger« getan werden.

Ich antworte ihm erst einmal mit einer Gegenfrage: »Schließt du mich eigentlich ein, wenn du von ›unseren deutschen Mitbürgern‹ sprichst?« Und erläutere ihm, wie es um mein eigenes Sicherheitsgefühl bestellt ist. Einen Abendtermin, wie wir ihn nun gerade hätten, sage ich, würde ich nur mit Bauchschmerzen absolvieren, wenn ich danach noch den dunklen Heimweg allein antreten müsste. Wäre Andrej nicht mitgekommen, hätte ich das Treffen, das auch noch mit einer späten Rückfahrt verbunden ist, wahrscheinlich abgesagt. Ich erzähle von meiner Begegnung im Zugabteil und dass sie vielleicht nicht so harmlos ausgegangen wäre, wenn ich allein und der Mann möglicherweise auch noch angetrunken gewesen wäre. Die Hemmschwelle für offene Ablehnung und Aggression ist längst gesunken. Wenn wir von Sicherheit reden, sage ich noch, dann sollte die wohl für alle gelten, auch für Geflüchtete. Vor allem die jungen Leute im Saal klatschen mir Beifall.

Wer mich kennt, der weiß, dass ich ein glühender Fan meiner Stadt bin und dass ich sie stets gegen jeden verteidige, der sie als El Dorado für Neonazis hinstellt. Aber natürlich will ich das Thema auch nicht verniedlichen. Schon aus eigenen negativen Erfahrungen nicht.

Im ersten Jahr nach meiner Ankunft in Halle, es war 1986, bin ich noch jedes Wochenende mit dem Zug nach Leipzig gefahren. In Halle hatte ich damals noch keine Freunde gefunden, in Leipzig aber, wo ich zur Sprachschule gegangen war, kannte ich immerhin ein paar der ausländischen Studenten. Wir trafen uns immer in der Moritzbastei, da war jedes Wochenende Disco angesagt. Danach nahm ich immer den letzten Zug nach Hause zurück, der fuhr gegen viertel zwei los und war gegen zwei Uhr morgens in Halle. Ich stieg aus, lief über den Ernst-Thälmann-Platz, der heute Riebeckplatz heißt, dann die Leipziger Straße entlang, von den Hallensern Bullewohr genannt (Boulevard), bis zum Marktplatz, dann weiter über die Peißnitzinsel bis zum Studentenwohnheim am Weinberg. Viereinhalb Kilometer Fußmarsch, und dann auch noch durch einen unübersichtlichen Stadtpark – das kommt mir heute undenkbar vor. Das mag klingen, als würde ich mich nach der DDR zurücksehnen. Was natürlich Unsinn ist. Aber Angstgefühle wie heute gab es damals nicht. Sie dürfen nicht zum Grundgefühl unter Flüchtlingen in unserem Land werden, und auch nicht unter uns Deutschen mit Migrationshintergrund.

Viele der Geflüchteten werden Deutschland von sich aus wieder verlassen. Viele andere werden bleiben. Und sie werden wie ich dazugehören wollen, das ist ein unwiderstehlicher, zutiefst menschlicher Drang. Ob sie in unserer Gesellschaft aufgehen werden, liegt zu einem großen Teil an ihrem eigenen Bemühen. Zum anderen großen Teil aber liegt es an uns, ob wir Fremden mit Freundlichkeit begegnen, ob wir sie dazu ermutigen werden dazuzugehören. Oder ob wir ihnen von vornherein unsere Ablehnung zeigen. Eines ist jetzt schon klar: Unser Land braucht wieder mehr Zusammenhalt, nicht Hass und Gewalt. Feindseligkeit und Ressentiment werden die falsche Antwort sein – für uns alle.

Ein Waisenkind in Afrika

Fragt der Lehrling seinen Meister: »Meister, wie weit entfernt ist eigentlich Afrika?«, und beobachtet dabei den Schwarzen Kollegen, der gerade seine Schicht antritt. »So weit kann's nicht sein«, sagt der Meister. »Der kommt jeden Morgen pünktlich mit dem Fahrrad zur Arbeit.«

Im April 2016 bekam ich eine Whatsapp-Nachricht von meiner Frau. Ich hatte Sitzungswoche in Berlin, sie war zu Hause in Halle. Sie hatte gerade unseren Briefkasten geleert. Es war Post für mich darin. Genauer gesagt: ein Gutschein, den man mir hatte zukommen lassen. Frankiert war die Karte mit einer lieblichen Briefmarke von der Deutschen Rosenschau in der Lausitz. Das Motiv der Postkarte war weniger romantisch. Es zeigte einen klapprigen Kahn voller Menschen auf dem Mittelmeer. Einzulösen war der Gutschein laut Absender »für die Ausreise aller Überfremdungsbefürworter Richtung Afrika«. Denn: »Wer Deutschland nicht liebt, soll Deutschland verlassen.« Wen genau sie damit meinten, das führten die Briefeschreiber auf der anderen Seite der Postkarte aus: »Alle Unterstützer der volksfeindlichen Politik der Bundesregierung, die einen systematischen Austausch unseres Volkes mit art- und kulturfremden Ausländern vorantreiben.« Die von der »Westlichen Wertegemeinschaft herbeigeführten Kriege im Nahen Osten und Afrika lassen sich am schnellsten lösen, indem die

Verursacher dieser Krisen sich vor Ort mit Leib und Seele und für Frieden einsetzen.« Dann sollte ich zwischen drei Optionen auswählen und ankreuzen: »1. Ich wähle die Überfahrt mit einem Boot. 2. Ich wähle den Landweg über die Balkanroute. 3. Ich würde gerne fliegen (zzgl. Zuzahlung).« Auszufüllen und zurückzuschicken an: Der III. Weg, Postfach 1122, 67085 Bad Dürkheim.

Woher hatten die unsere Privatadresse? Sollten wir die Polizei einschalten? Ich erstattete Anzeige. Meine Mitarbeiterin Franca stand seit einem anderen Zwischenfall schon in Kontakt mit dem Staatsschutz. Man sah sich die Karte an, die meine Frau ihnen übergab, und beschied: keine strafbare Aussage. Aber unheimlich erschien es uns doch, dass die obskure Vereinigung, eine rechtsextreme Kleinstpartei, ihre Post nicht an mein Wahlkreisbüro, sondern an unsere Privatadresse geschickt hatte.

Als ich meinen Kollegen in Berlin von der Karte erzählte, erfuhr ich von einigen, dass sie ebenfalls solche »Gutscheine« erhalten hatten, auch ohne ausländische Wurzeln. Die meisten von ihnen wollten kein großes Aufheben darum machen, dem Hass der Neonazis nicht auch noch ein Podium bieten. Aber ich war der Meinung, dass wir die Klappe aufmachen müssen und so etwas nicht als Normalität betrachten dürfen. Wenn wir Demokraten anfangen klein beizugeben, haben wir schon verloren.

Das Land, in das mich diese Herrschaften zurückschicken wollen, habe ich zuletzt im Oktober 2015 besucht. Damals nahm ich auch an einem Staatsempfang des Präsidenten Macky Sall teil. Es war die Eröffnungszeremonie der *Africa Global Partnership Platform* in Dakar. Gerade sprach er da vorne auf dem Podium noch darüber, was Afrika und Europa voneinander lernen könnten, da verließ er plötzlich sein Manuskript, um einen Gast im Publikum willkommen zu heißen: mich.

»Ich habe heute die große Freude, einen alten Schulfreund zu begrüßen«, sagte Macky Sall, »der einen Beitrag zu beiden Kulturen leistet. Dazu will ich den Deutschen gratulieren, und ganz besonders Frau Angela Merkel.« Am nächsten Tag war mein Foto überall. Und meine weit verzweigte Familie erfuhr aus der Zeitung, dass ich mal wieder im Lande war.

Ich hatte eigentlich beruflich in Afrika zu tun, ich besuchte mit ein paar Bundestagsabgeordneten der CDU, der Grünen und der Linken die Länder Mali und Togo, Kamerun und Senegal. Es ging um deutsche Entwicklungsprojekte, um die UN-Mission, es ging um den Umgang mit Rohstoffen. Denn die Länder, die reich sind an Mineralien, an Gold und an Silber, sind meist die ärmsten, ihre Bodenschätze führen nicht zu allgemeinem Wohlstand, sondern zu blutigen Konflikten. Wir berieten uns vor Ort über religiöse und ethnische Spannungen, über den Terror von Boko Haram und darüber, wie man ihm ein Ende setzen könnte. Doch unter all den Ländern dieser krisenhaften Region stellt der Senegal eine glückliche Ausnahme dar, von der ich erzählen will.

Der Senegal hat nie einen Militärputsch erlebt. Religiöser Fanatismus und Nationalismus sind uns größtenteils fremd. Muslime, die mit 95 Prozent die Mehrheit bilden, leben friedlich mit Christen und Anhängern von Naturreligionen zusammen. Ich will nicht verschweigen, dass es auch im Senegal regionale Konflikte wie den in der Casamance gibt, wo es seit vielen Jahren immer wieder Unruhen gibt, aber diese entstehen aus sozialen und wirtschaftlichen Unterschieden zwischen den Regionen und sind ein Erbe der Kolonialgeschichte des Landes.

Der Senegal zählt rund 20 ethnische Gruppen, in meinem

Dorf allein lebten damals zehn davon. Der Glaube ist bei uns Privatsache. Trotz 256 verschiedener Parteien im Land gibt es keine einzige religiöse darunter. Auch interreligiöse und interkonfessionelle Ehen waren und sind ganz normal.

Die Christen in unserer Nachbarschaft tranken Palmwein, aßen Schweinefleisch und gingen statt in die Moschee in die Kirche, das waren erst einmal die einzigen Unterschiede zwischen uns. Alkohol gab es in meiner Familie nicht. Mein erstes Bier habe ich mit Anfang zwanzig in der DDR gekauft. Später trank ich mit Studenten Rosenthaler Kadarka Lieblich aus Bulgarien und bekam davon schreckliche Kopfschmerzen. Heute weiß ich einen guten Cabernet Sauvignon aus Chile zu schätzen, und ich liebe unsere Eisbein-Abende mit Freunden – eine alte Tradition mit meinen Kommilitonen Thomas, Axel und Uwe noch aus Studententagen.

Der erste Staatspräsident des Senegal nach der Unabhängigkeit 1960 war Léopold Sédar Senghor, ein Dichter und Träger des Friedenspreises des Deutschen Buchhandels. Er war katholisch und hatte sich gegen einen Konkurrenten aus einer einflussreichen muslimischen Familie durchgesetzt. Unser zweiter Präsident Abdou Diouf amtierte von 1981 bis 2000, er war Moslem und mit einer Katholikin verheiratet. Sein muslimischer Nachfolger Abdoulaye Wade nahm vor 50 Jahren seine weiße Kommilitonin Viviane zur Frau, die er beim Medizinstudium in Frankreich kennengelernt hatte. Ein Islamgelehrter im Senegal sagte einmal, »die Tatsache, dass wir Muslime sind, hindert uns nicht daran, als Individuum zu leben. Wir lieben Tanz, die Musik, gleichberechtigte Beziehungen zwischen den Geschlechtern.« So darf es mit dem Islam nach meinem Geschmack auch weitergehen.

Der amtierende Präsident Macky Sall, mein alter Schul- und Studienfreund, ist unser erster Staatschef, der keine gemischt-religiöse Ehe führt, er ist muslimischen Glaubens wie seine Frau, setzt sich aber seit Jahren gegen jede Form von Fundamentalismus ein. Für seine Verdienste hat ihn die Stadt Dresden 2015 mit dem St. Georgs Orden ausgezeichnet. Und er befindet sich damit in bester Gesellschaft, wie ich meine: In den Vorjahren waren José Manuel Barroso und Jean-Claude Juncker die politischen Preisträger. Und neben Macky Sall wurde 2015 auch Wolfgang Stumpf der Dresdner Preis in der Kategorie Kultur verliehen. Mein absoluter Lieblingsschauspieler seit *Go Trabi Go*.

Wie ernst es dem Senegal mit der Pflege seiner demokratischen Werte ist, zeigt auch ein Referendum, das Macky Sall erst im März 2016 erließ. Kernaussage: Man darf nicht an seiner Macht kleben. Verhältnisse wie in Simbabwe, wo jemand wie Robert Mugabe nun seit 36 Jahren regiert, sind damit ausgeschlossen. Die Amtszeit ließ Macky Sall von sieben auf fünf Jahre beschränken, überhaupt kommt ein Kandidat nur noch für zwei Wahlperioden in Betracht. Macky Sall wollte die neue Regel eigentlich schon für seine eigene Amtszeit durchsetzen. Das kam in seinem Umfeld aber gar nicht gut an. Einige Kollegen, die sich ihrer Meinung nach noch nicht genug verwirklicht und auf eine Parteikarriere gehofft hatten, sagten nun zu mir: »Sag ihm, er soll den Blödsinn lassen! Wir brauchen ihn noch, wir wollen auch noch was werden unter ihm!« Doch dann ist er ohnehin am Einspruch des Verfassungsgerichts gescheitert. Die Regel tritt nun erst mit Amtsantritt seines Nachfolgers in Kraft.

Unter den afrikanischen Ländern mag der Senegal eine Art Musterschüler sein. Im internationalen Vergleich aber ist die Wirtschaftsleistung schwach. Daran hat auch der »Wandel« nichts geändert, zu dem Präsident Abdoulaye Wade in seinem letzten Wahlkampf aufgerufen hatte. 2012 musste er nach der

Wahlniederlage mit 86 Jahren sein Amt niederlegen. Nicht ohne der Nachwelt noch ein gewaltiges Monument in Dakar zu hinterlassen: Es zeigt eine Kleinfamilie aus Bronze, größer als die Freiheitsstatue, und ließ bei den Einwohnern durchaus die Frage aufkommen, ob das ganze Geld nicht anderweitig sinnvoller angelegt gewesen wäre.

Hatte sein Vorgänger Senghor noch von einem zweiten Paris in Afrika geträumt, einem kulturellen und intellektuellem Zentrum – was Dakar auch wurde und immer noch ist –, sorgte Wade für einen Bauboom mit Hochhäusern, modernem Flughafen, Luxushotels, Straßen und Brücken. Dakar ist mittlerweile zu einem teuren Pflaster geworden. Internationale Firmen und Organisationen haben ihre Mitarbeiter in die Metropole entsandt, was die Immobilienpreise rasant in die Höhe getrieben hat. Von vernachlässigten Vierteln und einem schlechten Bildungssystem können Glitzerfassaden aber auch nicht ewig ablenken.

Nun war also ich, der Deutsche, wieder im Lande. Kam den ganzen Weg in den Senegal, und die Familie erfuhr mal eben aus der Zeitung davon. Deutschland, muss man wissen, genießt im Senegal sehr viel Aufmerksamkeit. Senegalesische Kinder setzen sich in der Schule intensiv mit der deutschen Geschichte auseinander. Aus eigener Betroffenheit, könnte man sagen, denn im Ersten wie im Zweiten Weltkrieg waren fitte, junge Männer aus den Kolonien rekrutiert worden, um an der Seite der Alliierten in Europa zu kämpfen. Viele Familien haben dort ihre Söhne verloren. Viele andere junge Männer saßen in deutscher Kriegsgefangenschaft. Und lernten dort ein paar Worte Deutsch, die sie später mit zurück nach Afrika brachten.

Das Interesse an Deutschland richtete sich aber spätestens seit den achtziger Jahren, als das Fernsehen zu uns kam, weniger auf historische Ereignisse als auf aktuelle Bundesligaspiele.

Statt für Adolf Hitler und die Wehrmacht interessierte man sich jetzt vor allem für Karl-Heinz Rummenigge und den FC Bayern, für Franz Beckenbauer und Toni Schumacher, den wir *Schumaschehr* aussprachen.

Heute bin ich für die Menschen in meinem Dorf Marsassoum selbst eine kleine Attraktion. »Seht her«, sagte mein Schwager immer. »Er hat es in Europa zu etwas gebracht.«

Ja, es war mein Schwager, der mich erzogen und mich fürs Leben geprägt hat. Meinen Vater habe ich viel zu früh verloren. Das Einzige, an das ich mich erinnere, ist der Geschmack des süßen Hustensafts, den er mir gab, wenn ich krank war. An meine Mutter habe ich keinerlei Erinnerung. Sie starb drei Monate nach meiner Geburt. Mein Vater hatte noch zwei andere Frauen, er blieb also nicht als einsamer Witwer zurück. Was aus mir werden sollte, wer diesen kleinen Säugling nun auffangen würde, war dagegen noch nicht so klar.

Im Senegal ist bis heute die Vielehe gesetzlich verankert. Ein Mann darf, wenn er es sich denn leisten kann, bis zu vier Frauen heiraten. Voraussetzung dafür ist allerdings, dass die erste Frau bei der standesamtlichen Trauung darüber mitentscheidet, ob die Ehe mono- oder polygam geführt werden soll. Für europäische Frauen ist das alles kaum vorstellbar, und man kann auch nicht gerade behaupten, dass sich die Ehen dort konfliktfrei gestalteten. Eifersucht kann man schließlich nicht mit Paragraphen verbieten. Doch wenn ich heute mit den Frauen dort spreche, dann bekomme ich häufig lapidar zu hören: Ach, bei euch läuft doch auch nicht alles gut. Bei euch gehen die Männer eben fremd.

Tatsächlich herrscht aber Eifersucht nicht nur zwischen den Frauen, die Konkurrenz überträgt sich auch auf die Kinder. Mein Vater hätte mich nach dem Tod meiner Mutter in die Hände seiner dritten Frau geben können, die selbst noch ein kleines Kind hatte. Aber sie wollte mich nicht, und er wollte sie nicht dazu zwingen. Ich hatte noch Jahrzehnte danach das Gefühl, dass sie ein schlechtes Gewissen plagte, denn später hat sie mich mit Zuwendung geradezu überschüttet.

Mein Vater gab mich also, als ich drei Monate alt war, in die Obhut meiner älteren Schwester. Ich habe ihm die Entscheidung im Rückblick nie übel genommen, ich fühlte mich nicht verstoßen von ihm. Ich hatte eher das Gefühl, dass er sich zu diesem Schritt, der sicher sehr schmerzhaft für ihn war, zu meinem eigenen Wohl entschieden hat. Als hätte er mich losgelassen, um mir eine Chance auf ein besseres Leben zu geben.

Meine Schwester war 17 Jahre älter als ich und lebte mit ihrem Mann in einem kleinen Haus. Ein Jahr nach meiner Ankunft bei ihr kam ihr erstes Kind auf die Welt. Ich wusste bis zu meinem sechsten Lebensjahr nicht, dass meine Schwester und ihr Mann nicht meine richtigen Eltern waren. Sie haben zwischen mir und ihrem Sohn nie einen Unterschied gemacht. Erst als mein Vater starb und die Leute mir ihr Beileid bekundeten, habe ich mich gefragt, wer denn dann der Mann, bei dem ich aufwuchs, in Wirklichkeit war.

Mein Vater starb, als ich erst sieben Jahre alt war, an einer Blinddarmentzündung. An so etwas stirbt man im Senegal zum Teil auch heute noch, die Versorgung auf dem Land wird solchen eigentlich banalen Krankheiten noch immer nicht Herr. Die Leute machen jede Menge Tamtam um HIV, dabei ist die Aids-Rate mit 1,1 % bei uns verhältnismäßig niedrig. Ein größeres Problem aber sind zum Beispiel Durchfallerkrankungen. An Malaria erkrankte ich zum ersten Mal 1991, als ich schon in Deutschland lebte. Ich war gerade von meiner ersten Reise in den Senegal nach Halle zurückgekehrt. Und hatte mir gleich die schlimmste Variante geholt, die *Malaria tropica*, die im Süden des Senegal verbreitet ist. Die ostdeutsche Ärztin hatte kaum Erfahrung damit. Ich sorgte dann selbst dafür, dass ich nach Leipzig ins Krankenhaus kam, das einzige in der Region, das sich mit der Behandlung von tropischen Krankheiten auskannte.

Um seine eigene Erkrankung zu behandeln, reichten die Fähigkeiten meines Vaters, der Medizinmann war, natürlich nicht aus. Er wusste Bescheid über Pflanzen und Kräuter. Quinqueliba zum Beispiel ist gut bei Hepatitis, die Blätter der Guave helfen gegen Fieber. Tee aus Hibiskusblüten ist gut gegen Bluthochdruck. Und die Früchte des Affenbrotbaums sind gut gegen Durchfall, darauf schwöre ich bis heute.

Viel mehr ist bei mir leider nicht hängengeblieben von seinem Wissen. Denn mein Schwager, der zu meinem Ziehvater wurde, interessierte sich für diese Dinge nicht. Er war Geschäftsmann. Er war zielstrebig, fleißig und ehrlich. Ein Selfmademan, der mit nichts angefangen hatte. Er war ganz allein als junger Mann aus der Region Tambacounda im Südosten des Senegal in die Casamance gekommen, um dort als Händler Fuß zu fassen. Mein Schwager beherrschte zwar die arabische Schrift, weil er, wie alle Jungs, die Koranschule besucht hatte. Aber dabei sollte es bleiben, eine normale Schule hatte er nie besucht. Damit galt er faktisch als Analphabet.

Das Koranschulwesen im Senegal besteht parallel zu den öffentlichen, laizistischen Schulen, in denen keine Religion gelehrt wird. Die Koranschulen setzen sich wiederum aus drei verschiedenen Stufen zusammen. In der ersten, traditionellen Stufe lernen die Schüler zwischen sieben und elf Jahren den Koran auswendig, ohne den Sinn zu verstehen und die Sprache zu beherrschen. Die wird ihnen erst in der zweiten Stufe, der arabischen Schule, beigebracht – diese erreichen allerdings nur die wenigsten Jungs, weil den Eltern die Grundkenntnisse ausreichend erscheinen, weil sie genug mit der regulären Schule um die Ohren haben oder weil sie schlicht zum Arbeiten benötigt werden. Die dritte Stufe, das *Institut Islamique*, orientiert sich mit seinen Fächern an den weiterführenden, laizistischen Schulen, hat zusätzlich aber noch Religion und Arabisch auf dem Lehrplan und endet mit einem dem Baccalauréat oder Abitur vergleichbaren Abschluss.

Mein Schwager war eines der Kinder, die schon ganz früh von der Schule abgehen mussten, um Geld zu verdienen. Er lernte also weder die arabische noch die französische Sprache – geschweige denn die lateinische Schrift. Seine Briefe, die er mir Jahre später nach Deutschland schickte, verfasste er auf Diakhanke, meiner Muttersprache (die in unserer Region von nur sechs Prozent der Menschen gesprochen wird), geschrieben in arabischen Buchstaben, die er als Junge gelernt hatte. Eine Phantasieschriftsprache eigentlich.

Der Wortlaut seiner Briefe mit der umständlich-höflichen Anrede bringt mich bis heute zum Lächeln. Er schnitzte sich aus Bambus einen Stift und schrieb mit schwarzer Tinte: »Dieser Brief ist von mir, Sadia Dramé, an Karamba Diaby in Deutschland. Ich begrüße dich ganz herzlich, deine Frau, die Mutter deiner Frau und den Vater deiner Frau. Und die ganze Verwandtschaft. Ich habe das Geld bekommen. Ich danke dir, ich bete für dich. Denke bitte daran, ebenfalls zu beten und zu fasten. Ich wünsche dir ein langes Leben und ein gutes Ende. Hier ist alles in Ordnung. Die gesamte Familie grüßt dich. Wenn dieser Brief angekommen ist, kannst du mir antworten.«

Auch wenn jemand ein glückliches Leben hatte, man wünscht sich bei uns immer zugleich auch ein gutes Ende. So ganz konnte ich seine Wünsche aber nicht erfüllen, regelmäßige Gebete gehören nicht zu meinen täglichen Ritualen.

Mein Schwager hatte also weder Schulbildung noch Startkapital, doch er wartete nicht darauf, dass jemand etwas für ihn tat. Er begann damit, Hirse anzubauen, dann etwas Reis und Süßkartoffeln, dazu Erdnüsse und Mais und legte sich nach und nach ein paar Rinder, Schafe und Ziegen zu. Neben der Landwirtschaft besorgte er sich Waren aus dem elf Stunden entfernten Dakar und baute bei uns einen Großhandel auf – für Obst und Gemüse, Kerzen und Petroleum und was man sonst noch so brauchte zum Leben. Die kleinen Händler aus den Dörfern holten sich bei ihm ihre Waren ab, um sie weiterzuverkaufen. Was sie bezahlen mussten, wurde notiert. Dann schickte mein Schwager seinen Sohn und mich am Zahltag mit dem Fahrrad auf die Dörfer und ließ uns abkassieren. Wir waren neun und zehn Jahre alt und stolz wie Bolle. Er hat uns vertraut, und wir haben dadurch gelernt zu rechnen.

Wir haben damals aber nicht nur die Schulden eingetrieben, wir haben auch auf dem Feld mitgeholfen und sind in den Wald gefahren, um Brennholz zu holen. Ich bin mir im Klaren darüber, dass solche Tätigkeiten von vielen als Kinderarbeit angesehen werden, gegen die sich eigentlich alle Länder der Erde ausgesprochen haben. Dennoch bin ich dafür, sie im dortigen Kontext differenzierter zu bewerten. Auch in Deutschland ist es keine Kinderarbeit, wenn Söhne und Töchter den Familienbetrieb, wie beispielsweise eine Bäckerei, mit einfachsten Aufgaben unterstützen. Kinderarbeit bedeutet, Minderjährige wegzuschicken, um etwas eigenständig mit Lohnarbeit zu erwirtschaften.

Die alltägliche Mithilfe der Kinder im Senegal ist auch nicht zu verwechseln mit dem Einsatz der sogenannten Talibés, der insbesondere in westafrikanischen Großstädten praktiziert wird, so auch in Mali, in Gambia, Mauretanien, Guinea und Guinea-Bissau. Der Wortstamm, der so viel bedeutet wie Schüler oder Wissensuchender, findet sich auch noch in der islamistischen Miliz der Taliban wieder, hat in diesem Zusammenhang aber nichts Militantes an sich. Aus einer alten Tradition heraus ist es in den Ländern nicht unüblich, dass Eltern ihre Kinder unter sechs Jahren kostenlos in die Obhut eines muslimisch-religiösen Lehrers, eines Marabouts geben, damit sie bei ihm den Koran erlernen. Oft sind wirtschaftliche Gründe in kinderreichen Familien dafür ausschlaggebend. Eigentlich verständlich, würden die Kinder nicht dazu gezwungen, ihren Marabouts strikten Gehorsam zu leisten und »als Dank« auf der Straße für sie betteln zu gehen, um so für deren Lebensunterhalt zu sorgen. Diese Form der Kinderarbeit muss dringend bekämpft werden, und ich habe mich als Vorsitzender des Vereins *Deutschland Nangadef* – »Nangadef« bedeutet auf Wolof »Guten Tag« – gegen die Ausbeutung der Talibés eingesetzt. Um die Kinder von der Straße zu bekommen, müssen die Schulen irgendwie anders finanziert werden, und so hatte der Berliner Student Fabian Griesche die schöne Idee, ausrangierte Reissäcke zu modischen Tragetaschen umzunähen und an westliche Trendsetter zu verkaufen. Mitglieder des amerikanischen *Peace Corps* nahmen sie vom Senegal mit in die USA, weitere Taschen sollten nach Europa verschifft werden. Mit dem Geld, das die verkauften Taschen einbrachten, hat der Verein eine Hirsemühle für eine Koranschule angeschafft. Damit wird seitdem die Hirse von Kunden aus der Umgebung gemahlen und verpackt. Die Einnahmen daraus fließen in die Schule, die Schüler lernen etwas bei ihren Tätigkeiten und müssen das Geld nicht mehr durch Betteln auftreiben.

Kinder waren und sind im Senegal noch immer Teil des familiären Erwerbslebens. Die Schule hat in der Regel nicht darunter zu leiden, es fällt nur die Freizeit knapper aus. Später, als ich meine Schwester und meinen Ziehvater verlassen musste, um die Schule zu wechseln, und von einem mir wildfremden Mann in einem weit entfernten Ort ganz selbstverständlich aufgenommen und über Jahre ernährt wurde, habe ich nicht nur ihm bei der Arbeit geholfen. Ich habe auch, nach meinen eigenen Schulaufgaben, seinen Kindern noch Nachhilfe gegeben und ihnen den Koran beigebracht. Nur die Regeln des Gebets ließ ich aus, Kinder sind im Islam nicht verpflichtet zu beten.

Es war ein arbeitsames Leben, das ich führte. Ich hätte schon auch gerne öfter auf der Straße mit den anderen Jungs Fußball gespielt oder den Mädchen hinterher geguckt, aber wenn ich abends fertig war mit meinen Aufgaben, waren alle schon müde und die Mädchen längst im Bett. Meine Kinder können das alles gar nicht glauben, aber ich habe nie darunter gelitten, denn das Wichtigste war für mich, in die Schule gehen zu können. Und dafür nahm ich vieles in Kauf.

Mein Schwager ist 2010 gestorben. Bis dahin haben wir all die Jahre engen Kontakt gehalten. Ich bin froh, dass ich ihm und meiner Schwester noch etwas zurückgeben konnte. Im Senegal ist es ein ungeschriebenes Gesetz, dass der Sohn seinen Eltern zum Dank eine Pilgerfahrt nach Mekka bezahlt, sobald er es sich leisten kann. Bei mir war es dann eben meine große Schwester. Von meinem ersten Lohn, den ich 1996 in Deutschland verdient habe, konnte ich sie auf die lange Reise nach Saudi-Arabien schicken. Ich sparte so lange, bis ich 5000 D-Mark zusammen hatte, denn so eine Fahrt verlangt eine gründliche Vorbereitung; allein die ganzen Impfungen kosten viel Geld, ebenso das Kleid aus weißer Spitze samt Schleier, das sie sich extra zu dem Anlass schneidern ließ. Meine Schwester sah darin aus wie eine greisenhafte Braut. Heute trägt sie den Titel *Hadjaratou*, die Pilgerin, oder abgekürzt: Hadja Goundoba Diaby. Zu Hause trägt sie nicht einmal Kopftuch, das ist bei uns auch nicht üblich und häufig nur an älteren Frauen zu sehen.

In letzter Zeit machte ich mir ein wenig Sorgen um sie. Als

wir vor kurzem telefonierten, sagte sie: »Karamba, mit mir wird's nicht mehr lange gehen.« Ich sprach mit meinem Bruder Mamadou darüber, es müssen ja für den Fall der Fälle verschiedene Dinge geklärt werden. Wer zum Beispiel nimmt die islamische Waschung vor? Das ist eine intime Angelegenheit, die eine Frau ihres Vertrauens durchführen muss. Als ich im Juli 2015 auf Malta für einen Englischkurs war, traf eine E-Mail von meinem Bruder Mamadou ein. Es ging darin nicht um meine Schwester, es ging um ihn selbst. Er litt unter Herzproblemen, wie die Ärzte festgestellt hatten, und musste im September in Dakar operiert werden. Ich versprach ihm, das notwendige Geld zu schicken, da im Senegal Gesundheitsvorsorge privat bezahlt werden muss. Als Rentner konnte er sich einen solchen Eingriff nicht leisten.

Am 19. August 2015, einige Minuten nach der Sondersitzung des Bundestages zur Griechenlandhilfe, bekam ich einen traurigen Anruf. Nicht meine Schwester war von uns gegangen, sondern mein Bruder. Unter ganz ähnlichen Umständen wie damals mein Vater. In der Regenzeit braucht man auf der holprigen Strecke bis zur nächsten Klinik in Sédhiou zwei Stunden. Er war noch im Auto meines Cousins gestorben, ein Rettungswagen kam nicht bis nach Marsassoum. An der medizinischen Versorgung auf dem Land hat sich seit damals nicht viel verbessert.

Ich sah zu, dass ich so bald wie möglich für ein paar Tage in den Senegal reisen konnte. Meine Schwester, die sagte, sie werde bald sterben, sah überraschend gut aus. Sie wohnt immer noch in dem kleinen Dorf Diounkouya mit ihren erwachsenen Kindern und Enkelkindern, 60 Kilometer von unserem Geburtsort Marsassoum entfernt. Dort traf ich sie zur Trauerfeier meines Bruders. Meine zweite Schwester und meine anderen Halbgeschwister leben noch immer in Marsassoum mit seinen knapp 7000 Einwohnern, mein Bruder war dort nach seiner Pensionierung vor drei Jahren ehrenamtlicher Bürgermeister geworden, auch er ein Mann mit politischen Ambitionen. Das Haus meines Vaters aus den fünfziger Jahren steht immer noch dort – keine Lehmhütte mit Palmblättern als Dach, wie man das aus Afrika-Filmen kennt, nein, ein stabiler Betonbau mit einem Dach aus Zinkblech. Wir hatten bestimmt zehn Zimmer und einen großen Hof, darin stand in der Mitte ein Mangobaum, drum herum wuchsen Maniok, Okra, Süßkartoffeln und Mais. Das Haus meines Schwagers im benachbarten Stadtviertel sah ähnlich aus. Es war das Haus eines Landwirts und Händlers, doch ein Auto stand nie davor, nur ein Fahrrad, mit dem wir zum »Geldeintreiben« fuhren.

Bei meinen letzten Reisen in den Senegal besuchte ich auch immer meinen ältesten Sohn. Er wohnt so weit von mir entfernt, dass ich seine Stimme für viele Monate im Jahr immer nur am Telefon hören kann. Hinzu kommt, dass wir viele gemeinsame Jahre unwiederbringlich versäumt haben, weil ich erst von ihm erfahren habe, als ich schon in Deutschland lebte.

Ich hatte als junger Mann eine Weile bei einer Tante gewohnt, um weit weg von zu Hause in Kaolack mein Abitur ablegen zu können. Eines Tages kam zu uns eine Frau aus Guinea zu Besuch, die mit dem Mann meiner Tante verwandt war. Sie hatte ihre Tochter dabei. Ich hatte keine Ahnung von der Liebe und ihren Konsequenzen, ich war noch nie mit einem Mädchen zusammen gewesen, aber die Tochter und ich kamen uns näher. Ein paar Tage später reiste sie mit ihrer Mutter nach Guinea zurück. Ich machte Abitur, ging nach Dakar und schließlich nach Deutschland. Erst mein Bruder erzählte mir Jahre später von der jungen Frau, die auf der Suche nach dem Vater ihres Kindes war. Ich hatte also einen Sohn. Ich habe ihm gleich einen Brief geschrieben, E-Mails und Handys gab es ja damals noch nicht.

Die einzige technische Gerätschaft, neben wenigen Festnetztelefonen, waren die Weltempfänger, über die die Menschen RTS, *Radiodiffusion Télévision Sénégalaise*, hörten, und natürlich *Radio France International.* Heute haben fast alle Smartphones, und das ist ein Segen für die Entwicklung eines Landes, in dem vorher kaum jemand überhaupt einen Telefonanschuss hatte. Ich schrieb meinem Sohn, er könne sich auf mich verlassen, ich werde für ihn da sein. Als wir uns später zum ersten Mal sahen, war da Beklemmung auf beiden Seiten. Ich hätte seine Mutter gerne noch einmal wiedergesehen, aber die hatte inzwischen geheiratet und war mit ihrem Mann nach Frankreich gezogen. Dann sagte ich zu ihm: Pass auf, das Leben ist nun einmal so, nicht alles verläuft so, wie man es gerne hätte, lass uns nun das Beste daraus machen. Das war der Beginn einer innigen Beziehung, für die ich sehr dankbar bin. Ich habe Mamadou an einer Privatschule angemeldet und später für seine Ausbildung zum Krankenpfleger bezahlt.

Heute ist Mamadou selbst schon Vater, seinen Jungen hat er nach alter Sitte nach seinem Vater benannt: Karamba junior. Mein Sohn und ich sind ständig in Kontakt über die Messenger-App Viber, die in Afrika die meisten Leute zum Chatten benutzen. Wir telefonieren mehrmals die Woche und schicken uns ständig Bilder hin und her, auch meine Kinder in Deutschland sind mit ihm über Facebook im Kontakt, schreiben ihm und meiner Schwiegertochter regelmäßig Nachrichten. Als ich ihn zuletzt besuchte, war der kleine Karamba zwei Jahre alt geworden. Ich habe ihm zum Geburtstag ein kleines Tablet geschenkt. Was meinen 13-jährigen Sohn in Deutschland natürlich empört hat, aber für unvernünftigen Luxus sind Opas eben da. Leider haben meine eigenen Kinder ihren Großvater väterlicherseits nie kennenlernen können.

Wer seine Heimat lange nicht besucht hat, dem kann es im

Senegal passieren, dass ihm als Gastgeschenk ein lebendiges Wesen droht. Als ich vor vielen Jahren zum ersten Mal mit meiner Frau und meiner Tochter – sie war damals vier Jahre alt – im Senegal ankam, hatten wir die erste Reise nach Afrika lange und umständlich vorbereitet. Allein die ganzen Impfungen, die man benötigt, außerdem bekommt man von Verwandten eine lange Liste diktiert, was an Gastgeschenken gebraucht wird, vor allem Kosmetik, Cremes, Parfüms, Hefte und Stifte für Schüler, ein ganzer riesiger Koffer voll. Jeder erwartet, dass man zum Besuch vorbeikommt, was in irrsinnigen Stress ausarten kann.

Besonders groß war die Neugier natürlich, als ich mit meiner weißen Frau und unseren Kindern anreiste. Es gab entfernte Verwandte, die damals sagten: »Konnte er denn keine Afrikanerin heiraten? Studieren in Europa schön und gut, aber hätte er danach nicht zurückkommen können, um hier eine Familie zu gründen?« Mein Bruder hat mir damals davon erzählt. Ich sagte zu ihm, wer ein Problem mit mir habe, solle mich bitte direkt ansprechen. Das ist niemals passiert, niemand hat jemals dergleichen zu mir gesagt.

Als wir vor vielen Jahren bei meinem Bruder in Kolda ankamen, bekam unsere kleine Tochter ein Schaf geschenkt. Sie freute sich wie verrückt. Plötzlich tauchten zwei Männer auf, setzten dem Tier das Messer an die Kehle, und das Blut spritzte im Strahl heraus. Meine Tochter heulte und schrie, meine Frau war stinksauer. Ich hatte die Kleine nicht darauf vorbereitet, dass das Schaf nicht mit uns zurück nach Halle fliegen und bei uns im Vorgarten grasen würde, um sich dort das Kinderzimmer mit ihr zu teilen, sondern dass es noch am selben Tag geschlachtet werden musste. Ich selbst habe das als kleiner Junge häufig gemacht, ich dachte in diesem Moment gar nicht daran, dass es natürlich ein Schock sein muss, das zum ersten Mal zu sehen.

Beim Schächten wird die Kehle nach islamischer wie jüdischer Tradition ohne Betäubung durchgeschnitten. Um das Leid des Tieres möglichst gering zu halten, durch einen einzigen Schnitt mit einer sehr scharfen und glatten Klinge.

Nach der Schlachtung wird im Senegal das Fleisch gleich zubereitet, und auch der ganze übrige Körper des Tiers wird vollständig verwertet. Das Hirn ist eine Delikatesse. Aus den Knochen wird das Knochenmark geschlürft. Die Haut bringt man zum Schuster, der macht ein schönes Paar Schuhe daraus. Oder man lässt einen Gebetsteppich daraus machen. Oder ein Gris-Gris, ein Amulett mit einem kleinen Korantext darauf. Streng genommen ist so was im Islam nicht erlaubt, solche Talismane gelten als götzenhaft und abergläubisch. Beliebt sind sie als Accessoires aber trotzdem.

Was auch im Senegal zum islamischen Glauben gehört, ist das Ritual der Beschneidung. Ich muss sagen, es war ein Kapitel in der Biographie von Cem Özdemir, das mich dazu inspiriert hat, selbst von dieser Erfahrung zu erzählen. Ich hatte früher Hemmungen, überhaupt in der Öffentlichkeit davon zu sprechen, weil es mir zu persönlich, zu intim vorkam. Idealerweise sollte es das ja auch sein, ein Teil der Privatsphäre, aber ich sehe immer wieder, dass das Thema auch eine gesellschaftspolitische Dimension hat. Die öffentliche Debatte über den religiösen Ritus der Beschneidung wurde in Deutschland vor ein paar Jahren auf unangenehme, abfällige Weise ausgetragen, als handelte es sich bei den Betroffenen – und das sind immerhin Millionen in diesem Land – um Barbaren aus unzivilisierten Kulturen. Ich würde mir wünschen, dass solche Themen mit mehr Fingerspitzengefühl angegangen werden. Leider wurde von meiner ethnischen Gruppe, der Diakhanke, auch zum Teil die Beschneidung von Mädchen praktiziert. In 30 Ländern weltweit wird diese grausame Verstümmelung noch immer betrieben. Der Eingriff unterscheidet sich grundlegend von dem der männlichen Beschneidung. Bei dem Eingriff wird im Senegal die Klitoris entfernt. Die Frauen und Mädchen leiden ein Leben lang unter den Schmerzen, wenn sie den Eingriff, der oft unter unhygienischsten Umständen stattfindet, überhaupt überleben. Auf einer aktuellen Liste der UN über Genitalverstümmelung bei Mädchen taucht immerhin unter den 16 aufgeführten Ländern mit den dramatischsten Zahlen der Senegal nicht mehr auf, die Zahlen sind dort in den letzten Jahren stark zurückgegangen. Die Mädchenbeschneidung ist gesetzlich verboten, außerdem sprechen sich die religiösen Führer öffentlich dagegen aus. Ausgehend von einer Initiative weiblicher Abgeordneter und Frauenorganisationen hatte die Nationalversammlung des Senegal das Gesetz Nummer 9905 im Jahr 1999 verabschiedet, das die Praxis der Genitalverstümmelung in all seinen Formen verbietet.

Insgesamt betrifft FGM – *Female Genital Mutilation*, wie es international genannt wird – mehr als 200 Millionen Mädchen weltweit. Am schlimmsten ist Somalia betroffen, wo 98 Prozent der jungen Frauen beschnitten sind. Danach folgen Guinea, Djibouti, Sierra Leone, Mali, Sudan und Ägypten. Auch Gambia, unser direktes Nachbarland, weist mit 75 Prozent erschreckende Zahlen auf.

Die Zirkumzision, wie es bei Männern genannt wird, nimmt sich dagegen harmlos aus. Ohne meine eigene Beschneidung verklären oder verallgemeinern zu wollen: Ich habe wunderbare Erinnerungen an das Ereignis. Die Tradition sieht vor, dass an einem bestimmten Tag alle sechs- bis siebenjährigen Jungs in einem Dorf oder Stadtviertel zusammengerufen werden. Jetzt weiß man, ein neuer Lebensabschnitt beginnt, endlich ist man kein Kleinkind, kein *Bilacoro* mehr, das ist schon fast ein Schimpfwort, vergleichbar mit *Hosenscheißer* vielleicht. Es gibt viel Essen und Gesang und jede Menge Schultergeklopfe. Zwei Wochen lang sitzen alle zusammen und werden von den älteren Jungs angeleitet. Man lernt von ihnen, wie sich ein Mann zu benehmen hat, dass man anderen Leuten kein Unrecht tut und vieles mehr, ein bisschen wie ein Knigge-Kurs fürs Leben. Dann kommt ein Krankenpfleger samt Spritze zur örtlichen Betäubung. Den Schmerz spürt man trotzdem noch recht deutlich, und im Moment des Schnitts schreit man laut: »Hurra!« Das kann auch gut als Schmerzensschrei durchgehen. Wenn einer besonders schrill geschrien hat, zieht man ihn sein ganzes Leben lang immer wieder damit auf.

Das alles ist lange her, aber in meiner Erinnerung noch sehr präsent, wenn ich heute die alten Orte von früher wiedersehe. Den Fußball- und den alten Sportplatz, auf dem wir immer Ringen geübt haben. Unseren Fluss Soungouroungou, an dem wir gespielt und Fische gefangen haben. Noch immer gibt es den Markt mit seinen bunten Ständen. Es gibt die große Moschee für die Freitagsgebete und Opferfeste und vier weitere kleine in den verschiedenen Stadtteilen von Marsassoum.

Wenn ich heute meine Familie besuche, nehme ich mir meistens ein Hotelzimmer. Ich gaukle niemandem von ihnen vor, den muslimischen Glauben noch zu praktizieren wie früher, aber ich sage am Abend auch nicht: »Und jetzt erst mal ein Bierchen an der Hotelbar!« Ich dränge ihnen meine Abkehr nicht auf, aber natürlich merken sie, dass ich mich an den Gebeten nicht mehr beteilige.

Ich lebe in den drei Urlaubswochen auch deshalb im Hotel, weil bei meinem Bruder zuletzt einfach zu viele Kinder im Haus lebten. Nicht nur seine eigenen, nein, mein Bruder hat, wie im Senegal üblich, die Kinder anderer Leute aus Hilfsbereitschaft bei sich aufgenommen. Wir nennen solche Ersatzväter *tuteurs*, Tutoren – die Eltern wissen, der Mann ist Lohnempfänger, dort sind die Kinder gut versorgt. Zwei Töchter meines Bruders zum Beispiel studieren in Dakar Pharmazie und Biologie. Es ist völlig selbstverständlich, dass sie ohne Gegenleistung bei einem Großonkel wohnen, so entfernt verwandt er auch sein mag.

Ich stelle aber fest, dass auch im Senegal die Individualisierung voranschreitet. Wer hart arbeitet und gut verdient, möchte den Lohn für seine Mühen auch bewahren. Noch eine andere Erwartungshaltung ist weit verbreitet: Jeder, der mal im Ausland gearbeitet hat, gilt automatisch als reicher Mann. Und tatsächlich stellt das Geld, das die Auslandssenegalesen nach Hause schicken, ein riesiges Finanzvolumen dar, das die Kaufkraft ankurbelt und der heimischen Wirtschaft hilft. Natürlich wäre es hilfreich für das Land, wenn die guten Leute nicht weggingen, sondern zu Hause ihre Ideen umsetzten und zu Geld machten. Andererseits tragen solche Rücküberweisungen eben stark zum hiesigen Zusammenhalt bei und verbessern die Lebensumstände der Menschen. Meine Familie hat durch das Geld, das ich ihnen überweise, im Alltag weniger Sorgen. Ich glaube, ich habe auch meinem alten Fußballverein, dem ASC Saraba, den ich ab 1978 vier Jahre lang trainiert habe, eine kleine Freude bereitet, als ich ihm topmoderne, knallgelbe Trikots gespendet habe, sobald ich sie mir leisten konnte. Fußball spielte auch bei uns eine große soziale Rolle im Leben. Wir hatten ein Stadion im Dorf, jedes Jahr zur Regenzeit gab es ein Turnier. Aber ich habe immer schon lieber organisiert als mitzukicken, es kann schließlich nicht jeder im Sturm spielen, irgendwer muss sich auch um die Partys danach kümmern.

Heute unterstütze ich die Familie je nach Bedarf – wenn jemand im Krankenhaus liegt oder jemand gestorben ist, wenn jemand ein Geschäft aufgemacht hat und noch ein bisschen finanziellen Schmierstoff braucht, um alles ins Laufen zu bringen. Bei Taufen und Hochzeiten bin ich etwas zurückhaltender.

Wenn jemand immer wieder heiratet oder ein Kind nach dem anderen in die Welt setzt, dann hat er das schon selbst zu verantworten. Doch auch wenn ich mich entschieden habe, nicht alles zu unterstützen, bleibt die Erwartungshaltung an mich groß. Irgendwann sagt immer jemand: »Hast du gehört, Tante Sowieso hat uns teure Medikamente geschickt – und die ist nur Putzfrau in Paris! Du bist doch der reichste Mann aus unserem Dorf.« Als mein Bruder starb, schickte der Präsident aus Verbundenheit mit mir und meiner Familie einen Minister zur Trauerfeier in unser Dorf. Bei seinem Abschied, schenkte er der Stadt umgerechnet 1500 Euro. Das hinterließ natürlich mächtig Eindruck. Auch diesen, dass Cousin Karamba aus dem reichen Deutschland ja ruhig auch mal wieder was locker machen könnte.

Ein großes Problem in vielen afrikanischen Ländern ist, dass Akademikerinnen und Akademiker oft auf der Straße stehen. In den achtziger Jahren hatte es schon einmal eine Phase hoher Arbeitslosigkeit unter Studierten im Senegal gegeben. Daraufhin beschloss die Regierung, Diplomierten der Wirtschaftswissenschaft ein Startkapital zur Verfügung zu stellen, und zwar für die Gründung von Bäckereien. Es gab, wie man fand, zu wenig französisches Baguette im Land. Eine echte Marktlücke also. Plötzlich schossen überall moderne Bäckereien aus dem Boden. Keiner der jungen Absolventen aber hatte Ahnung von einer angemessenen Betriebsführung, und es gab plötzlich viel zu viel Brot. Das war also auch keine Lösung.

Bei meinem Treffen mit Macky Sall im Oktober 2015 sprachen wir auch über die Bekämpfung von Fluchtursachen im Zusammenhang mit der aktuellen Flüchtlingspolitik. Der EU-Afrika-Gipfel in Malta stand kurz bevor, und ich erinnerte den Präsidenten an das Projekt, das, wenn auch mit den genannten Schwächen, zu Beginn unserer Studienzeit initiiert worden war.

Es war immerhin ein ehrgeiziger Versuch gewesen. Ein verbessertes Konzept wäre doch ein gutes Angebot bei der Verhandlung mit den europäischen Gesprächspartnern in Valetta. Denn gerade für Staatsbürger des Senegal, der wie auch Ghana von Deutschland als sicheres Herkunftsland eingeschätzt wird, gibt es wenige Möglichkeiten, auf legalem Weg in die Bundesrepublik einzureisen. Laut Gesetz ist der Asylantrag eines Asylbewerbers aus einem sicheren Herkunftsland nach § 29a AsylG als »offensichtlich unbegründet« abzulehnen, sofern er nicht Tatsachen oder Beweismittel angibt, welche die Annahme begründen, »dass ihm abweichend von der allgemeinen Lage im Herkunftsstaat politische Verfolgung droht«. Weil Menschen aus dem Senegal das Recht auf Asyl nicht nutzen können, müssen wir mehr legale Wege für sie öffnen, wir müssen gezielt Fachkräfte anwerben in Bereichen, in denen wir gute Leute brauchen.

Viele, die ein paar Jahre zum Studieren und Arbeiten im Ausland verbracht haben, kommen später wieder nach Afrika zurück. Die meisten bauen sich dann bald ein großes Haus.

Mein Freund Diebel Sarr, der in Rostock studiert hatte, bekam, kaum zurück im Senegal, von der NGO, für die er als Geschäftsführer arbeitete, eine Villa gestellt. Die Dorfbewohner waren ziemlich empört, als sich abzeichnete, dass er dort mit seiner Kleinfamilie alleine zu leben gedachte und niemanden sonst aus seinem Dorf bei sich aufnehmen wollte. Da viele Menschen in Senegal aus unterschiedlichen Gründen darauf angewiesen sind, vorübergehend und saisonabhängig ihren Lebensmittelpunkt in größere Städte zu verlagern, sind Verwandte, die Häuser besitzen, sehr gefragt.

Unsere Familie, bestehend aus meiner Schwester, meinem Schwager, seinen zwei weiteren Frauen und deren Kindern sowie meinem ein Jahr jüngeren Neffen, lebte zusammen, bis ich 13 wurde. Dann war es an der Zeit für meinen Neffen und mich, die Schule zu wechseln. Dafür mussten wir einige Hundert Kilometer Richtung Norden ziehen. Für die Sekundarstufe bekamen wir ein Stipendium. Unser erstes eigenes Geld. Natürlich gingen wir, wie sich das für Pubertierende gehört, erst einmal coolere Klamotten kaufen.

Wir kamen in den Ferien nach Hause und präsentierten meinem Schwager voller Stolz unsere nagelneuen Turnschuhe von Bata. Die hatten 2500 CFA Francs gekostet, umgerechnet etwa vier Euro. Mein Schwager sah mich fassungslos an. »Wo leben wir denn, dass du dir von deinem Stipendium solche Schuhe kaufst? Was wirst du erst anstellen mit deinem ersten eigenen Lohn?« Dann sagte er noch: »Das ist nicht meine Erziehung.« Und ich war schockiert. Zum ersten Mal ein Gefühl der Freiheit – und gleich alles falsch gemacht. Jahre später, wenn mein Schwager voller Stolz über mich sprach, sagte er immer: »Sieh her, aus ihm ist etwas geworden.« Dann sagte er noch: »Das ist alles meine Erziehung.« Und hatte damit völlig recht.

Meine einsame Reise nach Norden

Es gibt zwei Arten von engagierten Menschen. Die einen sehen einfach die Notwendigkeit und wollen an der Veränderung mitwirken. Die anderen tun es aus eigener Betroffenheit. Bei mir ist es wahrscheinlich von beidem etwas.

Für große Emotionen war damals keine Zeit. Ich glaube, meine Schwester und ich haben uns beim Abschied nicht einmal umarmt. Küssen und Berühren, das war bei uns nicht üblich. Gefühle hielt man im Verborgenen.

Es war ganz normal für Kinder, dass sie ihre Familien schon früh verlassen. Wenn man eine weiterführende Schule besuchen wollte, musste man nach der sechsten Klasse den Wohnort wechseln. Das konnte in der Nähe sein oder eine halbe Ewigkeit weg.

Früher hatte es mal Internate im Senegal gegeben. Aber die wurden 1978 aus Geldmangel wieder abgeschafft. Mein Schwager aber hatte einen Bekannten in Sédhiou, einer Stadt mit fast 20 000 Einwohnern im Süden des Landes. Mamadou Diarra war Händler wie er. Er hatte ihn selbst erst einmal gesehen, als er geschäftlich mit ihm zu tun hatte. Trotzdem schickte er mich und seinen ältesten Sohn los und drückte uns einen Brief in die Hand, den wir dem Mann überreichen sollten. Darin bat er ihn, uns die nächsten vier Jahre bei sich wohnen zu lassen.

Das war überhaupt keine Frage für ihn. Er hat uns aufgenommen und ernährt, im Gegenzug haben wir ihm im Haushalt geholfen. Monsieur Diarra hatte drei Frauen und acht Kinder, die alle jünger waren als wir. Wir lebten sehr bescheiden. Wenn ich meinen Kindern erzähle, dass ich während meiner ganzen Schulzeit nur zwei Paar Schuhe hatte, die ich so lange trug, bis die Zehen vorne rausguckten, können sie kaum glauben, dass man trotzdem nicht am Leben verzweifelt.

Im Sommer nach der Regenzeit habe ich meinem *Tuteur* auf den Feldern geholfen. Wir lebten in einer Stadt, aber wir kochten trotzdem noch mit Holz. Er hatte einen Esel und eine Kutsche, damit sind wir zum Brennholzsammeln weit weg in die Wälder gefahren. Wenn wir gerade nicht körperlich mit anpackten, war die Nachhilfe für seine Kinder fällig. Unter europäischen Gesichtspunkten waren wir Kinder, unter dortigen waren wir reif genug, um selbst erzieherisch tätig zu sein und uns an den täglich anfallenden Aufgaben und Arbeiten zu beteiligen.

Es fiel mir damals schon leicht, neue Freunde zu finden. Die wenigsten Mitschüler kamen aus dem Ort, in dem wir zur Schule gingen, die meisten kamen von überallher, aus dem ganzen Land. Dieser Bevölkerungsmix war auch nicht rein zufällig, sondern gewollt. Es gehörte zur Philosophie der Regierung, die Verständigung unter den verschiedenen Volksgruppen zu befördern. Im Zuge dessen wurden damals auch die Internate geschaffen. Nach ihrer Abschaffung 1978 wurde es für viele Schüler schwer, weil natürlich nicht alle Familien Bekannte oder Verwandte hatten, die wohlhabend genug waren, um fremden Kindern Kost und Logis bieten zu können.

Ich wollte schon als Schüler, dass aus mir etwas wird, und das war bei meinen Freunden nicht anders, dieses Streben nach mehr verband uns sofort. Wir trafen uns meistens zu fünft, um gemeinsam zu lernen, oft war es fast dunkel, weil wir den

Raum nur mit einer Petroleumfunzel beleuchten konnten. Es gab keine Sicherheiten bei uns, keine Erbschaften, keine Jobcenter. Keine Eltern, die dafür kämpften, dass man es zu etwas bringt. Dafür waren wir schon selbst verantwortlich. Ich glaube, es war diese Gewissheit, dass ich es entweder aus eigenem Antrieb oder gar nicht schaffen würde, die mich früh dazu gebracht hat, mir immer etwas mehr zuzutrauen. Mir immer zu sagen: Ich schaffe das schon.

Der Ehrgeiz junger, kluger Leute kann in meiner Heimat auch in Frust umschlagen. Wenn sie merken, dass sie in Afrika nicht weiterkommen. Und das führt im Umkehrschluss dazu, dass auch Afrika nicht weiterkommt, wenn die Ehrgeizigen den Kontinent verlassen. Die noch immer korrupten Systeme vieler afrikanischer Länder rauben ihnen die Motivation. Auch im Senegal verlassen, selbst ohne Krieg und echten Hunger, jedes Jahr Tausende das Land. Was man aber gerne vergisst: Nicht alle wollen hier weg, ein Großteil der Menschen lebt gerne hier. Sie schuften, tagtäglich, und tragen so zum Wohlergehen des Landes bei.

Die Krisen in Afrika sind vielfältig und komplex. Sudan, Eritrea, Nigeria, Libyen und Mali werden von Krieg und Terror in die Knie gezwungen. Wir in Europa müssen für zivile Krisenintervention sorgen, da unternimmt Deutschland schon viel. Doch was den Bereich Im- und Export zwischen Europa und Afrika angeht, das hat nichts mit Win-Win zu tun. Nicht für afrikanische Erdnuss- und Tomatenbauern oder Geflügelproduzenten, die sehen müssen, dass in ihren Supermärkten Broiler, Gemüse und Trockenmilch aus Europa landen. Den senegalesischen Fischern wird vor ihren Augen die Küste leergefischt, mit asiatischen und europäischen Booten können sie natürlich nicht mithalten.

Kaum jemand verlässt sein gewohntes Umfeld freiwillig.

Als freiwillig kann es schon nicht gelten, wenn Menschen in Deutschland vom Osten in den Westen ziehen, weil es dort die besseren Jobs gibt. Schon gar nicht, wenn Menschen weg wollen aus Afrika, weil sie dort gar keine Arbeit bekommen. Oder weil, wie bei mir damals, das Studentenleben unzumutbar wird, wenn einem das Geld dafür verwehrt bleibt.

In der Schulzeit aber war es noch längst kein Thema für mich, nach Europa zu gehen. Auch wenn wir dachten, dort drüben lebten alle in Saus und Braus. Erst in der Oberstufe sollte ich einen Mann kennenlernen, der mir viel über sein Heimatland Frankreich beibrachte. Doch um die Oberstufe überhaupt besuchen zu können, um das Abitur abzulegen, musste ich noch einmal die Schule wechseln.

Ich verließ meine Gastfamilie nach vier Jahren in großer Dankbarkeit. Ich wechselte auf das Gymnasium Lycee Gaston Berger de Kaolack. Kaolack liegt etwa 650 Kilometer nördlich von meinem Heimatdorf Marsassoum entfernt, eine wegen der schlechten Straßenverhältnisse ziemlich beschwerliche Tagesreise. Zwischendrin muss man auf eine Fähre umsteigen, um den Gambia-Fluss und zugleich ein anderes Land zu durchqueren.

Gambia ragt wie ein Rüssel von West nach Ost in den Senegal hinein. Das Land ist nur zehn bis maximal 50 Kilometer breit, aber selbst wenn man einfach nur durchreisen will, hat man allerhand Schikanen zu erdulden. Im Senegal ist die Korruption längst nicht so allgegenwärtig wie in Gambia. Das letzte Mal reiste ich 2009 von Dakar, das ganz im Norden liegt, über Gambia in Richtung Marsassoum. Die Fahrt auf den Nationalstraßen von Ziguinchor-Banjul und der Transgambienne ist mit erheblichen Wartezeiten verbunden.

Zweimal wurde ich vor der Fähre von Farafégné kontrolliert, zweimal danach. Große Einnahmen des Landes werden an dieser Wegstrecke generiert. Die Produkte sind viel billiger als nebenan im Senegal, darum kaufen viele Menschen aus dem Nachbarland hier ein. Am Ufer haben sich Geschäfte für Tee, Zucker, Milchpulver und Kleidung angesiedelt. Die Händler versuchen nun, die Reisenden so lange wie möglich hier zu halten, um möglichst viel zu verkaufen. Und die Grenzer tun das Gleiche, um selbst auch noch ein bisschen was einzustreichen.

Der Grenzbeamte sah sich meinen deutschen Pass an und forderte in Wolof meine afrikanischen Papiere. Ich sagte: »Ich habe aber nur deutsche.« Er sagte: »Angeber!«, und wollte schon meinen Pass einbehalten. Dann hatte ich die Schnauze voll. Ich drückte dem Mann drei Euro in die Hand. Die schmiss er beleidigt auf den Fußboden. Ich legte noch vier Euro drauf und bekam schließlich meinen Pass zurück. Wahrlich kein Erfolgserlebnis für mich, ich hatte schließlich entnervt kapituliert.

Solche Schikanen müssen viele Durchreisende über sich ergehen lassen. Diese willkürliche Grenzziehung zwischen Gambia und Senegal ist eine bittere Hinterlassenschaft der Kolonialgeschichte beider Länder. Insbesondere die Händler, wie mein Schwager damals, hatten und haben noch immer große Probleme, ihre Waren durchs Land zu transportieren. Erst 2014 hat Gambia die Überfahrt für Lastwagen aus dem Senegal für einige Zeit ganz verboten, weil es Streit um die Fährpreise gegeben hatte.

Eine Alternative, um diese Schikane zu umgehen, ist die Straße über Tambacounda, auf der man Gambia umfahren kann. Für diese Strecke braucht man allerdings mehr als doppelt so lange. Eine weitere Möglichkeit ist die Fahrt mit der Fähre, die von Dakar aus 284 Kilometer über das Meer fährt und anschließend noch weitere 50 Kilometer über den Casamancefluss, aber auch das dauert ungefähr 16 Stunden.

Dass wir überhaupt wieder eine Fähre haben, ist der deutschen Entwicklungshilfe zu verdanken. Die vorherige Fähre war im Jahr 2002 gesunken. Dabei starben bis zu 1000 Menschen. Auch die Unglücksfähre war von einer deutschen Werft gebaut worden. Zunächst hatte der damalige Präsident noch behauptet, die Fähre sei nur für einen See geeignet gewesen. Doch dem widersprach der rheinland-pfälzische Reeder. Der Geschäftsführer der Neuen Germersheimer Schiffswerft sagte: »Das Schiff ist für diese Zwecke, gerade für diese Strecke, gebaut worden, aber wir können es nicht auslegen für hundert Prozent mehr Fahrgäste und verrutschende Ladung.«[3] Tatsächlich war die Fähre »Joola« an jenem Tag völlig überfüllt gewesen. Und Präsident Wade räumte schließlich doch noch die Verantwortung der Regierung für die Tragödie ein.

Nach Jahrzehnten der Verhandlungen scheint nun endlich der Bau einer Brücke über den gambischen Fluss in Farafenni in Aussicht zu stehen, die zur wichtigsten Verbindung von Dakar in die Casamance werden kann. Dann wird die Casamance, die südliche Region, die sich ethnisch, wirtschaftlich und religiös vom Norden sehr unterscheidet, vielleicht endlich weniger abgetrennt vom Rest des Landes sein. Denn heute haben noch viele Bewohner dieser Region das Gefühl, vom Staat allein gelassen, vernachlässigt und, ja, marginalisiert zu werden. Die Rebellengruppe *Mouvement des forces démocratiques de la Casamance* kämpft schon seit Jahrzehnten für die völlige Unabhängigkeit der Region. Dieser Konflikt bleibt eine der größten Herausforderungen der Regierung, auch wenn seit dem Regierungswechsel von 2012 de facto Waffenstillstand herrscht.

Als deutscher Menschenrechtspolitiker, der selbst in der Casamance geboren wurde, habe ich mich auch bei meinem letzten Besuch 2015 wieder eingeschaltet. Ich traf mich mit der *Groupe de réflexion pour la paix en Casamance*, die zusammen mit Mediatoren an Lösungsvorschlägen für die Verhandlungen mit den Rebellen arbeiten. Es kommt allerdings erschwerend hinzu, dass auch die Rebellen untereinander uneins und zerstritten sind. Ich sprach deshalb auch mit dem *Center for Humanitarian Dialogue*, einer in der Schweiz ansässigen humanitären Organisation, die sich vor Ort darum kümmert, Rebellen zu rehabilitieren. Schon 145 ehemalige Kämpfer hat sie in landwirtschaftlichen Berufen ausgebildet, damit sie außerhalb der Casamance wieder Fuß fassen und sich ein neues Leben aufbauen können.

Von diesen Kämpfen habe ich in meiner Kindheit allerdings nicht viel mitbekommen, unser Teil der Casamance scheint von Rebellen größtenteils verschont geblieben zu sein. Um mein Abitur zu erlangen, hatte ich die Casamance also zum ersten Mal verlassen und fand mich plötzlich jenseits von Gambia wieder. Dort oben, in der Fremde des Nordens, schloss ich schließlich eine unerwartete Freundschaft.

Mein Biologielehrer Olivier Gauthier Muzellec war Franzose und selbst erst Mitte zwanzig. Er kam aus Roubaix in der Nähe der belgischen Grenze. Im Rahmen der wirtschaftlichen Zusammenarbeit hatte Frankreich immer wieder Lehrer zu uns geschickt bis zum Ende der achtziger Jahre. So waren neben Olivier auch mein Mathematik- und mein Physiklehrer Franzosen. Olivier aber war anders als seine Kollegen – er war sehr neugierig auf die senegalesische Kultur.

Er mochte mich, ich bin nicht sicher warum. Vielleicht weil wir im Grunde beide fremd dort oben waren. Wir sprachen beide die Sprache nicht. Er konnte nur Französisch und ich nur Französisch und Mandingo, beziehungsweise den Unterdialekt Diakhanke. Dort oben aber spricht man, abgesehen von der Amtssprache Französisch, fast ausschließlich Wolof, eine von acht Landessprachen im Senegal. Und Wolof sprechen mit Abstand die meisten Senegalesen, insgesamt etwa 80 Prozent.

Alles in allem werden im Senegal sogar 20 Sprachen gesprochen, die mitunter so verschieden sind wie Deutsch und Chinesisch. Menschen aus ländlichen Gebieten des Südens, des Südostens und aus dem Norden haben den Vorteil, neben den Sprachen ihrer Ethnie auch Wolof zu sprechen. Ich selbst habe erst in Kaolack durch die Kinder einer Tante, bei der ich nun lebte, Wolof gelernt. Als Gegenleistung habe ich den Kindern bei ihren Hausaufgaben geholfen – und ihnen Diakhanke beigebracht, weil sich ihre Mutter das so wünschte aus nostalgischer Verbundenheit zu ihrer Herkunftsregion.

Das lief nicht immer ganz reibungslos ab. Den Kindern selbst erschien es nämlich völlig unnötig, Diakhanke zu lernen, sie waren ja im Norden geboren und aufgewachsen und brauchten zur Verständigung keine weitere Sprache. Sie lebten nach dem Motto der Wolof, »Sante dekoul fenn«. Das bedeutet so viel wie: Dein Nachname sagt gar nichts über deine Zugehörigkeit aus – jeder, der Wolof spricht, gehört auch dem Volk der Wolof an, egal wo er ursprünglich herkommt. Der Nachname deutet zwar auf die ursprüngliche Herkunft hin, spielt aber ansonsten keine Rolle. Diese offene und tolerante Haltung der dominierenden ethnischen Gruppe ist mit ein Garant für den Zusammenhalt der Menschen im Senegal. Bei der Diskussion um Leitkultur in Deutschland habe ich mich oft an dieses Ideal der Wolof erinnert. Eine freundliche, einladende Geste gegenüber Minderheiten.

Neben den Stammessprachen, die in den Familien gesprochen werden, lernen Kinder aber schon früh Französisch, und das nicht erst in der Schule. Das übernehmen im Senegal schon die Kindergärten und leisten so einen wichtigen Beitrag zur

Bildung. Später in der Schule wird der Unterricht dann ausschließlich auf Französisch abgehalten.

Mein Lehrer Olivier wohnte in einer Villa, die viel zu groß war für ihn allein, dahin lud er mich und andere Schüler immer wieder ein. Seine Freundin konnte ihn nur selten besuchen, weil sie in Frankreich lebte und arbeitete. In den Ferien nahm ich ihn dann mit in mein Heimatdorf und brachte ihm viel über unsere Kultur und Lebensart bei. Er hatte einen VW Käfer und zeigte mir auf einem ausgetrockneten Flussbett, wie man Auto fährt. Nach vier Jahren ging er zurück nach Frankreich. 1992 habe ich ihn noch einmal in Belgien getroffen, als ich dort meinen Onkel besuchte. 1998 habe ich ihn angerufen und zum Sieg der Equipe Tricolore bei der Fußballweltmeisterschaft gratuliert. 2013 hat er dann mich angerufen und mir zum Einzug in den Bundestag gratuliert – auch in Frankreich hatten die Zeitungen und das Fernsehen über meinen Wahlkampf berichtet.

Die Zeit in Kaolack hat vielleicht auch den Grundstein gelegt für mein späteres ehrenamtliches Engagement. Ich kam dort in Kontakt mit einer organisierten linken Schülergruppe, wir trafen uns immer bei unserem Philosophielehrer Famara Sarr, diskutierten über Weltpolitik und unterstützten uns gegenseitig beim Lernen. Alioune Diallo, ein guter Schulfreund aus dieser Zeit, ging später auch in die DDR, schon zwei Jahre vor mir. Er studierte Informatik in Dresden, kehrte dann aber wieder zurück, um an der Universität in Saint-Louis zu arbeiten. Nach der Wende verschlug es ihn abermals nach Dresden und später nach Stuttgart. Über die Greencard bekam er die Erlaubnis, in Deutschland zu arbeiten. Durch das »Sofortprogramm zur Deckung des IT-Fachkräftebedarfs«, wie die Maßnahme genannt wurde, erhielten Informatiker, die nicht aus der EU oder der Schweiz stammten, eine auf fünf Jahre befristete Aufenthaltsbewilligung und Arbeitserlaubnis. 2004 wurde das Programm allerdings schon wieder abgeschafft.

Zu dieser Zeit zog mich noch nicht viel nach Europa, Anfang der achtziger Jahre wollte ich erst einmal nur in Ruhe studieren. Ich hatte als Waise schließlich ein Anrecht auf ein Stipendium, außerdem hatte ich nur gute Schulnoten, darum rechnete ich nicht mit größeren Schwierigkeiten. Mit ein paar Hemden und einem Füller in der Tasche machte ich mich auf nach Dakar. Aber kaum war ich in der Hauptstadt, kämpfte ich auch schon gegen die Windmühlen der Bürokratie. Mein Antrag auf ein Stipendium wurde abgelehnt. Im Senegal kann man so etwas aber nicht anfechten und Einspruch erheben wie hier. Man wird einfach so lange abgewiesen, bis man irgendwann aufgibt. Oder einen neuen Weg findet. Nicht zu studieren war jedenfalls keine Option für mich.

Als kleiner Junge hatte ich zwar noch Krankenpfleger werden wollen, wie mein ältester Sohn im Senegal heute. Ein Pfleger in der Krankenstation unseres Dorfes, Toumani Kamara hieß er, hatte mich dazu inspiriert, er war ein warmherziger, hilfsbereiter Mann, der mit seiner Arbeit viel bewegen konnte. Aber auch gute Ausbildungen müssen bezahlt werden. Ich musste nun sehen, wie ich zurechtkam. Es gibt im Senegal keine Jobs für Studenten, nicht einmal Hilfsarbeiten konnte ich verrichten, dafür werden keine Akademiker gesucht, sondern Menschen, die nichts anderes gelernt haben.

Ich war nicht der einzige Student, dem es so erging. Der sein Geld mühsam zusammenkratzen und andere um Hilfe bitten musste. Und dann gab es auf der anderen Seite Studenten, die jeden Tag von einem Chauffeur zur Uni gebracht und wieder abgeholt wurden und in klimatisierten Räumen ihr Mittagsmahl serviert bekamen. Ich konnte mir nicht einmal die wichtigsten Bücher kaufen, ich musste die abgewetzten Bände in der

Bibliothek an der falschen Stelle wieder einsortieren, um sie so für mich zu reservieren. Ich habe aber trotzdem nicht gejammert. Ich habe mich zwei Jahre lang bemüht. Von nichts kommt nichts, hat mein Schwager immer gesagt. Später hörte ich den Satz in einer anderen Sprache ganz ähnlich, aber bedeutungsgleich wieder – und zwar von Willy Brandt. Zwei große Männer, ein großer Gedanke: Man muss sich einsetzen, wenn man etwas erreichen will, und am besten sucht man sich dafür Verbündete.

Ich war früher schon Klassensprecher gewesen, zu repräsentieren und für die Gruppe zu sprechen war mir also nicht fremd, aber nun ging es um etwas Bedeutendes. Um nichts Geringeres nämlich als unsere Zukunft. An der Universität Dakar waren Studierende aus fast allen afrikanischen Ländern eingeschrieben. Für ihre und meine Interessen engagierte ich mich in einer Studentengruppe. Wir nannten uns UDED (*Union démocratique des étudiants de Dakar*), die Demokratische Union der Studenten in Dakar. Wir waren eine linke Gruppierung, wir organisierten Streiks, wir kämpften für mehr Studienplätze, für bessere Bibliotheken, für mehr Studentenwohnheime und für menschenfreundlichere Lernbedingungen: In unseren Hörsälen war es meistens bis zu 40 Grad heiß.

Eine der Aufgaben der Studentenvertreter war es, für Ordnung und Sicherheit innerhalb des Wohnheims zu sorgen. Eines unserer Anliegen klingt vielleicht etwas ungewöhnlich. In den Korridoren des Wohnheims »Pavillon A« hatten sich neben den Studenten auch ein paar Prostituierte eingerichtet. Das Gewerbe ist im islamisch geprägten Senegal zwar legal. Die meisten Bewohner aber waren dagegen, einige beschwerten sich über die Frauen, aber weil man sie eben auch nicht einfach vertreiben wollte, setzten wir wenigstens durch, dass häufiger kontrolliert wurde, ob sie sich den regelmäßigen Gesundheitschecks unterzogen.

Was auch immer wir anpackten, es machte mir Spaß, Dinge zu verändern und mich selbst einzubringen. Der Senegal ist immerhin ein demokratischer Staat, man kann sich einmischen, und man kann sich widersetzen. Wenn es der Uni allerdings mit unseren Protesten zu bunt wurde, riefen sie die Polizei. Sobald sie die Männer kommen sahen, fingen die Radikaleren unter uns an, mit Steinen zu werfen. Die mussten wir dann wiederum zur Vernunft bringen. Für uns erreicht haben wir in der Summe allerdings zu wenig. Wo sollte das Geld für uns auch herkommen?

Ich lebte mein Studentenleben also als *Clando*. Als *Clando* bezeichnet man bei uns zwar auch Leute, die ihre Privatautos heimlich und unerlaubt für Taxifahrten benutzen, um etwas Geld zu verdienen. Ich aber war ein *Clando* von der Sorte, die sich ein eigenes Zimmer im Wohnheim nicht leisten kann und deshalb bei einem anderen Studenten unterkommen muss. André Ehemba, ein Bekannter meines Bruders, hat sich mit mir seine Matratze geteilt. Er war gläubiger Katholik, und er kam wie ich aus der Casamance. Von ihm habe ich nicht nur Mitschriften aus Vorlesungen bekommen, mit ihm habe ich mich immer wieder intensiv über das Zusammenleben der Religionen in unserem Land ausgetauscht.

Mein Bruder, der Student für Geographie und Geschichte an der Pädagogischen Hochschule war und ein Stipendium bekommen hatte, bezahlte ihn für seine Hilfe. Ich war also völlig abhängig von meinem Bruder, und er musste sich zu meinen Gunsten einschränken. Oft bin ich zum Essen zu einer weit entfernten Tante gelaufen. Und weit entfernt meine ich im doppelten Wortsinn. Sechs Kilometer Fußmarsch für eine Mahlzeit, zum Glück waren wenigstens die Mittagspausen großzügig und ausgedehnt. Meinem Bruder sei Dank, konnte ich hin und wieder auch in die Mensa essen gehen.

Mein Bruder war mittlerweile dabei, sein Studium zu beenden, und außerdem drauf und dran, seine eigene Familie zu gründen. Er konnte mich nicht weiter unterstützen. Und für mich war es schon lange unerträglich geworden, ihm auf der Tasche zu liegen.

Über mein Engagement bei der Studentengruppe UDED war ich irgendwann in dieser Zeit in Kontakt zum Internationalen Studentenbund gekommen. Der saß damals in Prag. Und eine Idee ging mir nicht mehr aus dem Sinn.

Ich bemühte mich noch einmal um meine große Chance. Aller guten Dinge sind drei, sagt man in Deutschland. Meine erste große Chance, die auf ein Stipendium, hatte sich nicht erfüllt. Auch die zweite blieb nur ein Wunschtraum: Ich war 1985 von der Studentenschaft ausgewählt worden, um zu den Weltfestspielen nach Moskau zu fliegen. Gerade hatte ich meinen Reisepass, doch dann wurde ich auf, ich nenne es mal: intransparente Art und Weise wieder von der Liste gestrichen, und jemand anders durfte an meiner statt fliegen. Das war damals eine gewaltige Enttäuschung für mich.

Nun bewarb ich mich beim Studentenbund einfach um einen Studienplatz. Ich wusste nur, dass es, sollte ich diesmal Glück haben, ins sozialistische Ausland gehen würde. Sozialismus, hatte ein Lehrer in der Schule immer gesagt, das ist, wenn alle Menschen im Land die gleiche Zahnbürste haben. Das war mir erst einmal nicht unsympathisch. In welches Land genau, das war mir damals nicht so wichtig. Tschechoslowakei, Bulgarien, vielleicht doch noch die Sowjetunion? Tschechisch, Bulgarisch, Russisch – egal. Das konnte so schwer ja nicht sein. Ich hatte mich schließlich schon so oft an fremde Sprachen gewöhnen müssen. Nur Rechnen, überhaupt der ganze Umgang mit Zahlen, wenn ich mich an eine Telefonnummer erinnern muss oder meine PIN eingebe, gelingt mir bis heute nur auf Französisch, auch wenn ich längst auf Deutsch denke, fühle und träume.

Eines Tages traf in Dakar an der Uni ein Telegramm für mich ein. In knappen Worten wurde ich darin gebeten, mich um einen Flug nach Europa zu kümmern. Es sollte aber nicht nach Moskau gehen, nicht nach Prag oder Sofia. Ich wurde nach Leipzig eingeladen.

Das Ticket dahin konnte ich mir natürlich gar nicht leisten, aber in meiner weitläufigen Familie hatten es schon mehrere Leute ins Ausland geschafft. Mein Onkel Edaly Gassama arbeitete bei der *Organisation für Afrikanische Einheit*, der heutigen *Afrikanischen Union*, in der äthiopischen Hauptstadt Addis Abeba und zögerte keine Sekunde, mich zu unterstützen. Er stellte nur eine Bedingung an mich. Er sagte: »Pass auf, dass du kein Kommunist wirst.«

Dann gab es noch ein Problem: Was, wenn ich gar kein Visum bekommen würde? Im Senegal hatte die DDR keine diplomatische Vertretung, bei der ich mich darum hätte kümmern können. Die nächstmögliche Botschaft der DDR war in Marokko. Das war viel zu weit weg für mich. Doch Aeroflot, die sowjetische Airline, blieb unerbittlich. Sie verlangte gleich auch noch ein Rückflugticket für den Fall, dass die DDR mir das Visum bei der Einreise verweigern würde.

Das Telegramm durfte ich damals auf keinen Fall verlieren. Ohne das Schreiben hätte ich gar nicht erst deutschen Boden betreten können, es war der einzige offizielle Nachweis für die Zusage. Darauf stand nur:

> Karamba Diaby angenommen zum Studium der Elektronik in der DDR. Stop. Beim Herder-Institut in Leipzig melden. Stop. Für Ankunft FDJ per Telex informieren. Stop. Visum bei Ankunft in Ost-Berlin einholen.

Vor ein paar Jahren wandte sich das Stadtmuseum in Halle an mich und bat mich um ein Exponat meiner Wahl. Nach langem Überlegen entschied ich mich schließlich für das Telegramm. So kann es auch heute nicht verloren gehen.

Wenn ich heute aus meinem Büro in Berlin am Boulevard Unter den Linden auf die andere Straßenseite schaue, sehe ich jeden Tag die Zentrale der Aeroflot gleich neben der russischen Botschaft. Nach ein paar Tagen in Deutschland hatte ich dort 1985 mein Rückflugticket wieder umgetauscht. Die DDR hatte mir mein Visum erteilt.

Karamba Diaby angenommen. Stop.

»Das ist ungerecht! Ich will nach Halle an die Martin-Luther-King-Universität!«

Nach mehr als 30 Jahren in Deutschland ist meine Integration trotzdem nur zu 93 Prozent gelungen. Warum? Ich kann einfach nicht verstehen, weshalb sich ein Deutscher von einer Delle im Auto aus der Fassung bringen lässt. Und ich kann mich, bis auf Eisbein und Sauerkraut, nicht an das deutsche Essen gewöhnen. Mir fehlt die Würze, Chili, scharfer Pfeffer und Trockenfisch, der etwas streng schmeckt, aber im Senegal an keinem Gericht fehlen darf. Außerdem gucke ich niemals den Wetterbericht. Das ist vor allem im Winter ein Problem, wenn ich plötzlich auf der Straße stehe und denke, meine Stirn friert ein, weil ich wieder keine Mütze mitgenommen habe. Allerdings werde ich umgekehrt auch manch afrikanischem Klischee nicht gerecht. Ich kann zum Beispiel nicht trommeln. Da musste ich schon einige Deutsche enttäuschen.

Als Jahre nach meiner Ankunft in Deutschland die ersten Zeitungsberichte über mich erschienen, erzählten die Artikel auch von meinen ersten Eindrücken im fremden Land. Einmal wurde ich mit den Worten zitiert, mir sei vor allem schrecklich kalt gewesen. Das passt natürlich gut ins Bild vom jungen Afrikaner, der das erste Mal den Kontinent verlässt. Doch ich bin mir sicher, dass die Kälte nicht mein erster Eindruck von Deutschland war. Erstens war ich nicht wie Mogli aus dem *Dschungel-*

buch nur mit einem Lendenschurz bekleidet, und zweitens war ja erst Oktober. Der 2. Oktober 1985, um genau zu sein. Die Uhr zeigte 15.15 Uhr, als meine Aeroflot-Maschine in Berlin landete. Der erste Eindruck, an den ich mich erinnere, war eher der, dass hier alles furchtbar gut organisiert war. Meine liebste deutsche Eigenart und die, die ich am wenigsten mag, liegen heute ziemlich dicht beieinander: Ich weiß es sehr zu schätzen, wenn Absprachen eingehalten werden. Aber ich kann es nicht leiden, wenn starrsinnig an einmal getroffenen Entscheidungen festgehalten wird, nur weil es schon immer so war.

Als ich in Schönefeld ankam, wartete schon ein junger Mann am Gate auf mich. Er drückte mir eine Zugfahrkarte nach Leipzig in die Hand und dazu gleich noch ein Ticket für die Straßenbahn. Ich sprach kein einziges Wort, ich nickte nur schüchtern. Er brachte mich noch zum Gleis und wartete mit mir auf den Zug. Dann war ich allein. Als ich in Leipzig ankam, fuhr ich mit der Tram zum Studentenwohnheim und wurde schon vom Hausmeister erwartet. Die Leute waren nett zu mir und halfen mir weiter, ohne Geld dafür zu verlangen. Das war schon mal ein schönes Gefühl. Ich war dankbar. Ich durfte hier in Leipzig sein und Deutsch lernen, bevor ich anfangen würde, richtig zu studieren. Und ob das alles gelingen wird, sagte ich mir, hängt jetzt von dir und deinem Willen ab.

Der Sprachkurs startete schon kurz nach meiner Ankunft. Tag 1: Ankommen und auspacken. Tag 2: Gesundheitscheck. Tag 3: Deutsch lernen. Neun Monate lang, von Oktober bis Juli, fünf Tage in der Woche. Danach musste man so gut sein, dass man die Vorlesungen auf Deutsch verfolgen konnte.

Die einzigen deutschen Wörter, die ich kannte, waren: BMW und Bundesliga. Dumm nur, dass weder das eine noch das andere in der DDR von Nutzen war. Ich wusste aber, wenn ich den Sprachkurs nicht schaffe, dann werde ich zurückgeschickt.

Wenn die Sanktionen so drastisch sind, dann strengt man sich natürlich an.

Ich lebte im Wohnheim des Herder-Instituts in der Straße des 18. Oktober, Haus 27, mit anderen Ausländern zusammen. Die Fachrichtungen blieben jeweils unter sich. Den auf meinem Telegramm angekündigten Elektronik-Studienplatz bekam ich übrigens, ohne weitere Begründung, dann doch nicht. Aber das war mir gar nicht so wichtig, Hauptsache ein Fach, das mich interessierte. Weil ich nun Chemie studierte, war ich bei den Naturwissenschaftlern untergebracht, wo ich Menschen aus 17 verschiedenen Ländern kennenlernte. Nach ein paar Wochen war ich schon Sprecher der Gruppe. Das Herder-Institut liegt in Leipzig in der Lumumbastraße. Jedes Jahr zum Geburtstag des kongolesischen Unabhängigkeitskämpfers wurde in der Straße ein Gedenktag abgehalten. Ich war gerade erst zweieinhalb Monate im Land, da wurde ich ausgewählt, im Namen der Studierenden eine Rede am Gedenktag zu halten. Das war eine große Ehre für mich. Mein Deutsch war noch holprig, ich las alles vom Blatt ab, aber ich hatte meinen ersten öffentlichen Auftritt in Deutschland absolviert.

Als ich dann am 14. Juli 1986 meine Prüfung bei meiner jungen Lehrerin Frau Sylvia Eggert ablegte, war die erste große Hürde geschafft. Im Juni des darauffolgenden Jahres habe ich noch eine zweite Prüfung absolviert, von da an hätte ich mich Dolmetscher nennen können. Frau Eggert war so geduldig mit uns. Wir Schüler legten ein, sagen wir mal, etwas individuelles Lernverhalten an den Tag. Will sagen: Manche kamen öfter ohne ihre Hausaufgaben zum Kurs. Aber sie hat uns alle respektvoll und freundlich behandelt und am Ende fast jeden durchs Examen gebracht.

Dabei waren wir ihre erste Klasse gleich nach dem Studium. Viele Jahre später rief sie mich einmal überraschend während meines Wahlkampfs an. Sie hatte in der Zeitung von mir gelesen, sie hatte mich gleich erkannt und wünschte mir alles Gute für meine politischen Pläne. Sie dachte, ich würde mich nicht an sie erinnern, aber Frau Eggert würde ich niemals vergessen. Ich habe sie all die Jahre nicht wiedergesehen. Bis zum 8. August 2016. Ich lud sie einfach zum Essen ein. Wir sprachen viel von früher. Sie erinnerte sich noch an viele von uns, an junge Menschen aus aller Herren Länder. Aus Bulgarien, aus dem Libanon und dem Jemen, aus der Mongolei und dem Irak. Und sie sagte, dass sie uns bewundert hätte, wie wir ohne jegliche Vorkenntnisse nach Deutschland gekommen seien, um diese völlig fremde Sprache zu lernen. Auch an meinen Zimmernachbarn aus Äthiopien, den sie als still und bescheiden in Erinnerung hatte, erinnerte sie sich gut. Ich selbst, sagte sie, sei ziemlich temperamentvoll gewesen, aber auch fleißig und engagiert für die Gruppe.

Frau Eggert sagte: »Ich freue mich riesig, was für ein angesehener Mann aus einem meiner ehemaligen Schüler geworden ist. Tough warst du ja schon damals.« Nach unserem Treffen beschlossen wir, dass wir unbedingt in Kontakt bleiben müssen. Sie schrieb mir eine Whatsapp-Nachricht: »Danke für das herrliche Kramen in alten Erinnerungen und für die interessanten Einblicke in dein jetziges Leben.«

Nach der bestandenen Prüfung wurden wir alle auf die verschiedenen Hochschulen verteilt. Für mich hatten sie die Technische Hochschule Carl Schorlemmer in Merseburg ausgewählt. Ich war frustriert und enttäuscht, denn ein Fachhochschulabschluss würde nicht viel zählen, wenn ich zurück in den Senegal ginge. Ich lehnte mich auf, weil ich besser war als manch andere in meinem Jahrgang, die aber auf richtige Universitäten geschickt wurden, wenn sie nur aus einem sozialistischen Bruderland kamen. Ein bulgarischer Kommilitone kam nach Berlin an die Humboldt-Universität, ein Physikstudent aus Äthiopien an die Uni Jena, und ein Delegierter, der von der kommunistischen Partei aus dem Libanon gekommen war, bekam einen Platz an der TU Dresden.

»Das ist ungerecht!«, sagte ich. »Ich will nach Halle an die Martin-Luther-King-Universität!« Ungerechtigkeit, sagten da die Herren, gebe es im Sozialismus nicht. Am nächsten Tag ließen sie mich noch einmal antanzen: »Dann werden wir Sie mal nach Halle schicken, Herr Diaby«, sagten sie. »Damit Sie unseren Reformator Martin Luther mal ein bisschen besser kennenlernen.«

Durch Hartnäckigkeit und dieses kleine Missverständnis meinerseits kam ich also nach Halle. Ich lernte nicht nur, dass der große Schwarze Bürgerrechtler ein prominentes Namensvorbild hatte, ich entdeckte auch, dass 260 Jahre vor meiner Ankunft in Halle schon einmal ein Mann aus Afrika die Uni besucht hatte. Heute erinnert eine Gedenktafel neben dem Campus an den »schwarzen Philosophen aus Halle«.

Dieser Philosoph, Anton Wilhelm Amo mit Namen, war um 1700 in Nkubeam, einem Dorf im heutigen Ghana geboren worden. Als kleiner Junge war er von einer niederländischen Handelskompanie versklavt und nach Amsterdam verschleppt worden, wo er an der niederländisch-reformierten Kirche ausgebildet werden sollte. Von dort wurde er an Herzog Anton Ulrich von Braunschweig und Lüneburg-Wolfenbüttel verschenkt, der ihn seinem Sohn August Wilhelm weitervererbte. »Kammermohren« wurden Knaben wie er damals genannt. Die Namen Anton und Wilhelm hatte er von seinen Taufpaten erhalten, der Zusatz Amo sollte an seine afrikanische Herkunft erinnern. Sein Leben, das in Unfreiheit und kolonial-chauvinistischer Willkür begann, nahm schließlich eine historische Wendung, die sich Halle voller Stolz auf seine Fahnen schreibt.

Sein Ziehvater ermöglichte Amo eine akademische Ausbildung. Am 9. Juni 1727 immatrikulierte er sich an der Universität Halle für Philosophie und Rechtswissenschaft und studierte als erster Schwarzer in Europa. Nach seiner Promotion studierte Amo in Wittenberg noch zusätzlich Medizin, bevor er 1736 als Privatdozent nach Halle zurückkehrte.

Ein Happy End hat die Geschichte leider trotzdem nicht. Amo ging gegen 1747 zurück nach Afrika. Freunde und Mentoren waren verstorben, die Herzogsfamilie hatte sich von ihm abgewandt, weil ihr seine Theorien zu Freiheit und Demokratie nicht mehr so recht in den Kram passten. Amo war den rassistischen Demütigungen seiner Umwelt nun schutzlos ausgeliefert. Als er schließlich einer deutschen Frau einen Heiratsantrag machte, wies sie ihn mit den Worten zurück: »Nichts kann die Tatsache verschleiern, dass du einer wilden Rasse angehörst.« Amos Antrag wurde Gegenstand einer Schmutzkampagne, wie man heute sagen würde. Sie gipfelte in der Veröffentlichung von Spottgedichten über ihn, die der Rhetorikprofessor Johann Ernst Philippi herausbrachte. Enttäuscht verließ er Deutschland und kehrte nach Ghana zurück. Wann er genau starb, ist nicht sicher überliefert, laut seinem Grabstein in Shama im Jahr 1784.[4]

Und dennoch feiern wir in Halle Amos Werdegang als Erfolgsgeschichte. Seit 1994 verleiht unsere Universität den Anton-Wilhelm-Amo-Preis für besondere wissenschaftliche Arbeiten an Studierende. Eine Statue neben dem Robertinum auf dem Campus erinnert schon seit 1965 an Amo, allerdings zeigt sie nicht ihn selbst, weil kein Bildnis von ihm überliefert ist, sondern ein afrikanisches Paar, gefertigt vom Bildhauer Gerhard Geyer. 1975 kam noch eine Gedenktafel dazu.

Ich selbst habe zweieinhalb Jahrhunderte später in Halle, als die Uni ihren 500. Geburtstag feierte, Anton Wilhelm Amo verkörpert. An dem Abend im Jahr 2002 sollte bei einem Umzug an große Persönlichkeiten der Universität Halle-Wittenberg erinnert werden, allen voran natürlich an Martin Luther selbst, nach dem die Uni benannt ist, und seine spätere Frau Katharina von Bora. Bei Amo hatte die Universität verständlicherweise an mich gedacht. Wir haben bei der Suche im Kostümfundus der Oper aber leider kein passendes Professorengewand für mich gefunden, also nahmen wir eine afrikanische Tracht. Das war, im Nachhinein betrachtet, natürlich eine Form der Geschichtsfälschung, denn Amo kleidete sich in Deutschland ja niemals mit afrikanischen Gewändern, sondern trug das, was man damals am Hof getragen hat.

Eine echte Vorreiterrolle nimmt die Universität in einer nicht minder bedeutsamen Personalie ein. Rund zwanzig Jahre nach Anton Wilhelm Amo bekam Dorothea Erxleben durch eine königliche Sondergenehmigung Friedrichs des Großen als erste Frau in Deutschland die Erlaubnis, in Medizin zu promovieren; sie gilt heute als Pionierin des Frauenstudiums.

Sie merken schon, wenn ich von Halle erzähle, gerate ich leicht ins Schwärmen und bin schwer zu bremsen. Vielleicht überträgt sich ja meine Begeisterung auf den ein oder anderen Leser.

Sehr sympathisch war mir auch die Findigkeit, dank derer die Stadt 2006 ihr 1200-jähriges Stadtjubiläum begehen konnte. Ich erinnte mich: Hatte Halle nicht bei meiner Ankunft im Jahr 1986 erst das 1025. Jubiläum gefeiert? Und war nun in nur 20 Jahren um 175 Jahre gealtert? Man muss wissen, Halle verbindet mit der Landeshauptstadt Magdeburg eine lange Konkurrenz. Magdeburg konnte 2005 schon sein 1200-jähriges Bestehen feiern. Doch kurz bevor es so weit sein sollte, fand auch die Nachbarstadt gerade noch rechtzeitig eine Urkunde, die Halle deutlich früher erwähnte als die bislang bekannte Schrift von 961, nämlich nun schon im Jahr 806.

Zum 1200. Geburtstag gönnte sich Halle dann ein aufwändiges Schönheitsprogramm. Ex-Oberbürgermeister Klaus Rauen sagte damals, das Ziel müsse zum einen sein, das Identitätsbewusstsein der Hallenser zu stärken. Zum anderen solle das Jubiläum »eine Wirkung für Halle weit über die Stadtgrenzen hinaus« haben.[5] Rechtzeitig zum Jahrestag wurde der berühmte Marktplatz neu gestaltet, geordnet und völlig saniert. Die Straßenbahn wurde verlegt, sodass nun mehr Platz war für Markthandel und Kulturveranstaltungen oder einfach nur zum Flanieren. Die vielen schönen Bauwerke des Platzes, das Händeldenkmal, der Rote Turm mit dem größten Glockenspiel in Europa, die viertürmige Marktkirche Unser Lieben Frauen, das neogotische Stadthaus, das Marktschlösschen, alles erstrahlte abends nun im Schein einer neuen Beleuchtungsanlage. Der zentrale Bereich des Platzes bekam eine ganz neue Oberfläche. Durch das »Geoskop« kann man seither die berühmte Hallesche Marktplatzverwerfung, eine tektonische Störung, die sich durch Mitteldeutschland zieht, betrachten. Diese sogenannte Hallesche Störung führte zu einer speziellen geologischen Situation im Stadtgebiet und zur Entstehung der Solequellen. Die Salzgewinnung verhalf der Stadt im Mittelalter zu großem Wohlstand.

96 Hütten aus Stroh und Holz sollen einst hier gestanden haben, in denen die Halloren wohnten und ihr Salz siedeten. Eines Tages sollen sie den vorbeireitenden Bischof, dem das Land gehörte, gebeten haben, eine Stadt bauen zu dürfen. Der traute den ärmlichen Halloren und ihren Plänen nicht so richtig, gab dann aber nach und wünschte ihnen noch: »Es leuchte euch Sonne, Mond und Sterne.« Klingt fast zu schön, um wahr zu sein, und gehört tatsächlich eher in den Bereich der Legende. Doch Sonne, Mond und Sterne finden sich heute noch im Stadtwappen von Halle wieder.

Das Salz verhalf der Stadt womöglich auch zu ihrem Namen, auch wenn die Meinungen unter Sprachforschern auseinandergehen. Bei *hal* oder *halla* soll es sich zwar um alte Bezeichnungen für Salz gehandelt haben, andere Wissenschaftler führen den Namen aber auf einen älteren indogermanischen Wortstamm mit der Bedeutung Schräge oder Neigung zurück. Auch dies vielleicht eine Reminiszenz an die geologischen Besonderheiten der Region.

Zum 1025. Jubiläum im Jahr 1986, dem Jahr meiner Ankunft in Halle, war für all das natürlich noch kein Geld da. Architektur und Denkmalpflege waren stark vernachlässigt. Auf dem Campus lernte ich zwar immerhin schon Anton Wilhelm Amo kennen, aber echte Menschen aus Fleisch und Blut kannte ich damals noch nicht.

Endlich hielt ich meinen deutschen Universitätsausweis in der Hand. Ich betrachtete meine Studiennummer. Ich sprach auf Französisch, dann noch mal auf Deutsch die Zahlen vor mich hin: 271161400463 – und fühlte mich zum ersten Mal einsam. Die deutschen Studenten sollten alle erst im September eintreffen, und nun war gerade mal Juli. Die Studentinnen steckten noch in ihren Abiturprüfungen oder genossen die freie Zeit nach der Schule, und ein Großteil der männlichen Kommilitonen war beim Militärdienst in der NVA.

Die Chemiker waren am sogenannten Weinberg-Campus auf mehrere Hochhäuser verteilt. Ich streunte durch die Gegend und fragte mich: Was machst du nun hier so allein? Mittags ging ich zum Essen in die Mensa, viel mehr soziale Kontakte als zu den Frauen und Männern, die mir das Essen auf den Teller klatschten, hatte ich nicht.

Bis mich eines Tages auf einem meiner Spaziergänge eine Frau ansprach. »Nanu«, sagte sie, »du bist ja schon da.« Frau Dr. Sieglinde Winter war eine Art Vermittlerin zwischen

Herder-Institut und Martin-Luther-Universität und hatte der Prüfungskommission in Leipzig beigesessen. Sie erkannte mich gleich als einen der Sprachkursabsolventen. Ich jammerte ein bisschen: »Ja, aber außer mir ist niemand da. Irgendwas muss ich doch machen.« Außer dem Pförtner im Studentenwohnheim kannte ich niemanden persönlich. Weil ihm genauso langweilig war wie mir, setzte ich mich oft neben ihn und plauderte mit ihm über Gott und die Welt.

Frau Dr. Winter konnte helfen, so wie sie mir auch die darauffolgenden Jahre immer wieder weiterhelfen sollte. Frau Dr. Winter, die ich immer so nannte, hat fünf Kinder. Undine und Burkhard wurden später Ärzte, Brunhild studierte Biologie, Gerlinde Altphilologie, und Gudrun, ihre Kleinste, wurde später Ergotherapeutin. Als sie 14 war, lud sie mich zu ihrer Jugendweihe ein. Ich habe noch die Karte, die das Gelöbnis am 12. April 1987 um 11 Uhr im Steintor-Varieté ankündigte. Das Standort-Musikkorps des Ministeriums des Innern spielte auf unter der Leitung von Oberstleutnant Wilfried Schnöke. Es wurde viel gesungen, *Du meine Republik*, *Brüder seht die rote Fahne* und die Nationalhymne natürlich. Hinten auf der Karte stand der Leitsatz: »Unsere Bewährung – hohe Leistungen beim Lernen, in der Arbeit und bei der Verteidigung des Sozialismus.« Nun war ich also richtig angekommen in der Deutschen Demokratischen Republik. Doch die Jugendweihe war kein gesellschaftspolitisches Ereignis für mich. Es war eine Feier im engsten Familienkreis, und ich durfte bei diesem besonderen Moment dabei sein.

Frau Dr. Winter und ihr Mann Klaus, beide Chemiker, nahmen mich auf wie einen Sohn. Manchmal präsentierte sie mich anderen Leuten mit den Worten: »Darf ich vorstellen? Mein sechstes Kind.« Sie schenkte mir Äpfel aus ihrem Garten, strickte mir Kleidung und brachte mir deutsche Bücher mit. Nicht nur Fachbücher, sondern auch solche mit Märchen aus Nigeria und Tansania. Ich hatte mich davor noch nie mit Märchen aus anderen afrikanischen Ländern beschäftigt. »Sie können immer zu uns kommen«, sagte sie. »Da ist immer jemand da.« Ich zögerte manchmal hinzugehen, weil sie einen großen Hund zu Hause hatten, einen Altdeutschen Schäferhund namens Dina, vor dem ich mich etwas fürchtete. Unser Nachbar in Marsassoum hatte Hunde, um sein Grundstück zu bewachen, die uns Kinder ständig laut kläffend verfolgten. Leider habe ich die Angst bis heute nicht ablegen können. Wie hat Albert Einstein gesagt: »Es ist leichter, ein Atom zu zertrümmern, als Vorurteile abzubauen.«

Frau Dr. Winter siezte mich bis zum Schluss und nannte mich immer »Herr Karamba«. Sie brachte meinen Vor- und Nachnamen wie so viele Menschen in Deutschland immer durcheinander, aber ich habe sie nie korrigiert.

In meiner ersten, einsamen Woche in Halle brachte mich also Frau Dr. Winter mit dem Hausmeister der Universität zusammen. Herr Reese hatte unter dem Institut eine Werkstatt. Dort habe ich Schrauben sortiert und andere Hilfsarbeiten erledigt. Von Herrn Reese habe ich ein paar deutsche Sprüche gelernt, die ich nie vergessen habe, zum Beispiel: Es ist noch kein Meister vom Himmel gefallen. Im Schraubensortieren stellte ich mich allerdings ziemlich meisterhaft an und war schon sehr bald fertig. Dann schickte mich Herr Reese nach draußen. Ich sollte Unkraut auf dem Uni-Gelände rupfen. Kein Problem, sagte ich, ich hatte ja auf den Feldern meines Schwagers genug Erfahrungen mit Pflanzen gesammelt. Da schauten mich die ersten Studenten, die mittlerweile eingetroffen waren, neugierig an. Manche sprachen mich an, wer ich denn sei, woher ich denn käme. Dann nahmen sie mich zum Essen mit, und ich war von dem Zeitpunkt an in der Mensa nie mehr allein.

Einige der ausländischen Studierenden lebten ganz anders als ich. Diejenigen, die aus einflussreichen Familien stammten, etwa aus dem Jemen, aus Israel oder Zypern, konnten die Dollar ihrer Verwandten im Kurs von 1:17 gegen DDR-Mark eintauschen. Sie kauften wie viele Ausländer im »Exquisit« ein, im »Intershop« und im Delikatessladen »Fresseck«. Die dachten über mich, der arme Kerl muss immer da sein, wo die Deutschen sind. Der muss immer arbeiten. Denn die Deutschen, die durchschnittlichen DDR-Bürger, fühlten sich ja, gemessen an einigen Ausländern, die Devisen hatten, eher unterprivilegiert.

Damals gab es in der DDR, speziell in Halle und Leipzig, sehr viele internationale Studierende, da fiel ich nicht so auf wie Schwarze heutzutage in vielen Teilen in der Bundesrepublik. Wie sich das Leben heute als Schwarzer in Deutschland gestaltet, davon später mehr, das Leben unter uns Studierenden damals war zunächst ein ganz anderes.

Uns alle verband, dass wir uns zurechtfinden mussten in der Fremde. Wenn man Heimweh hatte, konnte man nicht einfach mal eben nach Hause fahren. Vor den öffentlichen Telefonzellen, die es in der Stadt gab, standen die Menschen Schlange. Damals gab es ein Telefon am Hauptbahnhof, das ständig kaputt war. Man warf eine Münze rein und konnte endlos telefonieren. Das sprach sich schnell herum.

Viele Leute hörte ich nun in den Hörer schluchzen. Das blieb mir verwehrt und gleichzeitig erspart, keiner in meiner Familie hatte zu Hause ein Telefon, das ich hätte anrufen können. Erst nach der Wende haben wir erfahren, dass das Telefon von der Stasi manipuliert worden war. Wenn man Geld reinwarf und wusste, es ist gleich wieder vorbei, dann sagte man nur das Allernötigste. Wenn man aber Zeit hatte, dann kam man eben ein bisschen ins Plaudern – und da hörte die Stasi nur allzu gerne zu.

Jede Fakultät hatte damals ihren eigenen Studentenclub. Es gab zum Beispiel den Wiwi-Club der Ökonomen, es gab den Aesculap-Club der Mediziner und den Bauern-Club der Landwirtschaftler. Unserer, der Weinberg-Club, war benannt nach seinem Standort in Halle. Ich, wieder einmal nicht schüchtern, machte mich gleich kundig: Was muss man tun, um hier mitmachen zu können? Es war eigentlich ganz einfach, ich musste mich nur in den Bar-Dienstplan eintragen. Auch wenn ich zu dem Zeitpunkt noch nicht einen Tropfen Alkohol getrunken hatte, traute ich mir das durchaus zu. Zu einem Studienfreund, der in der Mensa immer ein Bier zu seiner Mahlzeit trank, hatte ich damals immer gesagt: »Pfui, wie das stinkt.« Er hatte nur gelacht und gesagt: »Na, wart's mal ab.« Sechs Monate habe ich durchgehalten, dann wurde der Durst zu groß.

Alle Ausländer der Universität bildeten damals, je nach ihrer Nationalität, eine eigene Hochschulgruppe. Aus dem Senegal waren wir nur drei, die größten Gruppen bildeten Vietnam, Nicaragua, Angola und die Tschechoslowakei. Im zweiten Studienjahr wurde ich zum Vorsitzenden des Internationalen Studentenkomitees gewählt – fortan vertrat ich bis zur Wende die Interessen aller ausländischen Studenten der Universität. Dazu gehörte auch, die jeweiligen Nationalfeiertage zu organisieren. Und das war gar nicht so einfach, es gab jede Menge Terminschwierigkeiten in unserem Studentenclub, fast jede Woche gab es irgendeinen anderen Festtag, der abgehalten werden wollte. Aber heute ist doch Bierabend!, beschwerten sich die einen. Aber heute ist doch Skatabend!, beschwerten sich die anderen. Immer Bier und Skat, wie langweilig, fand ich, wir wollten lieber Länderabende mit Vorträgen, wir wollten kochen, essen, tanzen. Irgendwann eskalierte der interkulturelle Interessenskonflikt, und der Leiter eines Clubs teilte uns mit: »Jetzt reicht's. Ab heute keine Ausländer mehr.« Zur Erklärung schob er noch hinterher, die Ausländer machten sowieso immer nur den Mädchen Probleme. Nun sollte ich eingreifen, schlichten, was auch immer, auf jeden Fall eine Lösung finden. Bei solch ungerechten Urteilen uns gegenüber ließ ich mich gar nicht erst auf ein Streitgespräch ein, ich ging gleich zur FDJ-Kreisleitung. Ich beschwerte mich über den offenen Rassismus im Studentenclub. Da sagten die FDJ-Beauftragten: »Herr Diaby, Rassimus gibt es nicht in der DDR.« Ich sagte: »Aber Sie sehen doch, dass es ihn gibt!« Sie wiederholten: »Rassismus gibt es bei uns nicht. Sie müssen ein anderes Wort finden für Ihr Problem, dann können wir uns damit auseinandersetzen.« Es war ein absurder Dialog. Wir einigten uns schließlich darauf, dass eine »Ungleichbehandlung« stattgefunden habe.

Kurz vor der Wende kam noch ein neuer Rektor, der vorher Chemie-Institutsleiter gewesen war und bei dem ich Veranstaltungen besucht hatte. Professor Horst Zaschke blieb von 1988 bis 1990 Rektor der MLU Halle-Wittenberg. Ich machte mir die gute Verbindung zunutze und sagte zu ihm: »So geht es nicht weiter, wir brauchen einen eigenen Raum.« Er hatte nichts dagegen. »Sucht euch irgendwas«, sagte er. In der Zeit wurde etwas in der Stadtmitte in einem Plattenbau frei. Wir schlugen zu.

Bis 1993 blieb der Raum unser fester Treffpunkt, wir nannten unseren Klub »White Dove«, »Weiße Taube«, und viele von uns waren fast jeden Tag da. Wir saßen zusammen, diskutierten, organisierten Länderabende, am Wochenende gab es immer Disko oder Diskussionsabende.

Damals hatten einheimische und ausländische Studenten noch mehr miteinander zu tun als heute. Natürlich, es war eine Art verordnete Völkerfreundschaft, die in der DDR gepflegt wurde. Aber sie hat gut funktioniert. Auch heute denke ich manchmal, man müsste die Menschen erst einmal zueinanderbringen, damit sie das Gefühl von Fremdheit verlieren und schließlich auch freiwillig und ohne Verordnung von oben miteinander zu tun haben wollen.

Heute gibt es auch über das International Office der Universitäten Patenschaftsprogramme. Ich habe nur das Gefühl, dass es mehr geben könnte.

Es gab noch eine andere große Aufgabe, die ich als Vorsitzender des Studentenkomitees übernehmen musste. Die Organisation der »Studentensommer«. Was nach Landpartie und Badespaß klingt, war in Wahrheit der etwas euphemistische Ausdruck für die studentischen Arbeiterbrigaden. Ich konnte in der vorlesungsfreien Zeit ja nicht einfach nach Hause fliegen, dafür reichte mein Geld nicht aus, ich hatte schließlich keine Devisen wie viele andere Studenten. Das erste Geld, das ich verdiente, gab ich für meinen Kassettenrekorder KT 100 der VEB Stern-Radio Sonneberg aus. Endlich konnte ich wenigstens meine mitgebrachten Musikkassetten anhören.

Erst nach sechs Jahren in Deutschland flog ich zu meinem ersten Heimatbesuch in den Senegal zurück. Bis dahin verbrachte ich die Ferien damit zu arbeiten. So ein Sommer lief wie folgt ab: Die Leitung der FDJ kümmerte sich um Arbeitsplätze für Studenten in den Betrieben. Ich kümmerte mich um deren Verteilung. Eine Gruppe wurde zum Beispiel zu Gleisarbeiten eingeteilt, und die Internationale Brigade, die ich seinerzeit anführte, wurde im Auftrag der Deutschen Reichsbahn nach Delitzsch geschickt. Zwischen den Schienen mussten die Steine geordnet und darunter Holzstücke verlegt werden. Ein anderes Mal wurden wir ins VEB Kombinat Agrochemie in Piesteritz geschickt. Ich musste die Leute für die Schichten einteilen, auf Pünktlichkeit achten und darauf, dass sie irgendwann auch mal schlafen gingen. Damit machte man sich natürlich sehr beliebt. Mit den Polen und Russen hatte ich manchmal so meine Probleme. Ich ermahnte sie: »Ihr müsst jetzt ins Bett gehen!« Sie spotteten über mich: »Ach du, immer nur raboti, raboti!«

Irgendwann sollten wir Gruben für einen Kanal ausheben. Ich wies meinen Leuten ihre Abschnitte zu. Und was machten die jungen polnischen Frauen meiner Brigade? Stellten sich stattdessen an den Straßenrand und bauten ihre Stände auf. Damals waren Jeans und T-Shirts aus Polen heißbegehrte Ware. Die verkauften sie nun an die modisch ausgehungerten DDR-Teenager, was natürlich streng verboten war, aber ich war durchaus in der Lage, auch mal zwei Augen zuzudrücken.

Meinen letzten Einsatz erlebte ich im Juli 1990. Noch im Sommer kam die Währungsunion. Vieles veränderte sich, das eine ging ins andere über, nichts blieb so, wie es war. Die FDJ wurde aufgelöst, stattdessen kümmerte sich nun der Studentenrat um die Arbeitseinsätze.

Der wurde nun vertreten durch eine junge Frau, eine gebürtige Sächsin. Ute war Studentin der Agrarwissenschaft, und gemeinsam mit ihr musste ich nun klären, wer an welcher Stelle eingesetzt wird. Wir trafen uns immer wieder im Studentenklub mit anderen Teilnehmern des Studentensommers. Diesen Raum hätte ich später gerne zu meinem Bürgerbüro gemacht. Heute haben dort die Linken ihre Geschäftsstelle, sehr ärgerlich für mich, aber die Miete ist einfach zu hoch für uns Sozialdemokraten. In diesen Julitagen trafen wir uns dort alle jeden Abend, um gemeinsam zu feiern. Beim Abschlussfest des letzten Studentensommers unseres Lebens habe ich irgendwann mit Ute getanzt. Ich hatte schon den Plan gefasst, in den kommenden Tagen nach Belgien zu fahren, um meinen Onkel zu besuchen, der in Brüssel als Dolmetscher für die *Afrikanische Union* arbeitete. Sie wusste, ich würde am nächsten Tag meinen Koffer packen. Und sie dachte: Den sehe ich nie wieder. Dann drückte sie mir einen Zettel in die Hand, darauf stand die

Adresse ihrer Wohnung. Und ich dachte: Oh, die will was von mir.

Wenn ich das heute meinen Kindern erzähle, sagen sie: »Also Mama, das hätten wir nie von dir gedacht.« Aber damals musste man eben handeln, wenn man etwas wollte, man konnte sich nicht auf Facebook erst einmal langsam heranklicken und dann locker in Kontakt bleiben, bevor es verbindlicher wird oder man doch irgendwann das Interesse verliert.

Ein paar Tage später habe ich ihr aus Belgien eine Postkarte geschrieben. Nichts über Waterloo, belgische Fritten oder König Baudouin, nein, ich habe sie geradeheraus eingeladen, am 16. Oktober 1990 abends zu mir ins Wohnheim zu kommen.

Sie kam. Und ich hatte gekocht: Reis mit Erdnussbuttersoße. Es kann nicht so schlecht gewesen sein, denn sie ist danach immer wieder gekommen. 1994 wurde unsere Tochter geboren, ein Jahr später haben wir geheiratet.

Freunde fürs Leben

»Was soll denn das ganze afrikanische Zeug hier?«

Moment, ganz so reibungslos verlief unsere Liebesgeschichte dann leider doch nicht. Meine Frau hatte schließlich Familie, und die hatte ihre ganz eigene Meinung zu ihrem zukünftigen Schwiegersohn und Schwager. Meine Frau war bei ihrer Mutter aufgewachsen und, weil diese größtenteils alleinerziehend war, viele Jahre auch bei ihrem Opa Horst. Sie reagierten nicht unbedingt mit Ablehnung auf mich, das kann ich nicht sagen, aber doch mit einer großen Portion Skepsis. Opa Horst beschwerte sich später oft über den senegalesischen Wandschmuck, den wir im Wohnzimmer hängen haben. »Was soll denn das ganze afrikanische Zeug hier?«, fragte er. Ich sagte: »Opa, ich lebe auch hier. Ute hat dich, ihre Mutter, ihren Bruder Andreas, ihre Tante Elke, alle sind sie da. Ich habe halt meine afrikanischen Masken.«

In der Zeit, als ich mit Ute zusammenkam, war in Deutschland gerade das Buch *Nicht ohne meine Tochter* von Betty Mahmoody sehr erfolgreich. Meine Schwiegermutter las nun die Geschichte, wie ein muslimischer Mann seine Frau und seine Tochter unterdrückte und einsperrte. Und war höchst alarmiert. Sie kaufte gleich noch eine Ausgabe und schenkte sie ihrer Tochter. Wir nahmen das irgendwie hin und hofften, sie werde sich schon noch beruhigen.

Ein paar Monate, nachdem wir zusammengezogen waren,

kam sie uns zum ersten Mal besuchen, und sie sprach ihre Sorgen offen aus. Der Senegal, sagte sie, sei ein muslimisches Land, und darum fürchte sie, dass ich ihre Tochter und ihre zukünftigen Enkelkinder, die damals noch nicht einmal in Planung gewesen waren, mit nach Afrika nehmen und nie mehr zurück nach Deutschland lassen würde. Ich versicherte ihr, dass ich nichts dergleichen vorhätte und Deutschland gar nicht verlassen wollte. Als ich sie Jahre später schließlich anrief, weil ich um die Hand ihrer Tochter anhalten wollte, sagte sie nur noch einmal knapp: »Ich gehe davon aus, dass du in Deutschland bleiben wirst?« Es war weniger als Frage formuliert denn als Forderung. Ich versicherte ihr abermals, dass ich keine anderen Pläne hätte und mich sehr wohl in Halle fühlte.

Trotzdem wurde sie diese Angst nie ganz los. Selbst viele Jahre später, als wir uns bei dem Bruder meiner Frau zum Grillnachmittag trafen, kam das Thema noch einmal auf. Mein Schwager und seine damalige Frau hatten gerade ein Scharmützel auszutragen. Irgendjemand sagte: »Guck dir die beiden an, ständig am Streiten.« Da sagte meine Schwiegermutter – so, dass ich es sehr gut hören konnte: »Ach, bei denen gibt's doch kein echtes Problem. Aber schau dir ihn mal an«, und deutete auf mich. Was denn nicht mit mir stimme, wollten die Verwandten wissen. »Bei ihm habe ich immer Angst, dass er irgendwann die Kinder nimmt und nach Afrika geht«, sagte sie. Diesmal behielt ich nicht so stoisch die Nerven wie sonst. Ich war sehr verärgert und aufgeregt. »Ich lebe seit 18 Jahren hier«, sagte ich. »Wie kommst du denn darauf, dass ich nicht bleiben will?«

Aber gut, ich hatte ja auch meine Vorurteile gegen sie. Gegen ihre Eintöpfe zum Beispiel. Eintöpfe, das war für mich eine unvorstellbare Mahlzeit. Minderwertig und primitiv. Bis ich ihre dann schließlich doch probierte, gut gewürzt, sehr reichhaltig, mit viel Fleisch und Kartoffeln. An ihre Katzen konnte ich mich allerdings niemals gewöhnen. Und sie hatte gleich vier davon. Ich habe Angst vor Tieren, das habe ich schon angedeutet, und ja, diese Angst ist leider nicht auf Hunde beschränkt. Ich hoffe, man sieht es mir nach, denn ich weiß, die Deutschen und ihre Tiere, das ist eine ganz innige Beziehung.

Wenn Ute und ich sie früher besuchten, las ich in ihrem gemütlichen Wohnzimmersessel oft zur Entspannung das Magazin *Jeune Afrique Economie*, das ich für 12 DM im Monat abonniert hatte. »So eine Geldverschwendung«, foppte sie mich. Und ich foppte zurück: »Du musst gerade was sagen, gibst jeden Tag eine Mark pro Katze und Büchse aus. Rechne mal aus, wie viel das im Monat ist.« Wenn sie mich richtig ärgern wollte, sagte sie zu meinen Kindern, die sich natürlich wie alle Kinder ein Haustier wünschten: »In eurem Haus fehlt nur noch eine schöne Katze.« Ich sagte: »Wenn hier eine Katze durch die Tür kommt, gehe ich durchs Fenster raus!«

Die Haustier-Pläne erledigten sich für uns dann nach einem Arztbesuch wie von selbst. Ich verließ die Praxis mit einer Bescheinigung, auf der geschrieben stand: »Der Inhaber dieses Passes ist allergisch gegenüber folgenden Stoffen …«, ich deklamierte in unserem Wohnzimmer: »Erle, Hasel, Birke, Pappel, Buche, Eiche.« Fast der ganze deutsche Wald. Dann kamen noch »Gräser und Holunder« hinzu sowie – und nun musste ich kichern – »Katze und Meerschweinchen«. Meine Familie empörte sich: »Wie kann man sich denn freuen, wenn man gegen etwas allergisch ist?« Sie dachten offenbar, ich hätte den Arzt dazu überredet. Ein ärztliches Attest als Gefälligkeit? Eine Verdächtigung wie von Thomas de Maizière.

Abgesehen von meiner sehr undeutschen Scheu vor Haustieren, pflegen wir ein ziemlich transkulturelles Familienleben. Kurzer Einblick in unser Wohnzimmer: Da hängt zum Beispiel das eingangs erwähnte Bild, das ich bei meiner ersten Heimreise in den Senegal 1991 von den Frauen auf dem Feld aufgenommen habe. Daneben hängt das Foto von meiner Schwiegermutter und ihrem Mann Peter, die inzwischen beide verstorben sind. An der Wand verteilen sich außerdem Bilder aus verschiedenen Bereichen der senegalesischen Kunst. Hinterglasmalerei, Sandbilder, Holzschnitzerei, Masken, Stoffbemalung. In unserer Vitrine steht deutscher Nippes, kleine Porzellankätzchen, ein bemalter Bierkrug, Kristallschalen, Sekt- und Schnapsgläser, daneben zwei Ausgaben des Koran und ein Behälter mit heiligem Wasser aus Mekka, den mir meine Schwester von ihrer Pilgerreise mitgebracht hat. Mein Kochbuch *Vom Kap bis Kairo* steht neben dem Kochbuch meiner Frau *So kochten wir in Sachsen*. Aber das sind nur zwei von mindestens 50 internationalen Kochbüchern, die wir zu Hause haben. Meine Frau, die nie viel gekocht hatte, bevor sie mich kennenlernte, liebt es mittlerweile, für Hunderte von Gästen große Mahlzeiten zuzubereiten.

Vor nicht allzu langer Zeit kam diese Aufgabe auch auf mich zu. Ich hatte mir die Suppe beziehungsweise den Eintopf leider selbst eingebrockt. Ich hatte kurz vor der Halleschen Oberbürgermeisterwahl mit dem Landsberger Bürgermeister Olaf Heinrich, CDU, auf einen Kandidaten gewettet, der meiner Meinung nach die Wahl gewinnen würde. Er hielt dagegen mit seinem Wunschkandidaten. Ich sah den SPD-Mann Kay Senius vorne, Olaf Heinrich naturgemäß den CDU-Bewerber Bernhard Bönisch. Im Falle meines Sieges würde er bei einer Veranstaltung Landsberger Bier ausschenken. Im Falle seines Sieges sollte ich literweise senegalesischen Eintopf kochen. Nur mit dem Parteilosen Dr. Bernd Wiegand, der die Wahl schließlich gewann, hatte keiner von uns beiden gerechnet. Also mussten wir beide unsere Wetteinsätze einlösen, was wir für 350 Gäste zur Eröffnung des ersten Landsberger Sommerkinos im Felsenbad taten. Auf der Leinwand lief *Ziemlich beste Freunde*, und auf dem Holzfeuer köchelte der ziemlich beste Eintopf meines Lebens vor sich hin. Was ich damals niemandem verriet, aber nun gestehe: *Mein* Eintopf war es streng genommen nicht. Wofür hat man als Politiker schließlich sein Expertenteam.

Meine ehrenamtliche Wahlkampfhelferin Franca, leider keine Expertin auf dem Gebiet der Fleischzubereitung, weil Vegetarierin, bekam die ehrenvolle Aufgabe zugewiesen. Sie suchte im Internet nach einem landestypischen Gericht und fand das Rezept »Hühner-Eintopf senegalesischer Art«. Franca ging einkaufen, hatte aber keine Ahnung, welche Mengen an Huhn sie brauchte, und kaufte einfach alle Hähnchenschenkel auf, die sie im Kühlregal fand. Zu Hause musste sie nun 37,5 Kilogramm Hühnerschenkel erst einmal anbraten und dann auseinanderrupfen. Ihre Mutter war so gütig, die Aufgabe zu übernehmen. Das ganze Haus roch inzwischen wie eine Wienerwald-Filiale, und in der Küche herrschten 35 Grad Celsius. In einer Feuerschale briet sie draußen die restlichen Zutaten zusammen. Das Gericht sollte zum Schluss »eine schlotzige Konsistenz« haben, hieß es im Rezept. Ganze acht Stunden später war »mein« Eintopf fertig, nach nur einer Stunde im Sommerkino war schon die Hälfte aufgegessen. Und ich sammelte alle Lorbeeren dafür ein, die ich hiermit offiziell weiterreiche.

»Teranga« heißt auf Wolof die ausgeprägte Art der Gastfreundschaft, wie wir sie bei uns in der Familie pflegen. Allerdings gibt es da gewisse kulturelle Unterschiede in der Auslegung – zwischen einer deutschen Frau und einem senegalesischen Mann. Ich lade meine Freunde ein, einfach bei uns vorbeizukommen, wenn ihnen danach ist. Meine Frau würde vorher am liebsten noch alle Fenster putzen und den Boden bohnern. Einmal brachte ich spontan einen befreundeten Vater vom Spielplatz mit nach Hause, uns war kalt, und wir wollten noch ein Bier zusammen trinken. Meine Frau rannte hektisch durch die Wohnung, fegte hier, feudelte da. Ich sagte ihr: »Setz dich hin, das ist doch unhöflich.« Sie saß zwei Minuten still, dann sprang sie wieder auf und wienerte irgendeine Tischplatte blank.

Nach meinem Verständnis ist es doch einfach so: Jeder, der bei uns klingelt, hat Hunderte Türen auf dem Weg zu uns hinter sich gelassen. Er will nicht zu irgendjemand anders, er will nur zu uns, ihm ist es doch egal, ob die Kloschüssel glänzt oder nicht. Aber das ist wahrscheinlich dieser sprichwörtliche Perfektionismus der Deutschen, der sich bei meiner Frau besonders bemerkbar macht. Und mich, zugegeben, manchmal in den Wahnsinn treibt. Zum Beispiel bittet sie mich jeden Morgen, bevor sie das Haus verlässt, das auf Kipp stehende Fenster zu schließen, bevor ich gehe – nur weil ich es ein einziges Mal vergessen habe. Fenster auf Kipp, auch eine sehr deutsche Angelegenheit.

Allerdings hat der Perfektionismus auch seine guten Seiten. Unseren letzten Umzug hat meine Frau bis zur Perfektion durchgeplant, einschließlich der farbigen Markierungen auf Kisten und Möbeln, damit das »Zielzimmer« gleich klar und ohne Umwege ansteuerbar ist. Wir sind in ein neu gebautes Haus mit acht Mietparteien eingezogen. Der verblüffte Vermieter stellte fest, dass wir schon eingezogen waren mit allem Sack und Pack, noch bevor er dem letzten Neumieter überhaupt die Wohnungsschlüssel übergeben hatte.

Eine Eigenschaft meiner Frau, die vielleicht typisch ostdeutsch ist: Sie hat keine Scheu vor allem, was es handwerklich zu erledigen gibt. Sie baut Schränke zusammen, bohrt Löcher in die Wände und Decken, tapeziert, malert, und ich schaue bisweilen erleichtert zu, weil ich mit meinen zwei linken Händen so nichts kaputt machen kann.

Ute und ich haben viele gemeinsame deutsche Freunde. Doch auch mit vielen ausländischen Freunden von damals bin ich immer in Kontakt geblieben. Der Austausch mit den internationalen Studenten war inspirierend und bereichernd. Durch Jemeniten, Palästinenser, Jordanier und Syrer lernte ich ganz unterschiedliche Facetten und Strömungen des Islam kennen. Ich selbst konnte ihnen mit Stolz erzählen, wie tolerant und liberal wir die Religion im Senegal auslegen, wie friedlich sich unser Zusammenleben gestaltet. Und sie wiederum wunderten sich darüber, wie man die Beschneidung von Mädchen mit dem Islam begründen könne, wie es in vielen Regionen Afrikas üblich ist. Aus ihren eigenen muslimischen Ländern kannten sie die brutale Tradition gar nicht.

Wir Ausländer hatten alle einen eigenen FDJ-Betreuer. Mit meinem, Kay Schuster, hat sich eine tiefe Freundschaft entwickelt. Im Studentenwohnheim in den Baracken am Weinberg haben wir damals den Polterabend am Vortag seiner Hochzeit mit Katrin gefeiert. Zum ersten Mal habe ich diese seltsame deutsche Tradition vor 28 Jahren bei dem Polterabend von Sylke und Sven Poser in Zeitz kennengelernt. Auf einmal fingen die Gäste an, noch tadellos erhaltenes Geschirr zu zerschmeißen. Ich traute meinen Augen kaum. Teller, Tassen, manche hatten sogar Waschbecken und Badewannen mitgebracht! Ich muss sagen, ich war ehrlich erschüttert. Erst der Walzer, den ich noch am selben Abend zum ersten Mal in meinem Leben tanzte, brachte mich wieder in Partystimmung.

Am Anfang lernt man im fremden Land ja nicht nur Vokabeln und Grammatik, man guckt sich Gesten ab und auch lokale sprachliche Gepflogenheiten. Broiler und Plaste gingen schnell in meinen Wortschatz über und sind dort bis heute fest verankert. Manches lernte ich aber erst nach Jahren. Einmal trieb ich meiner Kollegin von der Heinrich-Böll-Stiftung die

Schamröte ins Gesicht, als wir gemeinsam in der Harzmensa in Halle essen gehen wollten. Das Tagesangebot war Igelbraten, mit Holzpiekern bestücktes Kasslerfleisch. Ich zeigte auf die Anzeigetafel und sagte, ziemlich laut: »Igitt, Heike, schau doch mal. Es gibt heute Igel – wer isst denn bitte so was?!«

An einem Wochenende in den späten achtziger Jahren war ich zu einer Party eines angolanischen Freundes in Rostock eingeladen. Es gab leckeres afrikanisches Essen und gute Musik. Ich forderte eine der norddeutschen Studentinnen zum Tanzen auf. Während wir schwoften, sagte sie zu mir: »Du sprichst aber schon sehr gut Deutsch.« Ich freute mich und sagte zu ihr: »Vielen Dank. Und du bist eine sehr schöne Fischkopf, die gut tanzen kann.« Sie schaute mich entgeistert an. Nach Tanzen und Reden stand ihr nicht mehr der Sinn, ich schämte mich, und der Abend war für mich gelaufen.

Im letzten Jahr war ich bei Kay, meinem alten FDJ-Betreuer, in Halle zu Gast, als er seine Silberhochzeit feierte. Auch mit Freunden, die zurück in ihre Heimat gegangen sind, wie Eva und Martina aus der Tschechoslowakei, bin ich bis heute in Kontakt geblieben. Aber viele meiner Kommilitonen sind wie ich geblieben. Dr. habil. Oumar Camara aus Mali ist heute Frauenarzt in der thüringischen Kurstadt Bad Langensalza. Mrowan Amory, ein Araber aus Israel, ist heute Oberarzt in der Uniklinik Kollwitz. Beide gehören zu den wenigen, die in ihrem studierten Beruf arbeiten.

Dr. Moussa Dansokho, der wie ich aus dem Senegal stammt, lebt mit seiner Familie in Görzig bei Köthen. Moussa hatte seine Promotion in Wirtschaftswissenschaften fast fertig, da fiel auf einmal die Mauer. Ein Kapitel seiner Arbeit, das sich mit internationalen Wirtschaftsbeziehungen befasst hatte, wurde nach dem Umbruch so nicht mehr akzeptiert und musste ganz neu geschrieben werden.

Moussa war wie ein großer Bruder für mich, er kannte sich schon ein bisschen aus mit deutschen Gepflogenheiten, als ich damals völlig ahnungslos nach Halle kam. Er lebte bereits mit seiner deutschen Freundin Astrid, einer Russisch- und Englischlehrerin zusammen. Jedes Mal, wenn ich die beiden in ihrer kleinen Plattenbauwohnung im Südpark besuchte, sagte Moussa: »Astrid ist nicht da.« Auf die Frage, wo sie denn sei, erhielt ich immer die Antwort: »Beim Sport.« Das machte die Sache noch verdächtiger, denn Astrid war doch schwanger. Ich schüttelte den Kopf und befand: »Das ist doch viel zu gefährlich.« Von so etwas wie Schwangerschaftsgymnastik hatte ich natürlich noch nie gehört.

Tatsächlich kam dann wenige Wochen später ihre kleine Tochter Aminata auf die Welt. Es hat mich immer fasziniert, wie konsequent Moussa und Astrid ihre Kinder zweisprachig erzogen haben. Moussa sprach mit ihnen Französisch, Astrid sprach mit ihnen Deutsch.

Meine Frau und ich hatten später dieselben Pläne. Wir waren überzeugt davon, dass unsere Kinder von der Mehrsprachigkeit profitieren würden. Leider kam es dann anders. Nicht, weil wir die empfohlenen Regeln nicht kannten. Pro Elternteil eine Sprache, nicht zwischen den Sprachen hin und her wechseln und einiges andere mehr. Nein, wir sind einfach am Alltag gescheitert.

Ich habe sowohl mit unserer Tochter Fatoumata Sarah als auch mit unserem Sohn Makhily Benjamin von der Geburt an konsequent Französisch gesprochen. Meine Muttersprache kam natürlich nicht infrage, wo hat man hier schon die Gelegenheit, Mandingo geschweige denn Diakhanke zu sprechen. Ich habe ihnen französische Kinderbücher vorgelesen, französische Hörspiele angeschafft, und bis zu ihrem vierten Lebensjahr hat alles wunderbar funktioniert. Sie konnten mich genauso gut verstehen, wie sie meine Frau verstehen konnten, die immer Deutsch mit ihnen sprach. Aber beide hörten unabhängig voneinander im Alter von vier Jahren auf, auf mich zu reagieren. Manchmal taten sie das Gegenteil von dem, was ich wollte, manchmal taten sie so, als würden sie mich nicht verstehen. Irgendwann sagten beide nur noch: »Papa, sprich gefälligst Deutsch mit mir.« Ich habe leider ziemlich schnell aufgegeben, was ich später sehr bereute. Die Gründe für unser Scheitern sind aus meiner Sicht vielfältig. Wegen meiner Arbeit kam ich häufig spät nach Hause, oft erst kurz bevor die Kinder ins Bett gingen. Dann wurden oft nur noch die lästigen Dinge des Lebens auf Französisch besprochen, meistens im Kommandoton: Hände waschen. Zähne putzen. Spielzeug aufräumen. Licht ausmachen. Manchmal hatte ich auch das Gefühl, die Kinder hätten den Eindruck, sie würden ihre Mutter damit ausgrenzen. Ihr eigenes Französisch reichte nicht aus, um uns gut zu verstehen. Hinzu kam, dass Kinder idealerweise andere mehrsprachige Kinder um sich herum erleben sollten, um sich nicht als Sonderlinge zu fühlen. Die hatten wir in unserem direkten Umfeld leider nicht. Manchmal vermutete ich sogar, dass es den Kindern peinlich war, wenn ich vor ihren Freunden Französisch mit ihnen sprach. Ich bin aber froh, dass die beiden trotzdem als zweite Fremdsprache nach Englisch in der Schule Französisch gewählt haben.

Moussas Tochter Aminata hat später in Deutschland Lehramt fürs Gymnasium studiert und unterrichtet heute an einer Schule in Paris, dafür musste sie die französische Prüfung »Agrégation« ablegen. Ihr Bruder Malick hat gerade sein Medizinstudium an der Humboldt-Universität in Berlin abgeschlossen und absolviert zurzeit seine Facharztausbildung in Liverpool. Durch die langjährige Freundschaft und die vielen Senegalabende in Görzig habe ich auch die Großfamilie von Moussas

Frau Astrid kennengelernt. Manchmal bin ich etwas neidisch und wehmütig, weil es mir in Görzig, mit all ihren Verwandten, ihrem Bruder und seiner Familie, ihrer Mutti, mit Onkel, Tante, Cousine und den Nachbarn so vorkommt wie früher in meinem Dorf. Die Kinder beziehen mich freundlich in die Familie mit ein und nennen mich Onkel Karamba.

Als es ein paar Jahre nach Moussa bei mir so weit war und ich Vater wurde, war ich dann auch dank Moussa so gut über alles aufgeklärt, dass ich bei der Geburt meiner Tochter live im Kreißsaal mit dabei war – wie ein moderner deutscher Mann, der es sich nicht nehmen lässt, auch noch die Nabelschnur durchzuschneiden. Als später mein Sohn Makhily zur Welt kam, wollte meine Frau unbedingt eine Hausgeburt. Auch das machte ich mit. Ich besuchte mit ihr die Geburtsvorbereitungskurse, und als es eines Tages so weit war, waren wir allein in unserm Schlafzimmer. Ich wusste ja, was zu tun war. Glaubte ich. Vor allen Dingen: Ruhe bewahren. Nach endlosen Momenten zwischen Warten und immer neuen Wehen sah ich den Zeitpunkt gekommen, die Hebamme zu rufen. Kurz nach dem Telefonat dachte ich, das Kind könnte mit einem Mal einfach rauskommen und ich stünde dann da und wüsste nicht weiter. Ich sah also den Zeitpunkt gekommen, die Nerven zu verlieren. Ich rief noch einmal bei der Hebamme an, um zu fragen, wie weit sie denn bitteschön sei. Sie sagte, sie komme so schnell, wie sie könne, sie stehe im Auto an der Ampel und warte auf Grün. »Egal!«, schrie ich ins Telefon. »Fahren Sie bei Rot rüber!« Um es kurz zu machen, es dauerte dann alles doch noch lange genug, dass sie auch ohne Verkehrsgefährdung bei uns eintreffen konnte.

Diese Geschichte kam mir in Erinnerung, als es 2014 um die Lösung des Problems der nicht mehr bezahlbaren Haftpflichtversicherung für Hebammen ging. Und es sollte noch schlimmer kommen mit der Ankündigung der Nürnberger Versicherung, sich aus der Haftpflichtversicherung der Hebammen 2015 ganz zurückzuziehen. Das löste Empörung und Protest bei den Betroffenen aus. Ich habe mich damals mit anderen Kollegen dafür eingesetzt, dass eine gesetzliche Lösung auf Bundesebene diskutiert wurde.

Dabei ist mir wieder einmal deutlich geworden, dass durch eigene praktische Erfahrungen in bestimmten Bereichen die Sensibilität für ein Thema deutlich höher ist und sie dabei hilft, ein Problem nicht nur von einer Seite zu sehen.

Nicht alle meine Freunde von damals sind in Deutschland geblieben. Diebel Sarr, mit mir und Moussa einer der 17 senegalesischen Studenten in der ganzen DDR, war im selben Jahr wie ich gekommen. Er studierte in Rostock Meeresbiologie. Nach der Uni ist er 1993 in den Senegal zurückgekehrt. Dabei hat er immer noch Sehnsucht nach Deutschland. Wenn ich ihn alle zwei Jahre bei meinen Besuchen im Senegal wiedersehe, erzähle ich ihm, was es Neues gibt in seiner zweiten Heimat, dass die Adresse seines alten Studentenwohnheims nicht mehr Wilhelm-Pieck-Ring heißt, sondern heute politisch-neutral Am Vögenteich. Und ich bringe ihm jedes Mal mit, was er am meisten vermisst. Eine echte deutsche Bockwurst aus der Dose.

Doch nicht nur Moussa ist mir in Deutschland erhalten geblieben, auch Nasr El-Mokdad aus dem Libanon, der Biochemiker wurde und vierfacher Familienvater. Mit ihm gemeinsam habe ich viel bewegt im Internationalen Studentenkomitee und später, als wir in den neunziger Jahren beide im Ausländerbeirat von Halle waren. Auch vielen der syrischen Studenten von damals ist Halle zu ihrer Heimat geworden. Viele bangen heute um ihre Familien im Krieg, viele richten ihre Sorgen direkt an mich.

Viele der syrischen Studenten von damals wurden Ärzte und

Pharmazeuten. Der bekannte Hautarzt Dr. Abdou Zarzour hat hier seine Praxis. Und dann ist da noch mein guter Freund Arab, der mein Lieblingsrestaurant in Halle betreibt, benannt nach der syrischen Stadt Palmyra, deren Kulturschätze 2015 von der Terrorgruppe »Islamischer Staat« zum Teil zerstört wurden. Wir treffen uns regelmäßig im »Palmyra« zum Stammtisch mit alten Kommilitonen von früher, viele sind heute Wissenschaftler in verschiedenen Einrichtungen in Halle. Ich liebe die Atmosphäre, dort fühle ich mich heimisch und immer gut unterhalten.

Arab und mich verbindet, dass wir beide noch einen weiteren Bruch in unseren Biographien verzeichnen. Dieser Bruch trat, wie bei vielen DDR-Bürgern, unmittelbar nach der Wende ein. Die Menschen verloren ihre Arbeit, weil ihre Betriebe abgewickelt wurden. Meine Schwiegermutter zum Beispiel war in der DDR Kranführerin. 1990 musste sie auf Behindertenpflegerin umschulen. Auch viele Professoren mussten gehen, aus politischen Gründen vor allem, weil so manch einer für die Stasi gearbeitet hatte. Der Professor meiner Frau gehörte dazu, als sie gerade bei ihm ihren Doktor machen wollte, auch sie musste sich neu orientieren, in ihrem Fall gleich in Richtung Westen an die Universität von Gießen, wo sie bald eine neue Doktorandenstelle bekam.

Mein Freund Arab wurde damals Doktor der Physik. Später kam er zu Wohlstand durch einen Gebrauchtwagenhandel. Heute ist er Gastronom. Ich bin Chemiker, und mich verschlug es in die Politik. Wir sagen immer, eigentlich sind wir so richtige Ossis – auch wir mussten uns noch einmal neu erfinden. Mit dem Unterschied, dass wir immer Gefahr liefen, dass man uns nach dem Mauerfall vielleicht zurückschicken würde. Die Phase kurz vor der Wende war für uns Ausländer eine seltsame Zeit. Wir spürten, es tut sich etwas in diesem Land. Es hatte ja nie jemand öffentlich gesprochen über Honecker und das Politbüro. Klar, ich hatte wie alle Studenten meine Pflichtseminare in Marxismus-Leninismus. Aber Gesinnungsprüfungen hatte es nicht gegeben. Erst durch den engeren Kontakt zu deutschen Studenten merkte ich, nicht alle sind glücklich mit dem Leben hier. Und ich spürte, dass sich auch gute Freunde nie völlig vertrauten. Alle waren vorsichtig.

Manchmal fuhr ich am Wochenende mit Kommilitonen zu ihren Eltern nach Hause, mit meinem Freund Kay in die Altmark, mit Uli nach Dessau oder mit Jens und Henning nach Rostock. Wenn ich als Fremder den Raum betrat, gerieten oft die Gespräche ins Stocken. Manchmal sprachen die Leute wie verschlüsselt, und ich verstand nicht mehr, worum es ging.

Und dann, eines Tages, waren die ersten von ihnen verschwunden. Ich bekam es ein bisschen mit der Angst zu tun. Ein Freund verabschiedete sich seltsam gefühlvoll von mir, was ich nicht verstand, weil wir uns doch ein paar Tage später wiedersehen wollten. Aber am nächsten Tag war er mit seiner Frau und seinem kleinen Sohn in den Westen geflohen. Plötzlich fanden in den Städten die ersten Demos statt, und obwohl ich nichts lieber tue, als mich einzubringen und für gute Ideen mitzukämpfen, wusste ich nun nichts anderes zu tun als zuzusehen und abzuwarten. Keiner von uns war in die DDR gekommen, um Widerstand zu leisten, wir wollten studieren, wir hielten die Klappe. Ich hätte ja kaum mit den Deutschen mitmarschieren und skandieren können »Wir sind das Volk!«. Ich war ja nicht damit gemeint, und welche Folgen hätte so ein Protest für mich haben können? Ich war sehr vorsichtig, denn hätte man mich zur Strafe aus der DDR ausgewiesen und zurückgeschickt, wäre ich nach all den Jahren ohne Abschluss dagestanden. Kurzum: Ich konnte mich am Protest nur innerlich beteiligen.

Der Ausdruck IM, Inoffizieller Mitarbeiter, ist mir erst nach der Wende bekannt geworden. Allmählich fielen mir dann auch Personen ein, die ein bisschen zu viel Interesse an mir gezeigt hatten. Am Wochenende fuhren eigentlich alle Studenten immer nach Hause. Aber ausgerechnet derjenige unter ihnen, der aus Leipzig kam, der von allen den kürzesten Weg in die Heimat hatte, der war immer da. Einmal verstrickte er mich in ein Gespräch über meine Freiheiten und dass ich ja einfach, wenn ich wollte, in den Westen reisen könne mit meinem Pass, ob ich ihm den mal zeigen könne? Ich ließ ihn durchblättern. Die Vermutung, dass er von der Stasi gewesen sein könnte, kam mir erst Jahre später. Sollte ich ihm Unrecht tun, so zeigen diese Gedanken doch, was dieses Land mit den Menschen gemacht hat.

Als die Wende dann Wirklichkeit wurde, wusste niemand von uns Ausländern an der Uni so genau, wie es für uns weitergehen würde. Wer sollte denn jetzt für unsere Stipendien aufkommen? Um diejenigen, die von ihren sozialistischen Herkunftsländern geschickt worden waren, kümmerte sich nun die SED-Nachfolgepartei. Aber der Senegal gehörte nicht zu diesen Ländern. Wir hatten auch keine direkten Verträge mit der DDR, die die Bundesrepublik hätte übernehmen können, sondern nur mit dem Internationalen Studentenbund.

Aber dann wurde die Wende auch für uns noch zu einer guten Nachricht. Denn zuvor war es ja so gewesen: Wer fertig war mit dem Studium, musste so schnell wie möglich zurück nach Hause. Das änderte sich nun. Wäre die Wiedervereinigung nicht gekommen, hätte auch ich schon ein Jahr später ausreisen müssen.

Die Stipendien übernahm nun der Deutsche Akademische Austauschdienst. Seitdem bin ich dem DAAD sehr dankbar für seine Hilfe, heute bin ich sogar ihr Berichterstatter im Bildungsausschuss.

Koffer packen und Abschied nehmen konnte ich erst einmal aufschieben. Das war für mich persönlich, noch vor all den grandiosen Veränderungen, die mit der Deutschen Einheit auf uns zukamen, erst einmal die wichtigste Nachricht.

Die Geschichten und Schicksale meiner Freunde und Kommilitonen, die ich beschrieben habe, stehen stellvertretend für alle Ausländer in der DDR, und auch sie sind Teil der Einwanderungsgeschichte Deutschlands. Auch ihre Biographien müssen einen Platz finden in der Erinnerungskultur unseres Landes. Ihre Nachfahren haben ein Recht darauf, sich in der Geschichte Deutschlands wiederzufinden. Ich bin fest davon überzeugt, dass dies ein wesentlicher Beitrag zur Identifikation der jüngeren Generation von Zugewanderten mit ihrer Heimat Deutschland ist.

Wie ich lernte, den Laubenpieper zu lieben

»Herr Doktor, nimm dir doch einen Garten bei uns.«

Es ist der 17. Februar 2013. Sonderparteitag in Magdeburg. Die SPD Sachsen-Anhalt hat sich im Alten Theater versammelt, um die Landesliste für die Bundestagswahl im September zu wählen. Auch Sigmar Gabriel hat sich angekündigt, damals noch wohnhaft in Magdeburg. Und er kommt zu spät. Gerhard Miesterfeldt, Vizepräsident des Landtags und Moderator des Parteitags, stichelt, es sei wohl ganz schön hart, im Land der Frühaufsteher zu leben. Dann hält Gabriel seine Rede.

Die Bühne aber, so schreibt es am nächsten Tag die *Magdeburger Volksstimme*, gehöre »an diesem Sonnabend Doktor Diaby«. Der Reporter nennt mich einen »Sympathieträger«, einen Mann mit »Unterhaltungswert«. Es geht an diesem Tag für mich um Platz 3 der Landesliste, der für den Einzug in den Bundestag reichen soll. Ich stelle mich also den Genossen vor, spreche über meine Herkunft, meine Ideen und einige Stationen meines Werdegangs – und erwähne ganz nebenbei auch den Titel meiner Doktorarbeit. »Da prustet, gluckst, lacht und tobt der Theatersaal«, heißt es in der Zeitung, »die Delegierten sind außer Rand und Band.«[6]

Das hätte ich mir 1996 auch nicht träumen lassen, dass ich mit meinen *Untersuchungen zum Schwermetall- und Nährstoffhaushalt in Halleschen Kleingartenanlagen* mal solche Begeisterungsstürme ernten würde. Ich entschied mich damals nicht für das Thema, weil es mir besonders skurril und exotisch erschien, sondern weil es damals ein ganz heißes Eisen in der Stadt war. Schon in der DDR hatten sich regimekritische Kommilitonen von mir auch in der Umweltbewegung engagiert, weil die Verschmutzung unserer Region katastrophal war. Meine Diplomarbeit hatte ich 1991 über die Schwermetallbelastung in der Saale-Aue geschrieben. Die Geographen unter Leitung meines späteren Doktorvaters Professor Manfred Frühauf wollten in der Zeit nach der Wende die städtischen Areale nach Schadstoffen untersuchen lassen, das machte man damals überall, weil man nicht wusste, welche Spuren die DDR-Industrie hinterlassen hatte.

Im Osten gab es sehr viele Kleingartenanlagen, in denen die Bewohner ihr eigenes Gemüse anbauten. Das war genau mein Ding, ich kannte mich ja aus mit Landwirtschaft. Man zählte allein im Stadtgebiet Halle 165 Anlagen mit je 200 bis 300 Parzellen pro Anlage. Heute sind davon noch 131 Anlagen übrig. Ich wählte 15 Kleingartenanlagen daraus aus, die ich nach verschiedenen Stadtstrukturtypen einteilen konnte, also: Industriegebiet, Neubaugebiet, Altbaugebiet (in dem Kohle noch das gängige Heizmittel war), außerdem ein Gebiet in der Nähe viel befahrener Straßen, eines in der Nähe von Bahnanlagen und so weiter. Und weil die Untersuchungen auch dem Gemeinwohl dienten, wurde meine Arbeit von der Deutschen Forschungsgemeinschaft (DFG) gefördert.

In jeder Anlage hob ich mit Kollegen und meinen studentischen Hilfskräften drei Gruben von je einem Kubikmeter aus, also insgesamt 45 Stück. In denen nahm ich jeweils oben, aus der Mitte und von unten meine Proben. In die gewonnene Erde pflanzte ich Gemüse an, vor allem Porree, Kohlrabi und Sellerie. Gegossen habe ich sie mit Regenwasser aus Zinktonnen, wie die Gärtner das eben so machten. Wenn die Pflanzen groß waren, erntete ich mein Gemüse und kochte es im Labor. Das gekochte Gemüse untersuchte ich dann auf verschiedene Schwermetalle, darunter Kadmium, Quecksilber, Nickel und Blei, vor allem unter der Fragestellung: Wie tief kann man ihre Spuren noch nachweisen?

Es stellte sich heraus: Einige hatten tatsächlich eine hohe Belastung. Grund dafür waren Partikel aus den Kohlenheizungen, aus Trabis und aus der Industrie. Und das war für die Kleingartenbewohner eine gute Nachricht. Denn die dominante Quelle war »atmogene Belastung«, sprich: die Luft. Im tieferen Boden waren keine Spuren mehr nachzuweisen. Ihre Anlagen waren also nicht nachhaltig verseucht.

Spannender als meine Messergebnisse waren für mich allerdings die Begegnungen mit den Besitzern. Kleingärtnern wird ja meist auch eine gewisse Klein*geistigkeit* zugeschrieben. Ich habe in den Anlagen zum allergrößten Teil ein sehr nettes Völkchen kennengelernt. Viele Generationen trafen sich hier, die Laube blieb eine Konstante in den Familien. Verschiedene soziale Schichten waren darunter, nicht nur gärtnernde Kleinbürger, auch Ingenieure, Ärzte, Professoren. Und ich kam immer enger mit ihnen in Kontakt.

Kurz nach der Wende sprangen ja nicht allzu viele von meiner Sorte durch deutsche Schrebergärten. Ich war eine kleine Attraktion. Ich nutzte die Gelegenheit, endlich mit »echten« DDR-Bürgern in Kontakt zu kommen, ich wollte alles von ihnen wissen, und sie alles von mir. Es kamen natürlich auch dümmliche Sprüche wie: Na, schon ’ne deutsche Blondine geangelt? Aber das war meistens nur harmloses Frotzeln. Die meisten waren nett, offen und ehrlich neugierig auf mich. Ständig haben sie Gartenfeste gefeiert und mich zu ihren Grillabenden eingeladen. Durch sie habe ich die ostdeutsche Gesellschaft viel besser kennengelernt, vorher kannte ich ja nur die Studenten. Vom Pförtner, Hausmeister Reese und Familie Winter einmal abgesehen.

Die Kleingärtner selbst kannten praktisch kaum Ausländer. Mit den Vertragsarbeitern aus Mosambik und Angola gab es keinerlei Berührungspunkte, auch die Vietnamesen lebten größtenteils separat in ihren eigenen Wohnhäusern. Und den ausländischen Studierenden gegenüber hatten die einfachen Leute ohnehin ihre Vorbehalte.

Tatsächlich hat sich durch den Mangel an Begegnungen eine – zunächst noch – stille Feindseligkeit in der DDR entwickelt. Ausländer wurden bald als Konkurrenten in der ohnehin knappen Warenwelt gesehen. Da wurde geschimpft: Die kaufen uns den ganzen Reis weg. Und unsere Mopeds. Und unsere Rippchen, und unsere Frauen nehmen sie uns auch. Alles, was eben Mangelware war in der DDR, also die Rippchen, nicht die Frauen. Die Menschen, die vorher schon Vorbehalte hatten, die sich in der DDR aber nicht getraut hatten, etwas so Unerhörtes zu sagen, die dachten nun nach der Wende, jetzt haben wir ja die Freiheit, jetzt lassen wir auch alles mal raus.

Eine große Rolle spielte dabei sicher auch, dass in der DDR, anders als in Westdeutschland, von Anfang an keine öffentliche Aufarbeitung des Nationalsozialismus geduldet war. Trotz des antifaschistischen Gründungsmythos' der DDR, der den Bürgern geradezu eingebläut wurde, waren rassistische und nationalsozialistische Tendenzen natürlich in Teilen noch vorhanden. Gut möglich, dass vielen das bekannte Nationalstaatskonzept doch auch sympathischer war als ein abstrakter Internationalismus, wie er in der DDR propagiert wurde. Der Umgang mit Fremden wurde ohnehin immer an staatliche Regelungsmaßnahmen geknüpft. Ohne Einladung und Visum war keine Einreise möglich, von Freizügigkeit ganz zu schweigen. Es entwickelte sich unter den DDR-Bürgern eine paradoxe Haltung gegenüber Fremden – einerseits war ihnen mit Vorsicht zu begegnen, weil sie als feindliche Agenten oder Saboteure immer eine Gefahr für das sozialistische Regime darstellen konnten, andererseits empfand man sie immer auch als Repräsentanten eben jener sozialistischen Herrschaft und Obrigkeit, weil ihr Aufenthalt mit einem engen Verhältnis zur SED verbunden war.

Das alles blieb öffentlich unausgesprochen. Die geringe Toleranz gegenüber Ausländern wurde zusätzlich durch das Streben der Regierung nach Homogenität, Konformität und Konfliktfreiheit verstärkt. Zu den wahren Ausmaßen des Rassismus und des gescheiterten Antifaschismus in der DDR forscht seit Jahren der Historiker Harry Waibel an der Freien Universität Berlin. In der *Zeitschrift des Forschungsverbundes SED-Staat* (Ausgabe 39/2016) berichtet er von mindestens 725 rassistisch motivierten Angriffen und mindestens zehn Todesopfern in 40 Jahren DDR-Geschichte.

Noch viele Jahre nach der Wende blieben die Ressentiments auch in der breiten Bevölkerung spürbar, die sich nicht als rechtsextrem bezeichnet hätte. Als ich 2006 an einer Telefonaktion der *Mitteldeutschen Zeitung* teilnahm, gemeinsam mit einem Vertreter vom Landeskriminalamt, einem Soziologen und dem Ausländerbeauftragten der Landesregierung, Günter Piening, fühlten sich Anrufer von der bloßen Anwesenheit von Ausländern in Deutschland bedroht. Bei einem Ausländeranteil in Sachsen-Anhalt von damals 1,9 Prozent. Ich erinnere mich an Anrufer Ronny F. aus Bitterfeld, der wissen wollte, warum hier eigentlich so viele Vietnamesen »auf unsere Kosten leben, die die DDR ins Land geholt hat«. Mein Kollege konnte ihm allerdings erwidern, dass nach den vielen Jahren in Deutschland einige eben längst eingebürgert worden seien und dass ihr Aufenthaltsstatus davon abhänge, ob sie ihren Lebensunterhalt selbst bestreiten können. Sozialleistungen bekämen sie nicht. Ein anderer Anrufer, der anonym bleiben wollte, fand es ungerecht, dass Razzien nur in Kneipen durchgeführt würden, wo man Rechtsradikale vermute, gegen Kneipen mit hohem Ausländeranteil gehe niemand vor. Woraufhin der Kripo-Mann erwiderte, es fänden nun einmal dort Kontrollen statt, wo der Verdacht auf Straftaten bestünde, unabhängig von der Herkunft des Publikums.

Und dann war da noch Marcel B., er hatte eine Frage an mich persönlich. Er wollte einfach mal wissen, wie ich mich als Ausländer in Halle so fühle. Ich sagte damals, dass man bisweilen erschreckende rassistische Anfeindungen erlebe. Den Vorfall aus dem Jahr 1990 erwähnte ich nicht.

Ein paar Männer hatten an jenem Abend im Mai hinter mir her gerufen, als ich aus dem Bus gestiegen war: »Bleib stehen! Du bist schwarzgefahren!« Ich verlangsamte kurz meinen Schritt, denn ich hielt alles für ein Missverständnis und wollte es richtig stellen: »Aber ich habe doch einen Fahrschein«, rief ich zurück. »Ich bin nicht schwarzgefahren!« Da hatten sie mich schon eingeholt. Erst lachten sie mich aus, dann schlugen sie mir ins Gesicht. Meine Brille zerbrach. Zu Marcel B. am Telefon sagte ich, und meinte damit auch mich selbst: Viele Ausländer wohnen sehr gerne hier. Mit Bus und Bahn fahre ich übrigens noch heute jeden Tag. Natürlich niemals schwarz.

Es ist an der Zeit, dass die Geschichten von Migranten im Westen wie im Osten, also nicht nur die der Türken und der Italiener, sondern auch die der Vertragsarbeiter aus Angola, aus Vietnam und Mosambik Einzug in die deutschen Geschichtsbücher halten. Beide deutsche Staaten behandelten ihre Einwanderer nach dem Motto »Gekommen, um zu gehen«. Auf beiden Seiten der Mauer kam es anders. Einwanderer haben zum ökonomischen Erfolg der Länder beigetragen. Im Westen waren sie maßgeblich an der Verwirklichung des Wirtschaftswunders beteiligt, in der DDR immerhin daran, dass die wirtschaftliche Lage nicht noch schlechter ausfiel. Nicht nur die Schulbücher, auch die Museen müssten sich der Einwanderungsgeschichte öffnen und ihre Sammlungen erweitern. Als solchen bescheidenen Beitrag sehe ich auch mein Telegramm, mit dem ich nach Deutschland eingereist bin, das heute im Stadtmuseum in Halle liegt.[7]

Auch heute sehe ich Rassismus in Deutschland in Wellen verlaufen. Im Moment haben wir mit den Anschlägen auf Flüchtlingsunterkünfte und der aufgeheizten Stimmung im Land einen neuen Höhepunkt erreicht, der sich im März 2016 auch im Ausgang der Landtagswahl in Sachsen-Anhalt niedergeschlagen hat (und im September 2016 in Mecklenburg-Vorpommern, immerhin mit ganz gutem Ergebnis für die SPD). Und doch verteidige ich seit Jahren meine Heimatstadt Halle gegen das Vorurteil, sie sei eine Hochburg des Rechtsradikalismus. Um weder das gute Abschneiden der AfD in Halle bei der letzten Landtagswahl schönzureden (19,2 Prozent) noch das schlechte der SPD (11,6 Prozent), sollte man immerhin erwähnen, dass eine Partei wie die Grünen bei uns auf 10,7 Prozent gekommen ist – gegenüber einem Stimmenanteil auf Landesebene von nur fünf Prozent. Und die rechtsextreme NPD erschien nur unter ferner liefen.

Aber die Erinnerungen an den Bundestagswahlkampf von 2013 sind noch frisch. Die sogenannten Nationaldemokraten hatten damals mehrfach in die unterste Schublade gegriffen, um mich zu diffamieren. Die Männer um Udo Pastörs verglichen mich mit einem Affen aus dem Urwald und veranschaulichten das auch noch durch den Einsatz von Bananen bei ihren Kundgebungen. Nicht nur deshalb finde ich das NPD-Verbotsverfahren, das im März 2016 neu aufgenommen wurde, richtig.

Die Partei verbreitet, nicht nur in Wahlkampfphasen, ein Klima der Einschüchterung und Bedrohung. Sie schürt Ängste in der Bevölkerung und schafft so einen Nährboden für Gewalt.

Die Stadt Halle aber steht in der Tradition einer starken Zivilgesellschaft, die eher geprägt ist von linken Gruppierungen. Bei einer Demo protestierten im Herbst 2015 die Menschen auf dem Marktplatz gegen die angeblich inhumane Flüchtlingspolitik der Bundesregierung. In der gleichen Nacht noch wurden in meinem Bürgerbüro die Scheiben eingeschlagen. Der Staatsschutz ermittelte, ohne Erfolg, aber die Verkettung der Ereignisse deutete nicht auf rechte, sondern auf linke Gruppierungen als Täter hin. Bei der CDU landeten in jener Nacht Farbbeutel an der Fassade, bei mir klebte außerdem ein Plakat mit der Aufschrift »Wer nicht ertrinkt, wird abgeschoben« an der Hauswand. Nicht dass von Linken zerbrochene Fensterscheiben erfreulicher wären als von Rechten. Aber der Protest richtete sich in diesem Fall gegen mich als Vertreter der Bundesregierung, nicht als unerwünschten Ausländer.

Wir haben in Halle eine »Thor Steinar«-Boutique. Auch hier landeten nach kurzer Zeit die Farbbeutel an den Schaufensterscheiben. Womit ich nicht dem Vandalismus das Wort reden will, ich bin ja schließlich selbst zur Zielscheibe geworden. Was ich damit nur sagen möchte: Auf offen rechtsextreme Haltungen folgt prompt die Gegenwehr. Ein paar Hallenser haben sich zu einer Gruppe namens ENDGAME – *Engagierte Demokraten gegen die Amerikanisierung Europas* – zusammengeschlossen, doch die Agenda dieser Engagierten ist wohl etwas zu schräg und zu speziell, um sie als Bedrohung zu bezeichnen. Ein Zusammenschluss von Leuten, die sich »Brigade Halle« nennen, hetzt gegen eine kleine Gruppe von Roma, die sich in der Stadt angesiedelt hat. Aber: So etwas wie Magida, den Magdeburger Ableger von Pegida, kennen wir hier immerhin nicht. Es gibt in Halle weder Eskalationen wie im sächsischen Clausnitz und Bautzen noch Brandanschläge auf Asylunterkünfte.

Sachsen hat sein Rassismus-Problem viel zu lange vernachlässigt und nicht ernst genug genommen. Schon vor Jahren hätte mehr in Aufklärungsunterricht und Workshops investiert werden müssen, wie wir sie in Sachsen-Anhalt eingeführt haben. Die große Koalition im Bund hat den Etat für Demokratieförderung im Jahr 2015 um zehn Millionen Euro auf 50,5 Millionen aufgestockt. Diese Mittel müssen wir nutzen. Ich bin mir sicher, dass wir in Sachsen-Anhalt mit unseren Initiativen einen großen Beitrag für mehr Weltoffenheit in unserem Land geleistet haben.

Durch die Gespräche in den Schrebergärten wurde mir damals schon bewusst, was ich noch Jahre später predige. So simpel es klingen mag: Man muss miteinander in Kontakt kommen. Und der erste Schritt ist immer der schwerste.

Bei meiner ersten Arbeitsstelle, die ich 1996 nach meiner Promotion bekam, habe ich mich immer an meine Erfahrungen von damals erinnert. Doch die Zeit gleich nach der Doktorarbeit erfüllte mich erst einmal mit Unsicherheit. Es hieß nun also: Bewerbungen schreiben. Mein Name erregt in Deutschland ja meistens grinsende Gesichter. Karamba Karacho, ein Whiskey? Oder Caramba wie das Öl gegen Rost und Korrosion? Ich habe mir ein Herz gefasst und mich tatsächlich bei der Firma, die das Schmierspray herstellt, in Künzelsau als Chemiker beworben. Ich bekam leider nie eine Antwort, wahrscheinlich glaubten sie an einen blöden Scherz.

Meine erste Stelle habe ich jedenfalls nicht als Chemiker angetreten. Und ich revanchiere mich heute tagtäglich dafür, dass Deutschland mir nicht nur *eine* Chance gegeben hat. Ich bin auch durch Initiativen wie Arbeitsbeschaffungs- und Strukturanpassungsmaßnahmen (ABM und SAM), die Arbeitsplätze in strukturschwachen Regionen Deutschlands förderten, auf dem Arbeitsmarkt angekommen.[8] An meinem Beispiel kann man sehen, dass der Schritt in den Arbeitsmarkt tatsächlich auf diese Art gelingen kann. Nach Diplom und Promotion war ich zum Glück nur sechs Monate arbeitslos. Die Zeit habe ich genutzt, um mich als Dolmetscher für Französisch, Wolof und Mandingo für Polizei und Gerichte vereidigen zu lassen und freiberuflich zu arbeiten.

Mein erster richtiger Job war eine Arbeitsbeschaffungsmaßnahme im Eine-Welt-Haus in Halle. Mein Bereich wurde die Aufklärungsarbeit in den Schulen als sogenannter »Freizeitpädagoge«.[9] Ich veranstaltete mit den Kindern Kochabende, an denen ich mit ihnen afrikanische Gerichte zubereitete. Ich erklärte ihnen, wie man tropische Früchte anbaut und wie man am geschicktesten eine Kokosnuss knackt. Auch wenn manche Leute dabei abfällig von »Dönerpädagogik« und naiver Folklore sprechen, mit der man die Unterschiede eher noch unterstreicht als überwindet – so kam ich mühelos mit den Schülern ins Gespräch. Entscheidend sind doch die positiven Momente, die man bei aller Andersartigkeit der Kulturen miteinander erlebt. Und die Schüler begreifen ganz unmittelbar: So fremd ist der ja gar nicht, okay, er sieht anders aus und würzt Speisen mit diesem seltsamen getrockneten Fisch. Aber sonst scheint er ja ein ganz netter Typ zu sein.

An anderen Abenden gab es Musik von Künstlern aus verschiedenen Ländern Afrikas oder Südamerikas. Es gehörte aber auch zu meinen Aufgaben, die Kinder zu mehr Aufmerksamkeit zu erziehen und sie gegen Mitläuferschaft aus reiner Ahnungslosigkeit zu wappnen. Ich klärte sie auf über die Bedeutung von Nazi-Parolen, die sie zwar alle schon gehört hatten, aber kaum einzuordnen wussten, über Symbole, die viele zwar kannten, aber deren Sinn nicht richtig verstanden.

Zum Beispiel was es bedeutet, wenn man ein T-Shirt von einschlägigen Marken trägt, auf dem die Zahl 88 prangt – eine Chiffre für »Heil Hitler«, denn die Acht steht für den achten Buchstaben im Alphabet.

Die Zeit meines Engagements im Eine-Welt-Haus fiel in eine Phase, in der sich in meinem Bundesland starke rassistische Tendenzen ausprägten. Die erste Welle an Gewalttaten mit Brandanschlägen und Übergriffen hatte kurz nach der Wende deutschlandweit Schlagzeilen gemacht, und ich war damals geschockt über das Potenzial an Hass in unserer Gesellschaft. Es war aber auch die Zeit der Lichterketten, und man spürte, die Menschen, die anders dachten, waren in der Überzahl. Damals wurde der Widerstand gegen den Hass in richtigen Events zelebriert, es gab Kundgebungen mit Promis und Popkonzerten und Liveübertragung im Fernsehen. Heute gibt es maximal eine Gegendemonstration, wenn Pegida wieder aufmarschiert.

Nachdem diese erste Gewaltphase eigentlich abgeflaut war, kam es Ende der neunziger Jahre zu einem erschreckenden Wahlsieg der Rechtsextremen in Sachsen-Anhalt. Mit unfassbaren 12,9 Prozent zog die Deutsche Volksunion (DVU) in den Landtag ein. Das Bundesland, auf dessen Gebiet ein großer Teil der Chemie- und Maschinenbauindustrie der DDR angesiedelt gewesen war, litt damals mit über 20 Prozent unter der höchsten Arbeitslosigkeit in ganz Deutschland. Auch unter meinen Bekannten aus Kleingärtnerkreisen gab es viele gebrochene Biographien. Nicht nur einfache Arbeiter verloren ihre Jobs in Industrie und Landwirtschaft, auch Parteikarrieren wurden jäh beendet, Lehrer verloren ihre Stellen, Ingenieure standen nach der Abwicklung ihrer Betriebe vor dem Aus. Viele waren enttäuscht vom neuen Leben im wiedervereinigten Deutschland. Auch wenn ich nur wenige erlebt habe, die sich die DDR in aller Konsequenz wirklich zurückgewünscht hätten.

In diese Zeit platzte also die DVU mit einfachen »Wahrheiten«. Die Wahlwerbung richtete sich nicht nur an ohnehin neonazistische Jugendliche, sondern auch an den Bürger, der sich selbst wohl nicht als rechtsextrem beschrieben hätte. Von jener Sorte, die über sich selbst sagt, man »habe ja eigentlich nichts gegen Ausländer, aber ...« – auch heute wieder ein weit verbreitetes Exemplar.

Die DVU ließ es nun richtig krachen. Es war die reinste Materialschlacht. Wenn man damals mit dem Bus übers Land fuhr, sah man draußen nichts als Plakate mit Parolen. »Lass dich nicht zur Sau machen! DVU – Der Protest gegen Schweinereien von oben«, lautete ein Slogan. Im Wahlkampf wurden jede Menge falscher Zahlen und Informationen über Ausländer in Umlauf gebracht, überhaupt wurden sie, trotz des zu diesem Zeitpunkt sehr geringen Anteils von gerade einmal 1,5 Prozent, für das meiste verantwortlich gemacht, worunter die Bürger so zu leiden hatten. Die platten Parolen kamen leider besser an, als wir alle erwartet hatten. Umso größer war der Schock über das Wahlergebnis.

Ich ärgerte mich damals darüber, dass wir die DVU schlicht unterschätzt hatten. Die späteren Analysen und Entlarvungen von bewusst eingesetzten Fehlinformationen hätten schon vorher stattfinden müssen. Nun musste man irgendwie mit dem Ergebnis umgehen.

In der Folge schlossen sich 30 Vereine, Verbände und Parteien zur *Initiative Zivilcourage* zusammen, deren Sprecher ich wurde. Aus meiner Sicht der Beginn eines breiten bürgerschaftlichen Engagements gegen Rechtsextremismus in Halle, das über die Jahre immer intensiver wurde. Die Integrationspolitik verbesserte sich stetig, ich erlebte ein zunehmend positives Klima, das es mir schließlich möglich machte, meine Idee für eine interkulturelle Begegnungsstätte umzusetzen. Die

Grundidee ist so einfach wie überzeugend: Man kann immer etwas voneinander lernen.

Im Rahmen dieser Integrationsarbeit kam ich 2002 zum ersten Mal in Berührung mit der großen Politik: Johannes Rau, damals deutscher Bundespräsident, lud mich zum Neujahrsempfang ins Schloss Bellevue ein. Er ehrte mich für meine Verdienste für das Allgemeinwohl, speziell für die Verständigung zwischen Migranten und Deutschen.

Integration war zu meinem Thema geworden. Und doch wollte ich mich später, als es um die Wahl in den Bundestag ging, nicht auf das eine Thema festlegen lassen. Als wäre so jemand wie ich hauptberuflich Ausländer und Vorzeigeintegrierter. Das war mir zu wenig.

Dem Thema selbst aber blieb ich immer tief verbunden. Vor meiner politischen Karriere war ich in den Ausländerbeirat der Stadt Halle gewählt worden, der die Interessen aller ausländischen Mitbürger vertritt und auch Verständnis wecken will für ihre Sorgen und Belange. Dann wurde ich Vorsitzender des Bundeszuwanderungs- und Integrationsbeirats und schließlich zum festen Mitglied im Interkulturellen Rat der Bundesrepublik Deutschland, wohl auch, weil sich das von uns initiierte *Integrationsnetzwerk Halle* – trotz eines geringen Ausländeranteils von 3,8 Prozent gegenüber beispielsweise Frankfurt am Main mit damals 30 Prozent – bundesweit einen Namen gemacht hatte. Im Interkulturellen Rat treffen sich vierteljährlich zwanzig Vertreter aus Gewerkschaften, Arbeitgeberverbänden, Religionsgemeinschaften, Migranten- und Menschenrechtsorganisationen, um sich über das Zusammenleben in Deutschland auszutauschen. Ich wurde also zwangsläufig zum Experten auf dem Gebiet.

Und was wurde aus der DVU? Richtete sie unser Bundesland zugrunde? Nun, eher zerstörte die Partei sich selbst. Die meisten Kandidaten waren verkrachte Existenzen, manche vorbestraft, viele als rechtsextrem bekannt. Die Menschen merkten nach der Wahl ziemlich schnell, was sie da angerichtet hatten. Die einen, weil sie der DVU ihre Stimme gegeben hatten, die anderen, weil sie gar nicht erst zur Wahl gegangen waren und so für das gute Ergebnis der Radikalen mitverantwortlich waren. Ein Team des NDR besuchte damals für einen Beitrag zur Sendung *Panorama* (30.4.1998) die sechs Kandidaten, die praktisch aus dem Prekariat in die Landespolitik katapultiert worden waren, und ließ sie sich einfach selbst entlarven.

Horst Mertens aus Riesdorf zum Beispiel. Der sagte, er habe sich nun erst einmal einen Telefonanschluss besorgt. Alles ganz schön neu, nicht wahr, Herr Mertens? »Ich trau mich das zu«, sagte er und wiederholte gebetsmühlenartig: »Das deutsche Volk wird sich nicht auswechseln lassen.« Was er denn für die innere Sicherheit, die ihm so am Herzen liege, tun wolle? »Eine ganze Menge.« Was genau? »Äh, kein Kommentar.«

Oder Rudi Wiechmann und seine Tochter Claudia. Die beide Deutschland liebten und fanden, die Deutschen sollten hier auch bitte schön weiter das Sagen haben. Vater Rudi gab allen einen guten Tipp. »Kauft keinen Audi und keinen BMW« – die hatten nämlich ein geplantes Werk nach Ungarn verlegt. »Sollen die Ungarn nun auch bitte schön ihre Autos kaufen.«

Oder Veronika Brandt, die gar nicht viel wollte – außer: Deutsch sprechen, Deutsch denken, Deutsch arbeiten. Oder Mirko Mokry, der noch bei Mutti wohnte, im Trainingsanzug die Tür aufmachte und sagte, er habe immer noch Tränen in den Augen wegen des Wahlsiegs. Zum Parteiprogramm konnte er ansonsten nichts sagen. Und dann war da noch sein Kollege Helmut Wolf aus Bitterfeld, den man schon aus der Wahlwerbung kannte. Sein Slogan: »So wird der Stimmzettel zum Denkzettel!«

Und so, denke ich, kamen die 12,9 Prozent wohl auch zustande. Als Denkzettel. Aus Enttäuschung über die Nachwendezeit, für die man am besten die großen Parteien verantwortlich machte. Professor Everhard Holtmann, Politologe an der Universität Halle, analysierte später, dass sich das Sympathie- bzw. Wählerpotential rechtsextremer Parteien »aus drei Einstellungskomplexen« speise: »Aus sozial motiviertem Protest, aus dadurch bestätigten rechtslastigen Deutungsmustern und auch aus überzeugt rechtsradikaler Gesinnung.« Wobei sich die erst genannten Komplexe wechselseitig bestärkten.[10]

Ich habe es immer schon als Privileg empfunden, wählen zu dürfen und mitzubestimmen. Als der Senegal 1993 einen neuen Präsidenten wählte, habe ich mich gleich als Auslandswähler registrieren lassen. Ich musste extra nach Bonn fahren, um meine Stimme im Wahlbüro abzugeben, ich nahm den Nachtzug, der war billiger, und war morgens um 8 Uhr dort. Sie wollten mich dann gleich dabehalten, damit ich bei der Auszählung mithelfe. Um 20 Uhr schloss das Wahlbüro seine Türen, dann zählten wir die Stimmen, und ich fuhr mit dem Nachtzug wieder nach Halle zurück. Auf meinem orangenen Wählerausweis stand unter *République du Sénégal* der Leitspruch des Landes: Un peuple, un but, une foi. Ein Volk, ein Ziel, eine Treue. Und darunter der Satz: Voter c'est un droit, c'est aussi un devoir civique. Wählen ist ein Recht, und es ist zugleich eine Bürgerpflicht. Viele Bürger vergessen das gerne.

Nach der Wahl von 1998 war die DVU in Sachsen-Anhalt zu keinem Zeitpunkt wirklich politik- und parlamentsfähig. Es gab sicherlich Berater, Mitarbeiter, Redenschreiber aus dem Umfeld des DVU-Mäzens Gerhard Frey, die offenbar aber auch nur Probleme in der Fraktion provozierten. 2002 trat die Partei dann zur Wahl schon gar nicht mehr an. 2006 holte sie noch einmal drei Prozent. 1999 und 2004 zog die DVU jeweils knapp in den Brandenburger Landtag ein. 2011 ging sie schließlich in der NPD auf.

In der derzeitigen innenpolitischen Lage macht sich die NPD nur wenig bemerkbar. Heute haben wir es am rechten Rand vor allem mit der AfD zu tun. Hier finden Wähler mit rechtsextremer Gesinnung seit Neuestem ihre politische Heimat. Bislang hatten sie noch überwiegend SPD und CDU gewählt, weil eine Partei wie die NPD einem Milieu, das sich selbst der gesellschaftlichen Mitte zurechnete, als nicht wählbar erschienen war. Mit der AfD hat sich ihnen leider eine Alternative aufgetan.[11]

Kurz vor der Landtagswahl in Sachsen-Anhalt am 13. März 2016 versuchte die NPD noch auf die Schnelle, im Windschatten der AfD zu segeln und rief die Wähler dazu auf, ihre Stimmen zwischen der NPD und der AfD aufzuteilen. Die Erststimme sollte an die AfD und die Zweitstimme an die Nationaldemokraten gehen, das stellte sich der NPD-Vorsitzende Frank Franz so vor, und er hatte sogar ein passendes Plakat zu präsentieren. Die AfD zeigte sich nicht so begeistert von der gemeinsamen Sache und ließ wissen: »Mit der NPD haben wir keinerlei Schnittmengen.« Eine Zusammenarbeit sei nicht erwünscht. Ehemalige NPD-Mitglieder würden von der AfD auch nicht aufgenommen, behauptete die Partei.[12] Deren Wähler dagegen ganz gerne, nehme ich an.

Ein Vergleich zwischen AfD und DVU fällt also nicht ganz leicht. Die DVU hat zwar auch gegen Flüchtlinge, damals u. a. aus Bosnien, Stimmung gemacht und Ängste davor geschürt, Deutsche hätten gegenüber Asylsuchenden das Nachsehen, wie es die AfD heute tut. Die Geschichte der Parteien unterscheidet sich jedoch allein durch das ursprünglich bürgerlich-konservative und akademisch geprägte Wählerumfeld der AfD-Gründungsphase, das sich aus vielen ehemaligen CDU-Mitgliedern speiste, die durchaus interessiert waren an politischer Gestaltung und nicht nur an bloßem Protest. Aus der ursprünglichen Kritik an Euro und Griechenlandhilfe, wofür die AfD, trotz ihres Namens, auch keine richtige Alternative erkennen ließ, entwickelte sich erst allmählich ein pseudo-patriotischer, völkisch anmutender Populismus, vertreten vor allem durch André Poggenburg und Björn Höcke. Höcke spricht gerne vom »lebensbejahenden afrikanischen Ausbreitungstyp«[13]. AfD-Chefin Frauke Petry spricht sich für Schusswaffengebrauch gegen Flüchtlinge an den Grenzen aus und erhält Zustimmung von ihrer Kollegin Beatrix von Storch. Die PARTEI platzierte im Landtagswahlkampf 2016 dazu die passenden Plakate: »Der Storch bringt die Kinder. Die Storch bringt sie um.« Dazu gesellen sich bei der AfD jene Mitglieder, die eine der berühmtesten antisemitischen Hetzschriften, *Die Protokolle der Weisen von Zion*, für echt erklären,[14] neben radikalchristliche Evangelikale, die gegen die »Frühsexualisierung« von Kindern kämpfen, sprich: gegen Aufklärungsunterricht in den Schulen, außerdem von der CDU enttäuschte Wirtschaftsprofessoren und Kämpfer gegen den »Genderwahnsinn«.

Die DVU war ein Haufen Chaoten. Die AfD aber sitzt seit 2014 in den Landtagen von Sachsen, Thüringen und Brandenburg sowie im Europaparlament. Hinzu kamen 2015 die Stadtstaaten Bremen und Hamburg. Mit den Landtagswahlen 2016 sind es nun neun Landtage geworden, und es ist zu befürchten, dass es dabei nicht bleiben wird.

Der Rechtsruck der Partei ist bislang vor allem in den neuen Bundesländern spürbar. Aber auch in Rheinland-Pfalz erntete der Landesvorsitzende Uwe Junge Applaus, als er Angela Merkel »Vaterlandsverrat« unterstellte.[15] Markus Frohnmaier, Vorsitzender der »Jungen Alternative«, sagte in der ARD, Leute wie Claudia Roth hätten in der Silvesternacht von Köln »mittelbar mitvergewaltigt«.[16] Hysterie und Verrohung treffen einen Nerv, den die Populisten mit dem passenden Vokabular immer weiter zu reizen verstehen, bis er irgendwann abgestumpft und taub geworden ist.

Die Alternative für Deutschland hat wie die DVU die schlichten Wahrheiten gepachtet. Auf die drängenden Fragen unserer Zeit gibt sie einfache Antworten. Flüchtlinge? Grenzen schließen, Schengen aussetzen, Asylgrundrecht auf Eis legen. Welche ökonomischen und gesellschaftlichen Folgen das haben wird? Welche humanitären Katastrophen daraus resultieren könnten? Der AfD doch egal. Ihren Wählern wohl auch. Eine Umfrage der Forschungsgruppe Wahlen hat ergeben, dass sie eines nicht von der Partei erwarten, und das ist: »eine Lösung konkreter politischer Probleme«.[17] Es geht, wie damals bei der DVU, um den Denkzettel. Um den puren Protest. Doch die AfD wird uns noch länger beschäftigen als damals die verkrachte DVU. Der 13. März 2016 hat wohl alle bekannten politischen Verhältnisse durcheinander gewirbelt.

Als Schwarzer in »Dunkeldeutschland«

»SIE kommen aus Ostdeutschland?« –
»Und ob, sieht man das nicht?«

Unterwegs auf der Bundesstraße 80, ein warmer Tag im August. Am Steuer meine Wahlkreisbüroleiterin Franca, die mich zu einem Termin ins Gewerbegebiet begleitete. Für den 12. August 2014 stand auf dem Programm: ein Tagespraktikum in der Grünflächenpflege. Auch das gehört zur Arbeit eines Abgeordneten.

Franca und ich waren also gerade auf halber Strecke nach Halle-Neustadt unterwegs, als ich plötzlich im Straßengraben einen älteren Herrn liegen sah. Wir hielten ein paar Meter weiter in der Baustelle kurz vor einer Tankstelle an und liefen den Weg zu ihm zurück. Der Mann war offenbar mit seinem Rollator gestürzt und konnte alleine nicht wieder aufstehen. Weil wir nicht wussten, ob er ärztliche Hilfe brauchte, rief ich die Polizei, nannte den Ort und meinen Namen und was sonst noch zu den fünf Ws gehört, die man in Deutschland beim Notruf zu nennen hat.

Nach fünf Minuten trafen auch schon zwei Polizistinnen ein. Nachdem der alte Mann versorgt war, grüßten sie uns knapp und fragten, was genau geschehen sei. Ich wollte ihnen antworten, doch sie sahen mich gar nicht an, sie richteten das Wort nur an Franca und baten um ihren Personalausweis. Man wolle nun erst einmal ihre Daten aufnehmen, bevor sie dann bitte so freundlich sein möge, die Lage zu schildern.

Franca erwiderte, sie sei nur die Fahrerin gewesen und habe deshalb gar nicht erkennen können, was rechts am Straßenrand zu sehen gewesen war. Ich setzte also wieder an, nannte meinen Namen, wie man das so macht, schließlich hatte ja *ich* auch den Notruf abgesetzt, und zwar auf Deutsch, nicht auf Mandingo, und ich trug auch nicht meinen Grand Boubou, meine afrikanische Kluft, sondern Anzug und Krawatte wie jeden Tag. Ich beschrieb, wie ich den Mann halb im Bach habe liegen sehen – und wurde wieder abgeblockt. Franca stellte sich nun stur und verwies an mich, bekam aber nur als Antwort: »Sie können uns das besser erklären.« Dann wollten sie noch wissen, was wir überhaupt auf der B80 zu suchen hätten, woraufhin Franca sagte, sie sei mit Herrn Dr. Diaby, und deutete dabei auf mich, auf dem Weg zu einem beruflichen Termin gewesen, ob es daran irgendetwas zu beanstanden gäbe?

Da schauten sich die Polizistinnen an und sagten, nun weniger schnodderig als vielmehr verlegen: »Ist das der Bundestagsabgeordnete?« Ich fragte sie: »Ist das für den Unfallhergang relevant?« Mehr fiel mir leider nicht dazu ein.

Die schlagfertigen Antworten kommen einem ja immer erst hinterher. »Und SIE kommen aus Ostdeutschland?« – »Wieso, sieht man das nicht?« Ob ich mich ärgere oder gelassen bleibe, hängt oft von meiner Tagesform ab. Aber manchmal grübele ich noch die halbe Nacht über solche Begegnungen nach. Ich glaube, es mangelt mir nicht gerade an Selbstbewusstsein, an innerem Frieden und Gleichmut, um solche Episoden, wie sie mir im Alltag begegnen, gut wegstecken zu können. Aber was ist mit Männern und Frauen, mit Jungs und Mädchen vor allem, die täglich schlecht behandelt werden und nicht das Rüstzeug besitzen, um solche Ungerechtigkeiten zu verkraften?

Die Blicke auf der Straße, der unfreundliche Ton im Geschäft. Menschen, die sich im Zug nicht neben einen setzen wollen.

Seit ich Mitglied des Bundestags bin und mehrmals im Monat zwischen Halle und Berlin pendele, bin ich Besitzer einer Netzcard, ähnlich der Bahncard 100. Wenn der Schaffner mich in der Ersten Klasse kontrolliert, blicke ich fast immer in ein erstauntes bis skeptisches Gesicht und höre ihn murmeln: »Aha. Mhmh. Soso.«

Als ich zum ersten Mal in der Bundestagskantine Mittag essen ging, rief die Frau an der Kasse mir schon von weitem zu: »Sie nicht!« Ich sah mich um und fragte zurück: »Meinen Sie mich?« Sie rief noch einmal: »Ja, Sie. Sie nicht.« Ich tat so, als ließe ich mich nicht irritieren und schob mein Tablett weiter nach vorn, bis ich an der Reihe war. Entnervt sah sie mich an. An dieser Kasse kann nur mit der Chipkarte des Hauses bezahlt werden, motzte sie mich an. Ich hielt ihr meinen Ausweis hin, da änderte sich abrupt ihr Tonfall, und sie sagte zerknirscht: »Oh, entschuldigen Sie bitte, Herr Abgeordneter.« Ich wollte keinen Streit, ich erlöste sie mit einem Lächeln und wünschte ihr noch einen guten Tag.

Die Verwunderung darüber, dass ich nicht nur Deutscher bin, sondern sogar Ostdeutscher, hat natürlich historische Gründe. Seit den An- und Übergriffen der Nachwendezeit leiden die neuen Bundesländer unter dem Ruf, ein großes Problem mit Rechtsextremismus zu haben. Heute sind es die Demos von Pegida in Dresden, die rassistischen Vorfälle in Freital, Tröglitz und Heidenau, in Bautzen und Clausnitz und die täglichen Attacken auf Asylbewerberheime, die diesen Teil der Republik noch immer wie Dunkeldeutschland dastehen lassen.

Den Ausdruck Dunkeldeutschland, Unwort des Jahres 1994, hat Bundespräsident Joachim Gauck im Jahr 2015 noch einmal bemüht, aber seine Unterscheidung in hell und dunkel folgte einer anderen Systematik. Er teilte das Land ein in jene Menschen, die helfen wollen, die versuchen, das Beste aus der schwierigen Flüchtlingslage zu machen, und in jene, die gegen alles Fremde hetzen und ihren Hass auf Facebook verbreiten. Die Feuer legen, Scheiben einschlagen und Handgranaten werfen, als wäre gerade dadurch das Abendland nicht dem Untergang geweiht. Hell und Dunkel ist nicht Ost und West. Angriffe auf Unterkünfte für Flüchtlinge gibt es in der ganzen Bundesrepublik, auch in Nordrhein-Westfalen, in Baden-Württemberg oder Rheinland-Pfalz. Der Hass äußert sich nicht nur auf der nächtlichen Straße, er ist auch in die Salons mancher Intellektueller wieder eingezogen. Und es gibt auf beiden Seiten, Ost wie West, auf der Straße und in den Studierstuben jene Menschen, die sich vom Hass nicht anstecken lassen.

Die Begegnung mit den Neonazis, die mir 1990 ins Gesicht geschlagen haben, war bis heute der einzige tätliche Angriff auf mich. Verbale Tiefschläge habe ich während meines Wahlkampfs zur Genüge kassiert. Doch das letzte Mal, dass mich ein Vorfall um den Schlaf gebracht hat, war eine Szene aus dem Alltag.

Es war kurz nach dem Jahreswechsel 2016, es war die Zeit der Neujahrsempfänge. Ich kam am 5. Januar gegen 18 Uhr mit dem Zug in Magdeburg an. Die Landesregierung Sachsen-Anhalt hatte geladen, um das neue Jahr auch politisch zu begrüßen. Der Zug kam verspätet an, es lag viel Schnee, darum wollte ich mir ein Taxi gönnen. Im ersten Auto, das ganz vorne in der Reihe stand, saß eine Frau zwischen 45 und 50. Ich stand neben ihrer Tür und gab ihr ein Zeichen, dass ich gerne mit ihr fahren würde. Sie musterte mich von oben bis unten und rührte sich nicht. Ich öffnete die Tür einen Spalt breit und fragte sie höflich, ob sie mich zur Staatskanzlei bringen könnte. Sie reagierte nicht und blieb sitzen. Ich bat sie, den Kofferraum aufzumachen, damit ich mein Gepäck hineinstellen könnte. Dann stieg sie langsam aus, schaute mich grimmig an und öffnete mit einer heftigen Bewegung den Kofferraum. Ich fragte sie, warum sie so unwillig sei, ob sie mich nicht fahren möchte. Sie antwortete ruppig, dass sie nicht wisse, was ich eigentlich von ihr wolle. Dann nahm ich meinen Koffer wieder heraus und ging weiter.

Ich lief zum nächsten Taxi und sprach den Fahrer mit der gleichen Bitte an. Er stieg aus, machte den Kofferraum auf und fragte mich gleich ohne Begrüßung: »Warum sind Sie so aggressiv?« Ich erwiderte, dass die Kollegin offensichtlich nicht mit mir fahren wolle und ich deshalb zu ihm gekommen sei. Er fragte mich nun seinerseits, was ich genau von ihm wolle. Ich wiederholte, ich wolle eigentlich nur zur Staatskanzlei. Er knurrte: »Wenn es sein muss.« Dann nahm ich meinen Koffer abermals heraus. Ich lief durch den Schnee zur Veranstaltung und kam viel zu spät. Das war mir lieber, als noch länger diesen Feindseligkeiten ausgesetzt zu sein.

Begegnungen wie diese wiegen immer schwerer als die Hass-Mails, die ich in meinem Postfach finde, vielleicht weil diese oft genug anonym sind. Ich bin mir sicher, dass mir meine Mitarbeiter auch nicht alle davon zeigen. Die schlimmsten bewahren sie in einem extra Ordner auf und prüfen sie auf strafrechtliche Relevanz. Wenn einem die Ablehnung aber im Angesicht des Gegenübers so offen und unverhohlen entgegenschlägt, bin ich zu irgendeiner Form der Reaktion gezwungen, auch wenn mir oft nichts anderes bleibt, als zu gehen.

Der Magdeburger Bahnhof ist ein vertrauter Ort für mich. Zwei Jahre lang, von 2011 bis zur Bundestagswahl 2013, war ich Referent im Sozialministerium und bin jeden Tag zwischen Halle und der Landeshauptstadt hin- und hergefahren. Wir waren eine eingeschworene Gemeinschaft von Pendlern. Jeder Tag folgte minutiös dem gleichen Ablauf. Aufstehen um 5.30 Uhr. Die Tram nehmen um 6.46 Uhr. In den Intercity um 7.07 Uhr. Um 8.15 Uhr Ankunft im Büro in der Turmschanzenstraße. Die Leute standen morgens immer auf demselben Quadratmeter am Bahnsteig, bevor der Zug einfuhr. Am besten dort, wo sich direkt vor ihnen die Wagentür öffnen würde. Jeder nahm jeden Morgen den gleichen Platz ein. Meine Mitpendlerin Susanne kaufte sich immer das gleiche Baguette mit Käse. Von Halle bis Köthen las ich die *Mitteldeutsche Zeitung*, Susanne aß ihr Baguettebrötchen, danach unterhielten wir uns kurz. Dann hörten wir von einem Moment auf den anderen auf zu quatschen und versuchten, noch ein bisschen zu schlafen. Neben uns saß immer Frau Petermann. Damals kannte ich ihren Namen noch nicht, wir haben nie ein Wort gesprochen. Sie war immer wahnsinnig beschäftigt und immer am Telefonieren. Irgendwann sahen wir uns bei einer Veranstaltung in Magdeburg und sprachen uns an: »Wir kennen uns doch aus dem Zug.« Wir tauschten Visitenkarten aus. Vor kurzem rief sie mich tatsächlich an. Sie arbeitet bei den Pfeifferschen Stiftungen in Magdeburg, einer diakonischen Einrichtung mit Krankenhäusern, Pflegeheimen, Werkstätten und Hospizen. Pfeiffers, wie die Stiftung im ganzen Umland genannt wird, hielt in jenen Tagen ebenfalls einen Neujahrsempfang ab und hatte mich dazu eingeladen, ein Grußwort zum Thema Engagement zu halten. Wären mir die Taxifahrer an jenem Tag begegnet, hätte ich meine Rede bestimmt noch einmal geändert. Engagement kann nämlich vielfältig sein, man könnte schon damit anfangen, sich anständig gegenüber seinen Mitmenschen zu verhalten. Und sich dem Alltagsrassismus seiner Umwelt zu widersetzen.

Die meisten Menschen sind bequem, sie leben in den Abläufen ihres Alltags, die möglichst reibungslos ineinandergreifen sollen. Ich will das nicht verurteilen, bei mir ist es oft ähnlich. Ich meide Konfliktsituationen, ich kann sie nicht ausstehen. Darum gehört es für mich zum Selbstschutz, manche Anfeindungen zu ignorieren.

Wenn ich in den Bus einsteige, und jemand macht eine blöde Bemerkung. »Noch so einer, was wollen die alle hier?!« Oder: »Achtung, gleich fängt's hier an zu stinken!« Darauf reagiere ich nicht. Wenn die Missachtung aber so weit geht, dass sie mich in meinem Handeln einschränkt, dass sie mich ausschließt und benachteiligt, dann lasse ich mir nichts mehr gefallen. Wenn im Bus ein Fahrgast sagt, Sie können hier nicht sitzen. Oder wenn mich eine Verkäuferin zurückweist wie neulich am Kiosk. Zwei Frauen standen hinter der Theke. Ich stand in der Schlange. Der Mann vor mir war von der einen Verkäuferin bereits bedient worden und wartete noch auf seine Bestellung. Ich ging also einen Schritt nach vorne und sagte der anderen Verkäuferin, was ich gerne hätte. Sie schaute mich grimmig an und sagte: »In Deutschland muss man sich anstellen.« Ich sagte: »Ich weiß, das habe ich, und jetzt bin ich dran.« Entweder hatte sie nicht mitbekommen, dass der Kunde vor mir bereits bedient worden war von ihrer Kollegin, oder es war ihr egal und sie sah einfach die Gelegenheit gekommen, jemanden wie mich mal ihre Abscheu spüren zu lassen. Sie schaute böse drein, ich fragte: »Haben Sie schlechte Laune?« Manche in der Schlange fingen an zu kichern. Auch der Mann vor mir drehte sich um und wollte wohl nett sein, denn er suchte nun Blickkontakt zu mir, aber er wirkte irgendwie hilflos. Und gesagt hat am Ende niemand etwas. Wenigstens haben die meisten in der Schlange den Vorfall miterlebt. Und so versuche ich immer, mein Umfeld wenigstens darauf aufmerksam zu machen, was gerade passiert. Denn viele denken, Erfahrungen mit Rassismus würden von Betroffenen maßlos übertrieben.

In Deutschland wird als Synonym für Rassismus gerne das Wort Fremdenfeindlichkeit gebraucht. Fremdenfeindlichkeit klingt greifbarer, menschlicher, vielleicht sogar nachvollziehbarer. In der Fachdiskussion wird der Ausdruck deshalb vermieden. Der UN-Antirassismusausschuss CERD (*Committee on the Elimination of Racial Discrimination*) lehnt ihn als schwammig und verniedlichend ab.

Ist jemand, der mich beleidigt, fürchtet oder schneidet, fremdenfeindlich? Wohl kaum, denn ich bin ja kein Fremder in Deutschland. Auch Ausländerfeindlichkeit trifft es wohl nicht, denn ein Ausländer bin ich schon seit 2001 nicht mehr, noch weniger sind es meine Kinder, die hier geboren und aufgewachsen sind. Glücklicherweise sind beide, soweit ich weiß, nie rassistisch beleidigt worden.

Mein Sohn kann sich selbst nicht mehr daran erinnern, wie er als Dreijähriger auf dem Spielplatz in unserem Paulusviertel in Halle saß und ein anderer Junge unablässig zu ihm sagte: »Woher kommst du? Woher kommst du?« Mein Sohn zeigte, zunehmend hilflos, in die Richtung unseres Hauses, aber der Kleine war einfach nicht zufriedenzustellen: »Aber wo kommst du her? Woher kommst du?«

Wenn ich heute gefragt werde, woher ich komme, sage ich oft wie selbstverständlich: aus dem wunderschönen Paulusviertel! Selbst Bundespräsident Joachim Gauck muss davon gelesen haben. Als ich ihn einmal bei einer Veranstaltung traf und mich ihm vorstellen wollte, sagte er, in Erinnerung meines Gags: »Sagen Sie nichts, ich kenne Sie. Sie sind doch der Mann aus dem Paulusviertel.«

Die Eltern des Jungen, die die Szene verfolgt hatten, hätten ihren Sohn aufklären können. Stattdessen sagten sie lieber nichts. Ich beobachte immer wieder, wie schwer sich die Menschen damit tun. Aus reiner Angst etwas Falsches zu sagen. Wie sagt man korrekt? Schwarzer, Farbiger, Dunkelhäutiger? Ich erinnere mich an eine Bildunterschrift in der *Lausitzer Rundschau* von 1999. Das Foto zeigte mich neben zwei anderen Schwarzen Teilnehmern, inmitten von weißen Schülern bei einem interkulturellen Abend in Rietscheid in der Lausitz. Darunter stand: »Der rechte Afrikaner ist Dr. Karamba Diaby.« Nicht, dass daran irgendetwas falsch gewesen wäre, im Gegenteil, ich war zu dem Zeitpunkt noch nicht eingebürgert und selbst wenn, hätte wohl niemand ernsthaft schreiben können: »Der rechte Deutsche ist Dr. Karamba Diaby.« Das ist mir schon klar, doch ich spüre eben oft eine gewisse Unbeholfenheit, wie man mich denn nun bezeichnen soll.

Wie würden Sie zu mir sagen? Ausländer? Zugewanderter? Mann mit Migrationshintergrund? Vermutlich würde Ihnen Sozialdemokrat, Chemiker, Familienvater oder Schrebergartenkenner erst an zweiter, dritter, vierter oder fünfter Stelle in den Sinn kommen.

Im deutschen Sprachgebrauch hat man sich für Menschen mit afrikanischem Ursprung auf den Ausdruck »Schwarzer« geeinigt, so wie man zu einem Europäer oder Nordamerikaner ja auch »Weißer« sagt.

Warum das so wichtig ist, erklärt Der Braune Mob e. V., eine Organisation mit bewusst provokant gewähltem Namen, die sich um eine diskriminierungsfreie deutsche Medienöffentlichkeit bemüht. Sie beruft sich auf das menschliche »Grundrecht auf Selbstbenennung, das jedoch oft gewaltsam verletzt wird. Schon immer war das Verbot, den eigenen Namen zu tragen, ein wirksames Mittel von Eroberern und Besatzern jedweder Herkunft und Historie, eine unterdrückte Gruppe eines Teiles ihrer Kultur zu berauben.«

Der Publizist und Sprachkritiker Wolf Schneider erinnert an die ursprünglich abwertende Bedeutung des Wortes. »So war die Bezeichnung ›die Schwarzen‹ in den USA ein Schmähwort, nur noch von *nigger* unterboten; *colored* war korrekt, *negro* galt als erträglich (vermutlich weil aus dem spanischen Wort die Farbe nicht so leicht herauszuhören ist)«, schreibt Schneider. »1965 aber spaltete sich von der friedlichen Bürgerrechtsbewegung des Martin Luther King eine militante Minderheit ab, die sich ›Black Panthers‹ nannte – mit der Kühnheit, sich das weiße Schimpfwort als Ehrennamen anzuheften: ›Black is beautiful!‹ Eine stolze Tat – mit dem Erfolg sogar, dass sich das Wort in der amerikanischen Gesellschaft als das politisch korrekte durchsetzte.«

Schneider ist im Übrigen mit der Einteilung nicht einverstanden, weil es zu viele Abstufungen und Facetten zwischen den Menschen gäbe. »Braun« scheint ihm oft noch am ehesten zuzutreffen. Und so schließt er: »Sagt denn die Farbe der Haut über einen Menschen irgendwas aus, was dringend der Erwähnung wert wäre? Große und Kleine gibt es, Dicke und Dünne, Blonde und Rothaarige; Schlaue und Dumme gibt es auch. Schwarze und Weiße gibt es nicht. Nur eine offenbar unausrottbare Besessenheit von Farben, wenn sie nur falsch und knallig sind.«[18] Warum bestehen wir dann aber so auf »Schwarz«? Der Braune Mob erklärt: »›Schwarz‹ und ›weiß‹« sind keine echten ›biologischen Tatsachen‹, sondern Gesellschaftskonstrukte; sie benennen die verschiedenen Hintergründe, Sozialisationen und Lebensrealitäten. Viele Weiße sind dunkelbrauner als viele Schwarze. Weiße sind sie trotzdem.«

Beim »Schwarzen« ist es also auch in Deutschland geblieben. Es mag manchem wortklauberisch vorkommen, aber wenn wir auch noch von schwarzer oder dunkler *Hautfarbe* sprächen, vom »Dunkelhäutigen«, dann betonten wir noch jene Äußerlichkeit, die wir doch eigentlich in den Hintergrund drängen wollen.

Ich zitiere gern den Sportjournalisten der *Mitteldeutschen Zeitung*, der es ganz sicher nur gut mit mir gemeint hat – und dann doch mit seinem Artikel so völlig verunglückt ist. Zum Lachen gebracht hat er mich immerhin, als er mich einen »hochintelligenten Mann mit tiefschwarzer Hautfarbe« aus »dem fernen Uganda« nannte. Und er wollte mir ganz sicher schmeicheln, als er schrieb, man würde nur wegen meines exotischen Namens auf die Idee kommen, dass man es am anderen Ende der Leitung mit einem »Ausländer« zu tun haben könnte. Meine »akzentfreie Aussprache würde eine solche Vermutung jedenfalls komplett ausschließen«.[19] Ich fühle mich geschmeichelt, aber wer einmal mit mir telefoniert hat, der weiß, das ist nun wirklich zu viel der Ehre.

Als Ersatz für den »Ausländer« hat sich in den letzten Jahren der Begriff »Menschen mit Migrationshintergrund« durchgesetzt, der heute in den Ohren vieler Deutscher aber erstens zu sperrig, zweitens nach zu viel Political Correctness klingt und somit oft in abfällig-ironischer Weise verwendet wird. Beim Begriff Ausländer kann man im Rückblick eine interessante Entwicklung beobachten. Ursprünglich als Synonym für die Arbeitsmigranten der sechziger Jahre in Deutschland verwendet, wurde der Ausdruck, infiziert vor allem durch die Parole »Ausländer raus!«, bald als abwertend verstanden. In bestimmten Zusammenhängen ist an dem Ausdruck aber gar nichts auszusetzen. Wir verwenden ihn juristisch für all diejenigen, die sich in Deutschland aufhalten, aber keine deutsche Staatsbürgerschaft besitzen. In der Alltagssprache wird häufig schon wieder unterschieden zwischen westlichen und nichtwestlichen Migranten – Briten, Niederländer oder US-Amerikaner werden wohl seltener als Ausländer bezeichnet, sondern es wird meist die genaue Nationalzugehörigkeit genannt. Beim Gebrauch der Bezeichnung Ausländer schwingt also offenbar immer noch etwas mehr mit als die bloße Abgrenzung vom Inländer. Der Ausdruck unterstellt immer eine irgendwie tiefergehende Fremdheit und kulturelle Ausgrenzbarkeit.

In Gesetzestexten, wie etwa im Entwurf zur Einführung beschleunigter Asylverfahren, verwenden wir ihn einheitlich für alle Menschen, die in Deutschland Asyl beantragen, und zwar durchgehend und unabhängig von Herkunftsländern und Fluchtursachen.

Die Bezeichnung »Menschen mit Migrationshintergrund« wiederum ist ein Terminus technicus und Ordnungskriterium des Statistischen Bundesamts. Als Menschen mit Migrationshintergrund gelten »alle nach 1949 auf das heutige Gebiet der Bundesrepublik Deutschland Zugewanderten, sowie alle in Deutschland geborenen Ausländer und alle in Deutschland als Deutsche Geborenen mit zumindest einem nach 1949 zugewanderten oder als Ausländer in Deutschland geborenen Elternteil«. Einfacher ausgedrückt: mit mindestens einem Elternteil ohne deutschen Pass. Die Definition umfasst allerdings auch weiße Migranten, die in der Regel nicht von Rassismus betroffen sind, also US-Amerikaner zum Beispiel, und schließt zum anderen diejenigen aus, die keine Migranten sind und trotzdem als Minderheiten unter Rassismus zu leiden haben, wie beispielsweise die Sinti, die schon seit Jahrhunderten in Deutschland leben. Darum sind die Zahlen zu rassistischen Übergriffen, die der CERD regelmäßig erhebt und die auf der genannten Definition fußen, nicht zu hundert Prozent aussagekräftig.[20]

Es ist oft nicht leicht zu sagen, was ist noch Rechtspopulismus, was ist Provokation, die man verkraften muss, und ab wann ist es Rassismus? Bei der Stimmungsmache der AfD sehen wir fließende Grenzen. Auch bei Thilo Sarrazin und der öffentlichen Diskussion um sein Buch *Deutschland schafft sich ab* im Jahr 2011 gab es solche Überschreitungen. Im selben Jahr, als ich in der Magdeburger Landesverwaltung arbeitete, leitete ich außerdem den Vorsitz des Bundeszuwanderuns- und Integrationsrates. Wir haben damals mit Sorge beobachtet, wie sich der Ton seit der Debatte um Thilo Sarrazins streitbare Thesen immer weiter verschärfte. Die Hemmschwelle ist deutlich gesunken, Rassismus und völkisches Denken sind keine Unterschichtenphänomene mehr, sondern längst im bürgerlichen bis intellektuellen Milieu angekommen. Den Regierenden wird heute etwa von der Schriftstellerin Monika Maron vorgeworfen, sie verpflichteten mit ihrer Flüchtlingspolitik das »Volk zum kollektiven Selbstmord«.[21] Der Philosoph Peter Sloterdijk sagte dem Magazin *Cicero* in einem Interview (2/2016): »Die deutsche Regierung hat sich in einem Akt des Souveränitätsverzichts der Überrollung preisgegeben.« Und mahnte, es gäbe »keine moralische Pflicht zur Selbstzerstörung.« Außerdem schließt er sich dem paranoiden Gerede von der »Lügenpresse« an, wenn er sagt: »Der Lügenäther ist so dicht wie seit den Tagen des Kalten Kriegs nicht mehr.« Im Journalismus trete die »Verwahrlosung« und die »zügellose Parteinahme allzu deutlich hervor«.

Thilo Sarrazin war mit seinem Bestseller *Deutschland schafft sich ab* so etwas wie ein Vorreiter der neuen deutschen Gehässigkeit. Sein Bestseller wirkte wie ein Dammbruch für Rassismus aus der Mitte der Gesellschaft. Die permanente Stimmungsmache hatte zur Folge, dass die Arbeitsgemeinschaft der Ausländerbeiräte des Landes Hessen beim Bundeszuwanderungs- und Integrationsrat den Antrag stellte, eine Petition im Bundestag zu erreichen, durch die der Paragraph § 130 StGb verschärft werden sollte.

§ 130 StGb regelt den Straftatbestand der Volksverhetzung. Dieser ist dann erfüllt, wenn »gegen eine nationale, rassische, religiöse oder durch ihre ethnische Herkunft bestimmte Gruppe, gegen Teile der Bevölkerung oder gegen einen Einzelnen wegen seiner Zugehörigkeit zu einer vorbezeichneten Gruppe oder zu einem Teil der Bevölkerung zum Hass aufgestachelt« wird. Volksverhetzend agiert, heißt es darin weiter, wer »die Menschenwürde anderer dadurch angreift«, dass er eben jene »beschimpft, böswillig verächtlich macht oder verleumdet«.

Sarrazin hat mit seinem Buch nicht einfach »gesagt, wie es ist«, wie ihm seine Fans attestierten. Sarrazin hat mit Polemik und Zynismus ein Feindbild vom muslimischen Migranten zementiert. Er entwarf Schreckensszenarien von Überfremdung und Verblödung, die später auch von Demographen und Genetikern als abwegig und völlig überzogen kritisiert wurden.

Die erste Auflage von *Deutschland schafft sich ab* war schon am Erscheinungstag vergriffen. Heute gehört es zu den erfolgreichsten deutschen Sachbüchern in der Geschichte der Bundesrepublik. Der Erfolg gibt ihm doch recht, würden seine Anhänger sagen. Der Islam- und Politikwissenschaftler Thorsten Gerald Schneiders drückt es so aus: »Von den Äußerungen Sarrazins geht eine massiv abwertende Beschreibung von Arabern aus, die durch das Buch und die mediale Begleitung Millionen von Menschen in Deutschland erreicht hat.«[22]

Seinen Gegnern warf Sarrazin gerne vor, sein Buch nicht gelesen zu haben. Schauen wir also mal rein.[23]

Unvermeidlich, dass Sarrazin all den »Multikultis«, die seiner Polemik nicht folgen mögen, »Gutmenschengetue« und »allgemeines Integrationsgesäusel« vorwirft. Natürlich, Sarrazin führt Probleme an, die kein Politiker leugnen sollte, vor allem die hohe Arbeitslosigkeit unserer Jugendlichen mit arabischen Wurzeln. Doch was Sarrazin betreibt, ist ein Rundumschlag der Abwertung. Türkischen Mädchen gesteht er gönnerhaft zu, dass diejenigen, die ihr Kopftuch besonders fromm und streng gebunden tragen, durchaus noch »recht gebildet« sein könnten. »Dagegen kommen die türkischen Mädchen, die Kopftuch tragen, aber bauchfrei gehen und gepierct sind, von der Hauptschule und gelten als blöd.« Eine paradoxe Haltung, die man bei sogenannten Islamkritikern häufig erlebt: Verschleierte Frauen verachtet er, einerseits. Doch statt die Aufweichung von strengreligiösen Kleiderregeln als Zeichen der Modernität zu begrüßen, fühlt er sich, andererseits, vom Selbstbewusstsein junger Musliminnen provoziert. Thilo Sarrazin bringt der Anblick so auf die Palme, dass er die Frauen beleidigt und als »blöd« bezeichnet. Und das auch noch mit dem feigen rhetorischen Kniff der Verallgemeinerung, mit der er seine Aussage legitimiert und sich zugleich scheinbar selbst davon distanziert: Sie »gelten« halt als »blöd«, will er sagen, was kann er dafür, dass die Menschen so denken. Ganz ähnlich hat sich auch AfD-Vizechef Alexander Gauland ausgedrückt, als er über ein Mitglied der deutschen Nationalelf sagte: »Die Leute finden ihn als Fußballer gut. Aber sie wollen einen Jerôme Boateng nicht als Nachbarn haben.«

Respektabel und nützlich ist in Sarrazins Augen nur ein akademisch gebildetes Mitglied der Gesellschaft. Diese Gesellschaft wird aber gerade, nach Sarrazins Befürchtungen, von totaler Verblödung überzogen, weil die »enorme Fruchtbarkeit« der Muslime dazu führe, dass »Staat und Gesellschaft im Laufe weniger Generationen von den Migranten übernommen« würden. Sarrazin spricht von einer »Bedrohung für das kulturelle und zivilisatorische Gleichgewicht«. Muslimische Migranten seien intellektuell nur minderbegabt, außerdem gewalttätig, faul sowie vollkommen fremd- und andersartig. »Ich möchte nicht, dass das Land meiner Enkel und Urenkel zu großen Teilen muslimisch ist«, klagt Sarrazin, als handelte es sich um eine realistische Zukunftsvision. Er möchte nicht, »dass dort über weite Strecken türkisch und arabisch gesprochen wird, die Frauen ein Kopftuch tragen und der Tagesrhythmus vom Ruf der Muezzine bestimmt wird«. Wenn er das erleben wolle, schreibt Sarrazin weiter, könne er »eine Urlaubsreise ins Morgenland buchen«. Selbst die Gastarbeitereinwanderung der sechziger und siebziger Jahre nennt Sarrazin rückblickend einen »gigantischen Irrtum«, weil die Arbeiter in ohnehin sterbenden Industrien eingesetzt worden seien.

Es waren nicht nur die »Gutmenschen« und »politisch Korrekten«, die Sarrazins Thesen kritisierten. Ganz unabhängig von aller unbestreitbaren Berechtigung, Missstände in Deutschland anzuprangern, wurden von Wissenschaftlern der verschiedensten Fachrichtungen immer wieder Sarrazins Methoden angezweifelt. Hans Wolfgang Brachinger, Professor für Wirtschaftsstatistik und Präsident der Bundesstatistikkommission, kritisierte in der *Neuen Zürcher Zeitung* Sarrazins »statistischen Analphabetismus« zwischen »Klamauk und Ignoranz«.[24] Der Demograph Reiner Klingholz nannte die These, nach der die Zahl der Deutschen in den nächsten Generationen auf 20 Millionen sinke und von einer muslimischen Mehrheit dominiert werde, eine »Sandkastenrechnung«, für eine Bevölkerungsexplosion, wie Sarrazin sie vorhersage, reiche die Geburtenrate türkeistämmiger Menschen beileibe nicht aus.[25] Prognosen über einen so langen Zeitraum wurden auch von Kollegen als völlig unseriös und abwegig abgetan, zumal die Geburtenrate von Einwanderern nach kurzer Zeit ohnehin auf das einheimische Niveau absinke. Der Migrationsforscher Klaus Jürgen Bade sagte damals dem *Spiegel*, der Laie strebe oft »nach möglichst überschaubaren Erklärungsmustern, weil ihm die Komplexität der Probleme unzugänglich bleibt. Ein solches Muster bei Sarrazin ist zum Beispiel seine These von der erblichen Intelligenz, die in der Oberschicht konzentriert ist. Die Unterschicht ist für ihn das Reich der weithin Unintelligenten. Und weil sich die Unterschicht stärker vermehrt als die intelligente Oberschicht, wird das deutsche Volk angeblich immer dümmer. Im Grunde ist das eine nicht hochkonservative, sondern flach nationalistisch-elitäre Semantik, die in der deutschen Geschichte schon einmal zu fürchterlichen Konsequenzen geführt hat.« Bade stellte außerdem klar: Die »Unterschiede haben wesentlich mit sozialen Milieus, mit Bildung beziehungsweise Ausbildung und gar nichts mit der Glaubenszugehörigkeit zu tun. Bei Männern ohne Migrationshintergrund sind 50,3 Prozent, bei Frauen 37,5 Prozent erwerbstätig. Bei türkischen männlichen Zuwanderern sind etwa 45,1 Prozent und bei Frauen 23,5 Prozent erwerbstätig.« Hinzu komme bei vielen Familienbetrieben eine hohe Zahl von mithelfenden Angehörigen, die in der Statistik nicht erfasst würden. »Die Muslime sind also genauso gut oder schlecht ins Arbeitsleben integriert wie andere Einwanderer.«[26]

Hinzu kam Kritik von Humangenetikern und Biowissenschaftlern an Sarrazins eugenischen Ansätzen. Zwar sei Intelligenz tatsächlich zu einem relativ großen Teil vererbbar, allerdings sei erstens eine Vielzahl von genetischen Faktoren daran beteiligt, die immer wieder neu kombiniert würden und auch zu begabten Kindern bei weniger begabten Eltern führen könnten. Zweitens müsste ein ererbtes Potenzial immer auch aktiviert werden, wofür die wirtschaftlichen Lebensbedingungen und die Bildung der Eltern entscheidend seien. Jede Volksgruppe verfüge erst einmal aber über »grundsätzlich das gleiche genetische Potenzial für Intelligenzleistungen«, wie der Verband Biologie, Biowissenschaften und Biomedizin in Deutschland mitteilte.[27]

Um es behutsam auszudrücken: Sarrazins Äußerungen wirkten nicht gerade im Sinne eines friedlichen Zusammenlebens innerhalb der Gesellschaft und warfen uns darin um Jahre zurück.

Ich selbst war damals für einen Parteiausschluss Sarrazins. Sein Buch widerspricht in meinen Augen ganz klar sozialdemokratischen Idealen. Sarrazin lässt in seiner gesamten Abhandlung einen entscheidenden Punkt völlig außer Acht: Wie schwer es Migranten auf dem deutschen Arbeitsmarkt gemacht wird.

Latenter Alltagsrassismus paart sich dabei mit institutioneller Diskriminierung. Studien zeigen, dass Jugendliche mit Migrationshintergrund auch bei guten schulischen Leistungen deutlich schlechtere Chancen auf einen Ausbildungsplatz haben.[28] Die unterschiedliche Behandlung von Deutschen und Migranten auf dem Arbeitsmarkt mit einfachen Berufsabschlüssen ist sogar noch relativ gering im Vergleich zu höher qualifizierten Menschen mit Fach- oder Hochschulabschlüssen. Dazu kommt, dass Stellenanzeigen oft mit der Anforderung erscheinen, Deutsch als Muttersprache zu sprechen. Damit scheiden viele schon mal aus, auch wenn die Arbeitsuchenden nicht nur gut qualifiziert wären, sondern oft auch mehrere Sprachen sprechen, die im Beruf hilfreich sein könnten. Im Jobcenter spielen solche Kompetenzen nur leider keine Rolle. Allein die Angabe eines türkisch klingenden Namens verringert die Chancen, zu einem Bewerbungsgespräch eingeladen zu werden, das Gleiche gilt für den Ausbildungsmarkt, wie eine Studie bewies, bei der 1800 deutsche Unternehmen getestet wurden.[29] Frauen, die Kopftuch tragen, werden Ausbildungen gar mit der Begründung verwehrt, sie fänden ja später sowieso keinen Job in der Aufmachung.[30]

Migranten wird von vornherein eine tiefsitzende Andersartigkeit unterstellt, und so wird an sie die Erwartung gerichtet: Du musst dir deine Gleichberechtigung erst einmal verdienen.

Nur wie, wenn man gar keine Gelegenheit dazu bekommt? Was bei den Betroffenen ankommt, ist der Eindruck: Egal, wie sehr du dich anstrengst, richtig dazugehören wirst du sowieso nie.[31]

Bei einer Fachtagung zum Thema »Inklusion durch Partizipation« wies ich 2012 auch auf die unterschiedlichen Integrationsbedingungen zwischen Ost- und Westdeutschland hin. In Ostdeutschland erfolgte die Zuwanderung in den letzten Jahren maßgeblich durch Zuweisung. Die Migrationsbevölkerung ist dadurch heterogener als im Westen und weist einen höheren Anteil an Schul- und Hochschulabschlüssen auf (20 Prozent gegenüber 10 Prozent im Westen) bei gleichzeitig relativ geringem Fachkräftezuzug. Was wir aber auch feststellen, ist ein insgesamt besserer Bildungserfolg von Kindern mit Migrationshintergrund.

Wenn ich nach Kanada und in die USA blicke, sehe ich vieles, was wir uns abschauen könnten. Das Prinzip der anonymisierten Bewerbung zum Beispiel. Auch die gezielte Ansprache von Frauen oder von Menschen mit Behinderung. Südafrika hat nach dem Ende des Apartheid-Regimes eine sehr fortschrittliche Verfassung erlassen mit positiven Maßnahmen für vormals benachteiligte Menschen. Heute arbeiten zum Beispiel viele Schwarze im öffentlichen Dienst. »Bildung«, hat Nelson Mandela gesagt, »ist die mächtigste Waffe, um die Welt zu verändern.« In Deutschland hängen wir damit ziemlich hinterher. Im Vergleich zu anderen Ländern, vor allem den skandinavischen, bietet Deutschland noch immer schlechte Aufstiegschancen für Kinder aus ärmeren Familien, das hat uns die letzte PISA-Studie wieder einmal deutlich gezeigt. Uns fehlen im Bildungssystem 50 Milliarden Euro, um ganz oben mitspielen zu können. Für das Mittelfeld brauchen wir immerhin noch 20 Milliarden, um die Schulen vernünftig auszustatten.

Ein Grund, warum es so große Unterschiede zwischen den Bildungschancen in den einzelnen Bundesländern gibt, zwischen einem starken wie Bayern und einem finanzschwachen wie Sachsen-Anhalt, ist das Kooperationsverbot zwischen Bund und Ländern, gegen das ich mich seit Jahren ausspreche. Als Folge der Föderalismusreform von 2006 darf der Bund nach Artikel 91b des Grundgesetzes die Länder in Sachen Bildung nur in Ausnahmen, so vor allem im Hochschul- und Spitzenförderungsbereich, finanziell unterstützen. Der Bund sollte sich raushalten, so die Idee dahinter. Doch gerade in den Schulen fehlt häufig das Geld, wenn es sich nicht gerade um Bayern handelt, und daran scheitert dann auch der ursprünglich erhoffte Wettbewerb zwischen den Ländern.

Es haben nicht alle Kinder die gleichen Startvoraussetzungen. Kinder aus bildungsfernen und sozial schwachen Familien bekommen von zu Hause weniger Unterstützung, darum müssen wir sie von außen etwas anschubsen. Wir brauchen Programme, um sie zu begleiten und zu fördern, das mag aufwändig und kostspielig sein, aber ich bin mir sicher, dass es sich langfristig für alle Seiten lohnt. Wer Hilfe leistet, bekommt sie fast immer zurück.

Deutsche Familien sind immer in irgendwelche informellen Netzwerke eingebunden, jeder gehört irgendwohin, davon profitieren ihre Kinder und Kindeskinder. Und je reicher die Familie, desto stärker ausgeprägt ist das Netzwerk. In vielen Migrantenfamilien hingegen gibt es oft nicht einmal Vorbilder im familiären Umfeld, keine in Deutschland verwurzelte Arbeits- oder Aufstiegsbiographie, selbst wenn es nur ein Opa wäre, der früher Tischlermeister war, oder die Oma eine fleißige Bäckersfrau.

Irgendwie fühlte ich mich damals auch persönlich betroffen. Im selben Jahr, als Sarrazin die Bestsellerliste stürmte, hatte der Bericht des Bundesverfassungsschutzes das Land Sachsen-Anhalt als dasjenige ausgemacht, das bei »politisch rechts motivierten Gewalttaten mit extremistischem Hintergrund« bezogen auf die Einwohnerzahl an erster Stelle lag. Obwohl oder gerade weil die NPD bei der letzten Wahl an der Fünfprozenthürde gescheitert war. Die Neonazi-Szene war nun stattdessen in militanten Kameradschaften erstarkt.

Die Mehrheit des Integrationsrates stimmte im Mai 2011 dem Antrag zu, in einer Petition die Verschärfung des Volksverhetzungsparagraphen zu fordern. Als Vorstand, für den die Entscheidung damit bindend war, schickte ich also die Presseerklärung heraus, die auch scharf rechts gerichtete Medien wie die *Junge Freiheit* und *Politically Incorrect* aufgriffen. Ein Redakteur der *Jungen Freiheit* rief bei mir an und bat um ein Telefoninterview. Ich verstand den Titel des Blattes nicht richtig und wunderte mich noch, dass es die alte SED-Bezirkszeitung *Freiheit* noch gab. Ich sagte also ahnungslos zu und beantwortete seine Fragen.

Die Redakteure von *Politically Incorrect*, die aus dem Artikel zitierten, trieben ein Bild von mir auf, auf dem ich meinen Grand Boubou trage, mein traditionelles Gewand, und montierten mich an die Seite von Thilo Sarrazin, neben dem ich nun thronte wie ein afrikanischer Diktator.[32] Per Fax und per Post schickten mir die Leser ihren Hass ins Willy-Brandt-Haus. Rund 400 E-Mails landeten in meinem Postfach. Etwas Ähnliches geschah übrigens, als ich 2015 einen Gastbeitrag für *Zeit Online* schrieb – nicht gerade bekannt als rechtsradikales Kampfblatt, aber auch hier sammeln sich prompt die Kommentatoren des Landes, sobald es gegen irgendwas zu hetzen und irgendwen zu hassen gilt.

Nicht alle Mails waren damals vernichtend im Ton, manche widersprechen mir in mehr oder minder sachlichem Tonfall, berufen sich auf die Meinungsfreiheit und führen Argumente an, deren Diskussion ich mich nicht versperre. Andere waren aber so eindeutig bedrohlich, dass der Staatsschutz die Ermittlungen aufnahm.

Auch eine liebliche Ansichtskarte lag damals in der Post. Sie zeigte ein romantisches Bild von Schloss Neuschwanstein. Auf der anderen Seite stand: »Hallo Bimbo, wieder gut schmarotzt heute!? Ab nach Afrika!«

Rechte halten Presse und politischen Gegnern oftmals vor, man würde ihre Aussagen aus dem Kontext reißen, verzerrt paraphrasieren oder übertreiben. Deswegen will ich eine Auswahl der E-Mails und Briefe, die mich erreichten, einmal im O-Ton wiedergeben (nur zum Teil leicht gekürzt, von mir anonymisiert, Rechtschreibung der Originale beibehalten):

Lieber schwarzer emigrierter Murli,
Sie sind das lebende Beispiel das Sarrazin mit seiner Gen-Theorie Recht hat. Das betrifft nicht nur Türken sondern auch Nigger und andere Bimbos.
Schöne Grüße aus Österreich und gute Nacht
Mag. K. M.

Du scheiß dreckiger Neger! Geh zurück in den Busch, aus dem du kommst!

Schwarze Drecksau – Armes Deutschland

Betreff: Unfassbar, unglaublich
WER entscheidet darüber, was »rassistische und rechtspopulistische Äußerungen überhaupt sind. Darauf können Sie nur antworten, WIR – die GUTMENSCHEN, zwar eine Minderheit, aber egal, denn bei allen Umfragen bekam Sarrazin eine satte Mehr-

heit für sein Buch. Wer einer Mehrheit nun aber vorschreiben will, was er zu denken hat, begibt sich in die diktatorische Ecke. Wir hier in Deutschland wollen im Gegensatz zu Ihnen, der Diktaturen besten aus Afrika kennt, keine Diktatur. Deshalb stelle ich fest, das sie nichts, aber wirklich überhaupt nichts aus Ihrem GASTLAND gelernt haben. Auf de Meinung eines SPD-Quoten Gastarbeiter bzw ehemaligen Asylbewerbers, im neu-deutsch nun auch »Imigrant« genannt, kann die deutsche Bevölkerung gerne verzichten.

ihr seit doch selbst schuld da dran und wegen herr thilo sarrazin er sagt doch noch die warheit schürt kein hass er macht dem bürger klarr wie die realität aus sieht und die is das wir hir die minderheit im land sind wir haben immer weniger zu sagen und dan soll man nicht rassistisch werden sorry ich finde das lächerlich meinen sie mit gesetz können sie was ändern der bürger lest sich bestimmt nicht von ihnen geschweige vom staat den mund verbiten.

Die Tatsachen sehen nun mal so aus, dass die islamischen und afrikanische Kultur der westlichen Zivilisation so hoffnungslos unterlegen ist wie ein Eselkarren einem Hubschrauber. wenn Menschen aus jener Frühzeit zu uns kommen, dann sollten Sie in Ehrfurcht lernen, was Zivilisation ist anstatt sie zerstören zu wollen. So wie Sie.

J. H. via Facebook:
Wenn ihnen die Free Meinungsäußerung in Deutschland nicht gefällt, kehren sie in ihre Heimat zurück. Dort werden sie noch einmal Dankbar sein, ihren vorlauten Mund so weit geöffnet zu haben. Bevor sie hier Forderungen stellen, sollten sie sich erst einmal INTEGRIEREN!! Gute Heimreise.

Auch Sie als schäbiger Ausländer leben nur auf Kosten des deutschen Steuerzahlers.

Hallo,
Unser eines arbeitet fleißig, muß 50 % seines Verdienstes an den Fiskus abdrücke, behandlungen beim Arzt fast selbst bezahlen damit Einwanderer ihren Arsch hir vergoldet bekommen und fett wie die Made im Speck werden.
Früher kamen Flüchtlinge in Lumpen gekleidet und ohne etwas, heute mit Rolex, Armani-Jean Goldkette!!!! Herzlichen Glückwunsch, so schüren Leute ihrer Partei die Ausländerfeindlichkeit!!!!!!!!

Betreff: Dyabi – Wir werden den Nigger töten!
Erinnern Sie sich, was mit Zeca Schall war? Der Nigger Dyabi muss gehen aus der SPD.
Oder 10 Kugeln!

Gemeint war in dieser E-Mail der Deutsch-Angolaner Zeca Schall, ein CDU-Mitglied aus Thüringen, der im Landtagswahlkampf 2009 bekannt geworden war und nach anhaltender Hetze seitens der NPD Polizeischutz bekam.

Er war zusammen mit dem damaligen Ministerpräsidenten Dieter Althaus auf Wahlplakaten abgebildet, neben denen die NPD ihre eigenen anbrachte. Ihr Slogan: »Gute Heimreise«. Die Partei nannte Zeca Schall »Quotenneger«, machte seine private Anschrift bekannt und kündigte an, das »direkte Gespräch« an seinem Heimatort zu suchen, um ihn »zur Heimreise zu animieren«.

Betreff: Nigga muss weg!
Brauchen Sie eine neue Leiche? kein Problem. Er verlässt die SPD – oder Blut. Kugel, Kugel, ich liebe dich.

Alte Niggersau, der Führer dreht sich im Grab rum ... verrecke du Hund.

Sehr geehrter Herr Diaby,
Da es offenkundig unmöglich ist, dass Sie und ich uns im Land meiner Vorfahren beide gleichzeitig wohl fühlen, möchte ich Sie auffordern, dies zu verlassen und in Ihre Heimat zurückzukehren. (...)
Was bezwecken Sie im übrigen damit, Ihren Stammbaum auf Ihre Webseite zu stellen? Als Ariernachweis wird Ihnen den so keiner durchgehen lassen. Auch der Beleg, dass Sie nicht vom Affen abstammen ist Ihnen damit nicht geglückt. Ich kann lediglich erkennen, dass auch Ihre Vorfahren schon fleißig als Hetzer unterwegs waren, und zwar für die Haßreligion Islam.
Sicher finden sich in Halle noch andere Bürger, die Ihnen gerne beim Kofferpacken helfen würden. Fragen Sie doch mal Ihre Nachbarn.
Hochachtungsvoll,
Ein Deutscher

Worauf nimmt »Ein Deutscher« hier Bezug? Früher hatte ich mal eine private Webseite. Mittlerweile habe ich nur noch meine berufliche. Auf meiner privaten konnte man alles über meinen Werdegang lesen, und ich erklärte anhand eines Stammbaums meiner Familie, was der Name Karamba bedeutet. Ich hatte diesen Stammbaum in einer Dissertation entdeckt, die Lamin O. Sanneh als Doktorand der Afrikastudien an der Universität von London verfasst hat. Darin beschäftigt er sich mit der Geschichte geistlicher Führer in der Region Senegal und Gambia.

Der Stammbaum setzt an im Jahr 1730, in dem mein Vorfahr Karamokho Ba geboren wurde, Gründer der Djakhanke-Gemeinschaft zu Touba, und zeigt alle männlichen Nachfahren vom 18. Jahrhundert bis heute. Immer wieder tauchen im Stammbaum Männer mit dem Namen Karamokho auf. Karamokho war aber ursprünglich kein Name, sondern ein Titel. Er bedeutet: Gelehrter. Mit dem Beiwort Ba sogar: großer Gelehrter. Auch mein Vater, Karamokho al-Makhily, war ein solcher Gelehrter in der Volksgruppe der Diakhanke. Nach ihm habe ich später meinen jüngsten Sohn benannt. Makhily bekam noch den Zweitnamen Benjamin dazu, meine Tochter Fatoumata, benannt nach meiner großen Schwester, den Zweitnamen Sarah. Mein Vater war also der letzte Karamokho Ba in unserem Stammbaum. Als der Name an mich weitergegeben wurde, wurde er zur Kurzform Karamba zusammengeschnurrt und endgültig vom Titel zum Vornamen.

Auf diesen Stammbaum bezog sich nicht nur der Leserbriefschreiber, der sich »Ein Deutscher« nannte. Auch ein gewisser »Sachsen-Anhaltiner« fühlte sich so sehr davon provoziert, dass er einen vier Seiten langen Brief verfasste, den er an alle Verantwortungsträger im Land schickte, an Minister, Staatssekretäre, Wohlfahrtsverbände. Das Schreiben ist zu wirr und zu lang, um es hier ausführlich wiederzugeben. Die Zusammenfassung lautet in etwa wie folgt: Ich sei gefährlicher als Muammar al-Gaddafi, Baschar al-Assad und Osama bin Laden zusammen und strebte die Herrschaft und Islamisierung Sachsen-Anhalts an, weswegen mich mein kriegerischer Stamm von Westafrika nach Ostdeutschland entsandt habe.

Es war mir furchtbar peinlich, dass so viele Menschen mit

so einem Unsinn behelligt wurden, zumal keiner so recht wusste, wie er nun auf mich reagieren sollte. Offen ansprechen, wenn man mich das nächste Mal sieht? Darüber lachen oder doch besser besorgte Minen machen? Nur zwei der Empfänger haben den Brief offen angesprochen und ihn mit dem gebührenden Kopfschütteln bedacht.

Von den Droh-E-Mails, die ich damals bekam, konnte Microsoft eine IP-Adresse an die Polizei übermitteln, aber am Ende verlief die Untersuchung erfolglos. Der Urheber wurde nie gefunden, das Verfahren wurde eingestellt.

Es war eine schwere Zeit für mich und meine Familie. Meiner Frau erzählte ich erst später davon, weil ich sie nicht beunruhigen wollte. Ich möchte aber auch nicht verschweigen, wie viel Zuspruch ich von anderen Menschen in jener Zeit bekommen habe. Als ein Artikel über mich und meine Briefeschreiber bei *Spiegel Online* erschien, versicherten mir Dutzende ihre Solidarität und zeigten sich schockiert, was ein Schwarzer in Deutschland heute noch erdulden muss.

Leider kann ich nicht behaupten, dass ich mich dem Hass so ganz widersetzen konnte. Ich war tiefer verunsichert, als ich mir eingestehen wollte. Ich sah mich immer öfter abwägen, ob ich einen Abendtermin nicht besser absagen sollte, weil es dann draußen schon dunkel und ich allein unterwegs sein würde. Ich mied einsame Gegenden und wurde insgesamt viel vorsichtiger. Ich entfernte schließlich sogar den Stammbaum von meiner Seite. Ich habe so meine Zweifel, ob das der richtige Schritt war. Doch ich hatte einfach Angst, dass ich der Folgen nicht mehr Herr werden würde. Ein großes Thema unserer Zeit: Wie behält man die Kontrolle über das, was sich im Netz über einen verbreitet?

Als die Flut an Hass-Mails abgeebbt war, blieb das Erste, was man im Netz über mich fand: die Flut an Hass-Mails, die über mich hereingebrochen war. Dies nahmen Journalisten zum Anlass für die nächsten Artikel, die sich wiederum um Hass-Mails drehten und ihrerseits schon wieder die nächsten hervorriefen. Und auch wenn dadurch politische Sachthemen, die ich bearbeite, zwischenzeitlich in den Hintergrund geraten, so halte ich es doch für richtig, nicht aufzuhören, über diese Zustände zu berichten.

Im März 2016 wurde bekannt, dass ein Pfarrer im gemütlich-gutbürgerlichen Zorneding in Oberbayern mehrfach rassistisch beleidigt und mit dem Tode bedroht worden war. Olivier Ndjimbi-Tshiende stammt aus dem Kongo und hat in München studiert. Seit 2012 lebte und arbeitete der katholische Priester in der oberbayrischen Provinz. Im letzten Jahr war er in Streit mit der örtlichen CSU geraten, als er sich für einen friedlichen Umgang mit Flüchtlingen eingesetzt hatte. Die CSU-Ortsvorsitzende von Zorneding hetzte daraufhin erst recht gegen Asylsuchende und bezeichnete sie in der Zeitung als »Invasoren«, ihr Stellvertreter schloss sich ihrer Gehässigkeit an und nannte Pfarrer Ndjimbi-Tshiende »unseren Neger«. Die Briefe an den Pfarrer ließen nicht lange auf sich warten. Leider keine Fanpost. In einem stand der Satz: »Ab mit dir nach Auschwitz!« Am Ende gab Ndjimbi-Tshiende erschrocken und entmutigt auf und verließ seine Gemeinde.

Auch ich habe mich damals, wenn auch nur in einem Punkt, geschlagen gegeben. So viel haben die *Junge Freiheit* und *Politically Incorrect* immerhin mit ihrer Hetze erreicht: Mein afrikanisches Gewand habe ich seither nicht mehr in der Öffentlichkeit getragen. Es ist vielleicht nur ein Kleidungsstück, aber leider auch eine kleine Kapitulation.

Als ich rot wurde

»Der erste Schwarze, den man wählen kann!«
Burkhard Lischka, Bundestagsabgeordneter

Ein Wochenende im Sommer 1999. Mein damaliger Chef im Eine-Welt-Haus und ich sind auf dem Weg nach Bad Muskau. Er hat mich eingeladen, ihn zu einem Familienfest zu begleiten. Sein Neffe hat Geburtstag. Es gibt eine kleine Party, nach dem Mittagessen brechen alle auf zu einem Spaziergang. Die Kinder paddeln auf der Neiße, und ich laufe mit der Familie zur Brücke, die auf der anderen Uferseite Polen erreicht.

Als wir die Brücke erreicht haben, zeigen die Familienmitglieder dem Grenzbeamten ihre Personalausweise vor und dürfen passieren. Dann bin ich an der Reihe. Ich reiche dem Kontrolleur meinen Pass. Dieser sagt: »Przeczenie.« Ich verstehe kein Polnisch, aber an seinem Gesichtsausdruck erkenne ich, es gibt keine guten Nachrichten für mich. »Nein«, übersetzt einer aus der Familie. Und der Polizist ergänzt: »Du gehst hier nicht durch.« Ich frage: »Und warum nicht?« Er sagt: »Du senegaliski. Du nach Berlin fahren, Visum holen.« Ich frage ihn ungläubig: »Ein Visum, um ein paar Meter über die Brücke zu gehen?« Er verzieht keine Miene, er bleibt bei seinem Nein. Und ich sage zu meinem Chef: »Helmut, so geht's nicht weiter.«

Bis zu dem Moment auf der Brücke hatte ich lange mit mir gerungen, ob ich diesen Schritt wirklich gehen will. Nicht, weil ich mich nicht ganz zu Deutschland bekennen wollte. Das hatte ich schon längst getan. Ich hatte alle Voraussetzungen für die deutsche Staatsbürgerschaft längst erfüllt. Ich sprach Deutsch, hatte sogar einen deutschen Studienabschluss, der einen Sprachtest überflüssig machte, ich hatte fünf Jahre lang in die Sozialversicherungskasse eingezahlt – und ich war nie bei der Stasi. Es gab nämlich durchaus Studenten aus dem Ausland, die von der Staatssicherheit als Inoffizielle Mitarbeiter (IM) angeworben worden waren, und so verlangten die Behörden bei unserer Einbürgerung eine Versicherung an Eides statt, dass man niemanden ausspioniert und verraten hatte. Auch später, nach meiner Wahl in den Stadtrat von Halle, sollte ich noch einmal überprüft werden, ein üblicher Vorgang in Ostdeutschland, der mittels Prüfanträgen bei der Stasi-Unterlagen-Behörde in Berlin, damals noch bekannt als Birthler-Behörde, geregelt wird. Nur die Linke hat sich eine solche Kontrolle immer verbeten. Es ginge doch auch darum, was man in den Jahren seit der Wende für sein Land getan habe und wie man zu seiner Vergangenheit stehe, hieß es zur Begründung.[33] Da die Überprüfung in Lokalparlamenten und Landtagen letzten Endes freiwillig blieb, konnte man sich ihr eben auch entziehen.

Zu der Zeit, als ich nun ernsthaft über meine Einbürgerung nachzudenken begann, lief in Deutschland gerade die hitzige Diskussion um das Thema doppelte Staatsbürgerschaft. Die rot-grüne Regierung um Bundeskanzler Gerhard Schröder konnte sich damals nicht durchsetzen, hauptsächlich deshalb, weil das CDU-geführte Bundesland Hessen in Gestalt von Roland Koch dagegen gefeuert hatte. Koch hatte damals im hessischen Landtagswahlkampf in seiner umstrittenen Kampagne »Ja zur Integration, Nein zur doppelten Staatsangehörigkeit« gegen die Regelung mobil gemacht. An den Informationsständen lagen damals Listen aus, die zur Unterschrift aufriefen. Der Tenor in weiten Teilen der Bevölkerung lautete: »Wo kann ich hier gegen Ausländer unterschreiben?« Das wurde selbst innerhalb der CDU von manchen als gefährlicher Populismus gesehen.

Zustande kam in der Bundesregierung schließlich ein Kompromiss: die Optionspflicht. Dadurch wurde im Jahr 2000 festgelegt, dass jeder, der in Deutschland geboren wird – vorausgesetzt seine Eltern haben schon acht Jahre hier gelebt –, auch deutscher Staatsbürger ist. Wer sich zum Zeitpunkt der Volljährigkeit nicht aktiv für die deutsche Staatsbürgerschaft entscheidet, der kriegt sie wieder entzogen. Und verliert nicht nur sein Recht, in Deutschland zu wählen.

Staatsbürgerschaft ist »das Recht, Rechte zu haben«, hat Hannah Arendt gesagt. Dieses Recht war mir mein ganzes Leben schon kostbar gewesen. Es muss sich nur neben mir ein Stuhlkreis formieren, schon verspüre ich den Impuls, mich dazuzusetzen und zu sagen: »Worum geht's, und was kann ich tun?« Wegen dieses Naturells war es schwer für mich, dass ich in Deutschland damals nicht einmal wählen gehen konnte.

Die Diskussion um die doppelte Staatsbürgerschaft hat mich damals ziemlich aufgewühlt. Es hat mich wütend gemacht, dass man mit so populistischen Forderungen eine Wahl gewinnen konnte. Und ich selbst hatte nicht einmal die Chance, dagegen zu stimmen.

Ich beschloss also, die deutsche Staatsbürgerschaft zu beantragen, auch wenn die Chancen gering waren, dass ich meine senegalesische behalten konnte. Ich hätte sie gerne behalten – und zwar aus Prinzip, nicht weil sie mir irgendwelche Privilegien geboten hätte. Ich hatte damals den Eindruck, aus der deutschen Staatsbürgerschaft würde eine heilige Sache gemacht, als wäre damit alles erreicht, die Integration abgeschlossen und jedes Problem gelöst.

Mit der Staatsbürgerschaft hat man die völlige Gleichstellung mit deutschen Bürgern erreicht, was die politische Teilnahme betrifft. Und die war mir wichtig. Aber die eine für die andere aufzugeben, fand ich eine sinnlose Bedingung. Die Aufgabe meiner senegalesischen Staatsbürgerschaft hat nichts an meiner Loyalität gegenüber Deutschland verändert, weder in positiver noch in negativer Hinsicht. Auch vorher war Deutschland mein Lebensmittelpunkt, an dem ich meine Steuern bezahlt und meine Kinder erzogen habe. Nach europäischem Recht ist man dem Staat verpflichtet, in dem man seinen Lebensmittelpunkt hat. Darum sollten wir aufhören, die Debatte ideologisch zu führen.

Außerdem ist die Regelung in Deutschland allein durch die vielen Ausnahmen ungerecht, Russland-Deutsche etwa müssen ihre frühere Staatsbürgerschaft nicht aufgeben, und viele andere Länder sehen die Entlassung aus der Staatsbürgerschaft in ihrer Verfassung gar nicht vor. Das betrifft auch viele Menschen aus dem arabischen Raum, die deshalb de facto zwei Pässe besitzen. Durch diese und weitere Ausnahmen sind also über 50 Prozent der Eingebürgerten sogenannte Doppelstaatler, das entspricht etwa fünf Millionen Menschen.

Für manche Menschen sprechen ganz praktische Gründe gegen die Einbürgerung. Sie erzählen mir, dass sie Angst um ihre Rentenansprüche haben, weil Deutschland kein entsprechendes Abkommen mit dem Ursprungsland hat, in dem sie jahrelang eingezahlt haben. In manchen Ländern wird mit der Aufgabe der Staatsbürgerschaft das Erbrecht ausgehebelt. In manchen ist es nicht mehr möglich, Eigentum zu erwerben, manchmal nicht einmal mehr zu behalten, auch wenn man noch Familie im Land hat, die man gerne unterstützen will.

Manche Einbürgerungskriterien halte ich für sinnvoll, zum Beispiel, dass man natürlich schon ein paar Jahre in dem Land gelebt haben sollte, in dem man Staatsbürger werden will. Den Einbürgerungstest würden die meisten Deutschen wohl auf

Anhieb nicht bestehen. Ich habe ihn mal aus Spaß meinem deutschen Freundeskreis vorgelegt, das Ergebnis war erwartungsgemäß mangelhaft. Auch beim Anspruch an Sprachkenntnisse messen wir mit zweierlei Maß, denn eigentlich muss der Partner, der aus dem Ausland nachkommt, in Deutschland einen Sprachkurs absolvieren. Die Wirklichkeit sieht anders aus: Partner und Partnerinnen, die aus Ländern wie Australien, Israel, Japan, Kanada, der Republik Korea, Neuseeland, aus den USA, Andorra, Honduras, Monaco und San Marino nach Deutschland ziehen, müssen keine Deutschkenntnisse nachweisen. Wer aus der Türkei, aus Mali oder Guatemala nachkommt, aber sehr wohl.

Wenn keine handfesten Gründe dagegen sprechen, würde ich heute an jeden Migranten appellieren, die deutsche Staatsbürgerschaft zu beantragen. Die Wahlbeteiligung von Migranten ist in der Regel sehr gering. Eingewanderte sollten sich viel stärker als bisher politisch einmischen. Angesichts der Zunahme rechtspopulistischer Kräfte in Parlamenten in Europa, die mehr »Einfalt« statt »Vielfalt« fordern, ist es existentiell wichtig, dass sich noch mehr Menschen mit Migrationsbiographie politisch einbringen. Wir dürfen den öffentlichen Raum nicht denen überlassen, deren Ziel es ist, Menschen aufgrund von Herkunft, Aussehen oder Religionszugehörigkeit auszugrenzen. Zirka 0,7 Prozent der in Deutschland lebenden Menschen haben nach statistischen Erhebungen afrikanischen Migrationshintergrund. Die Bevölkerungsgruppe ist aber deutlich größer, weil statistisch weder hier geborene Nachkommen der dritten Generation noch Asylbewerber oder anerkannte geflüchtete Personen erfasst werden.

Afrikanischstämmige Menschen, so hat es das Berlin-Institut für Bevölkerung und Entwicklung festgestellt, zählen (neben türkeistämmigen Menschen) immer noch zu den am schlechtesten integrierten Einwanderern in Deutschland. Dies liegt an ungünstigen Bildungs- und Arbeitssituationen, an Verhaltensweisen der Mehrheitsbevölkerung, an Diskriminierung und Rassismus. Gerade Kinder und Jugendliche afrikanischer Herkunft sind Armutsrisiken ausgesetzt, ihre Bildungssituation ist prekär. Im Vergleich zur ersten Einwanderergruppe verschlechtern sich die Bildungswerte hier geborener Migranten afrikanischer Herkunft sogar.

Als Vater von zwei Schwarzen Kindern weiß ich, wie wichtig Inspiration und Vorbilder für die heutige Jugend sind. Wir Schwarze in Deutschland dürfen nicht aufhören, unseren Kindern zu erklären, wie wichtig Bildung für eine gelungene Selbstverwirklichung in diesem Land ist. Dazu müssen wir Empowerment-Programme für Jugendliche fördern, sie über ihre Rechte aufklären und Chancen aufzeigen.

Insbesondere Menschen afrikanischer Abstammung müssen im öffentlichen Diskurs sichtbarer werden. Dazu gehört auch, sich für die Einbürgerung zu entscheiden. Ich habe mich immer wieder für einen erleichterten Zugang eingesetzt, die SPD hat 2015 für die Abschaffung des Optionszwangs votiert, heute lautet die Regelung: Hier geborene Kinder sind deutsch, sofern ihre Eltern acht Jahre hier gelebt haben, und bleiben es auch dann, wenn sie die zweite Staatsangehörigkeit mit Eintritt ihrer Volljährigkeit nicht abgeben.

Der ersten rot-grünen Bundesregierung ist es 1999/2000 gelungen, das »Reichs- und Staatsangehörigkeitsgesetz« von 1913 zu reformieren. Bis dahin hatte das *ius sanguinis* gegolten, das Recht des Blutes. Hatte man »deutsches Blut«, war man Deutscher. Mit anderen Worten: Der Staat verlieh demjenigen seine Staatsbürgerschaft, der mindestens ein Elternteil hatte, der selbst die entsprechende Staatsbürgerschaft besaß. Diese Regel wurde, so macht es zumindest oberflächlich betrachtet den Eindruck, vom *ius soli* abgelöst, dem »Recht des Bodens« oder dem Geburtsortprinzip, das in Zuwanderungsländern gang und gäbe ist – in Wahrheit wurde es aber nicht *abgelöst*, sondern nur durch Aspekte desselben *ergänzt*. Wer in der Lufthoheit der, sagen wir, Amerikaner geboren wird, ist Amerikaner ohne Wenn und Aber. Das ist das *ius soli* in Reinform. Davon sind wir in Deutschland noch Lichtjahre entfernt. Ich habe eine Halbschwester in Frankreich, die 1984 ankam und schon nach wenigen Jahren automatisch Französin wurde – und seither mit zwei Pässen lebt. Sie konnte gar nicht glauben, dass ich seit Jahren hier lebte, arbeitete und trotzdem noch längst kein Deutscher war.

Eine der Bedingungen, an die das *ius soli* geknüpft ist, den Optionszwang, haben wir 2014 als große Koalition abgeschwächt. Noch immer aber wird bei der Geburt eine Staatsbürgerschaft auf Probe verliehen, die dann per Verwaltungsakt mit dem 18. Geburtstag auf die Erfüllung der Bedingungen geprüft wird: Nachweise über Schulzeiten, Aufenthaltszeiten etc. Aus meiner Sicht sollte aber auch der achtjährige Aufenthalt der Eltern in Deutschland nicht mehr verpflichtend sein, denn so machen wir Menschen zu Ausländern, auch wenn sie hier geboren sind.

Am 30. Juni 2004 sollte es für mich nun endlich so weit sein. Die *Bild*-Zeitung titelte am nächsten Tag in ihrem Lokalteil: »Hallo, Halle! Wir sind die neuen Deutschen.« Es stellten sich vor: Sadeg, 34 Jahre alt, Arzt aus dem Jemen. Seine Lieblingsband ist Metallica, sein Lieblingswort »Tochter«. Anna, 55, Lehrerin aus Moldawien. Ihr Leibgericht ist Eis mit heißen Erdbeeren, sie hört gern Tschaikowski, ihr Lieblingswort ist »herzlich«. Rawan, 14, Schüler aus dem Irak, mag Spaghetti, Fußball, Popmusik und das deutsche Wort »Scheiße«. Irina, 53, Kauffrau aus der Ukraine liebt Borschtsch, die Beatles und das Wort »Liebe«. Karamba, 42, Chemiker aus dem Senegal, mag Couscous, Lesen und sein Lieblingswort lautet: »Ach so!«

18 Jahre nach meiner Ankunft in der DDR war ich also Deutscher geworden. Ich konnte endlich mein aktives und passives Wahlrecht als vollwertiges Mitglied der Gesellschaft wahrnehmen. Ich war zwar schon viele Jahre in verschiedenen Initiativen und Netzwerken aktiv gewesen. Aber nun konnte ich beginnen, ernsthafte Verbindungen zur Parteipolitik einzugehen.

Wegweisend wurde für mich die Heinrich-Böll-Stiftung in Sachsen-Anhalt. Sieben Jahre lang, von 1997 bis 2004, sollte ich ihren Vorsitz leiten. Damals waren in der Stiftung vor allem die Bürgerrechtler dominant. Erst im Laufe der Zeit waren immer mehr Mitglieder der Grünen vertreten, was dann auch deutlich spürbar wurde. Dominante Themen waren Genderfragen und Umweltschutz. Ich fand jedoch keine richtige Bindung zu der Partei. Erstens fand ich nicht alle Themen, die mir damals wichtig waren, bei ihnen stark genug vertreten – etwa Chancengleichheit in Bildung und Sozialem, Vernetzung mit Gewerkschaften und vieles mehr. Außerdem wurde immer nur theoretisch diskutiert. Bei den Sozialdemokraten, das merkte ich damals schon, ging es viel familiärer, pragmatischer, lebensnaher zu. Das wurde für mich zu einem relevanten Entscheidungskriterium.

Ich habe erst Jahre später im Bundestag wirklich begriffen, wie schwer es oft sein kann, konsequent einer politischen Linie zu folgen. Nehmen wir das Beispiel der Rechte von Schwulen und Lesben – die »Ehe für alle« entspricht ganz klar der Fraktionslinie, der schwarz-roten Koalitionslinie aber damit noch lange nicht. Nehmen wir das Thema Chancengleichheit zwischen Mann und Frau, die damals schon ein großes Thema für mich war. Als 2014 die Einführung der Frauenquote in der großen Koalition diskutiert wurde, war die CDU prinzipiell auf der Seite der Gegner. Mancher fürchtete gar, wie Unionsparlamentsgeschäftsführer Michael Grosse-Brömer, eine »Belastung der Wirtschaft durch die Frauenquote«. Volker Kauder, CDU/CSU-Fraktionschef, war sich nicht zu schade, die SPD-Familienministerin Manuela Schwesig, die für die Umsetzung gekämpft hatte, runterzuputzen, doch bitte »nicht so weinerlich« zu sein. Angela Merkel rief höchstpersönlich zur Contenance. »Das geht so nicht«, sagte sie.[34] Sie hatte selbst genügend frauenfeindliche Erfahrungen gesammelt. Sie erinnerte sich: Man habe sie früher »Zonenwachtel« genannt.

Als wir die Frauenquote 2015 schließlich auf den Weg brachten, hielt es mehrere CDU-Ministerinnen nicht auf ihren Stühlen. Sie kamen im Plenum zu uns herüber, zur SPD-Fraktion, darunter Ursula von der Leyen und Johanna Wanka, um gemeinsam mit uns den Sieg zu feiern. Für mich persönlich war das eins der stärksten politischen Bilder des Jahres 2015.

Es dauerte noch eine Weile, bis ich wirklich bereit war, einer Partei beizutreten. Selbst als ich 2007 anfing, in einer Arbeitsgruppe des SPD-Landesvorstands gegen Rechtsextremismus zu arbeiten, war ich immer noch ohne Mitgliedschaft. Nach einem Jahr hatte ich viele SPD-Leute besser kennengelernt. Vor allem ein Mann wurde damals sehr wichtig für mich: Rüdiger Fikentscher, ehemaliger Landesvorsitzender der SPD Sachsen-Anhalt und Bundesparteiratsvorsitzender. Er wurde ein guter Freund und Mentor für mich.

Meine Zögerlichkeit sollte am Abend des 18. Dezember 2007 ein plötzliches Ende finden. Es war schon spät, und ich saß noch vor meinem Computer. Hinter mir lief der Fernseher. Es war der 94. Geburtstag von Willy Brandt. Ihm zu Ehren zeigte der Sender eine Doku über sein Leben. Ich drehte mich auf meinem Stuhl um – und wandte mich meinem Schreibtisch bis zum Ende der Sendung nicht mehr zu. Ich sah den Kniefall in Warschau, Brandts Politik der Ost-Annäherung, seinen Umgang mit der sogenannten Dritten Welt. Ein Zitat von ihm ist mir immer in Erinnerung geblieben. Es stammt aus einem Grußwort an den Kongress der Sozialistischen Internationale in Berlin vom 15. September 1992: »Nichts kommt von selbst. Und nur wenig ist von Dauer. Darum – besinnt euch auf eure Kraft und darauf, dass jede Zeit eigene Antworten will und man auf ihrer Höhe zu sein hat, wenn Gutes bewirkt werden soll.«

Der Rechner war noch an. Ich rief die Webseite der SPD auf. Da stand »Hier Mitglied werden«. Okay, sagte ich zu mir selbst, wird gemacht. Ich schickte die Anmeldung ab. Sie verschwand im Nirgendwo, ich wusste gar nicht, ob sie überhaupt irgendwo angekommen war. Nach etwa einer Woche kam ein Brief zu mir nach Hause. Man hieß mich willkommen in der Sozialdemokratischen Partei Deutschlands und teilte mir mit, mein Ortsverein sei Halle Nordost.

Meine erste Ortsvereinssitzung fand statt im Februar 2008. Ein Thema der Sitzung war die Stadtratswahl für das nächste Jahr. Ich redete mit, mischte mich ein. Nur wenigen Leuten musste ich mich vorstellen, die meisten kannten mich schon von meiner jahrelangen Arbeit für Halle. Am Ende sprach mich einer aus dem Ortsverein persönlich an: »Willst du nicht vielleicht selbst kandidieren?« Ich war überrascht: »Wie bitte? Ich fange hier doch gerade erst an.«

Ich ließ mich vielleicht noch ein zweites Mal bitten. Spätestens beim dritten Mal sagte ich Ja. Nichts sprach dagegen, für den Stadtrat zu kandidieren. Wenn einer diese Stadt kannte und für sie brannte, dann war das doch ich.

Mitglied der Heinrich-Böll-Stiftung blieb ich noch bis 2009. Auch als ich nicht mehr ihr Vorsitzender war, blieb ich noch in der Auswahlkommission für die Stipendiaten der Stiftung. Vielleicht hielten mich die Grünen damals für einen Opportunisten. Vielleicht glaubten sie, dass ich zur SPD gegangen sei, weil ich in einer großen Partei die besseren Chancen haben würde. Eine heute bundesweit bekannte Politikerin der Linken stellte mich kurz vor der Stadtratswahl zur Rede. »Ausgerechnet für die SPD«, sagte sie. »Und wir Linken haben uns den Arsch aufgerissen im Landtag für die Belange von Migranten, für Integration, für ausländische Studierende.« Ich sagte nur: »Aber das macht mich doch nicht zu eurem Leibeigenen.« Heute verstehen wir uns wieder gut.

Im Frühling 2009 ging mein Flugblatt für den Wahlkampf in Druck. Meine schmale Goldrandbrille saß auf meiner Nase, die später noch oft in Zeitungsartikeln erwähnt werden würde, ich trug meinen hellbraunen Dreiteiler und lächelte meine potenziellen Wähler vom Hochglanzpapier an. Ich richtete das Wort an sie wie folgt: »Liebe Hallenserinnen und Hallenser, ich kandidiere für den Stadtrat der Stadt Halle, weil ich der Meinung bin, dass Demokratie von der Beteiligung lebt.« Ich nahm den Listenplatz 6 ein. Auf Platz 2 stand mein Vertrauter Rüdiger Fikentscher, unmittelbar vor mir auf Platz 5 der Kinderarzt Dr. Detlef Wend, der Jahre später mein ärgster Konkurrent werden und mich mit einer Äußerung in ungeahnte Wallung versetzen würde.

Unser Wahlprogramm sah u.a. vernünftige Radwege für ganz Halle vor. Wir forderten: Müllabfuhr tagsüber, nicht zu Schlafenszeiten! Außerdem mehr Kinderbetreuungsplätze, schönere Plätze in der Stadtmitte und den Ausbau des Hufeisensees zum Naherholungsgebiet. Meine persönlichen Themen blieben, weil darin meine Stärken und Erfahrungen lagen: Bildung unabhängig vom Einkommen, Jugend und Soziales, Umwelt und Ökologie, interkulturelle Öffnung.

Ich schaffte es tatsächlich, die Listenplätze 3 und 4 noch zu überbieten. Doch ich muss auch sagen, in Halle war ein Stadtrat mit Migrationsgeschichte kein völliges Novum mehr. Vor mir waren schon der aus Ägypten stammende Dr. Mohammed Yousif für die Linke und der aus dem Libanon stammende Milad El-Khalil für die CDU im Amt gewesen, El-Khalil wurde außerdem 2002 in den Landtag von Sachsen-Anhalt gewählt. Einen ›echten‹ Schwarzen hatte es allerdings bis dahin noch nicht gegeben.

Wenn ich nicht gerade auf Kollegen wie jene in Magdeburg stoße, plaudere ich viel und gerne mit Taxifahrern. Im April 2014 ließ ich mich in Berlin zu einem Termin bringen. Wir bewegten uns durch die Stadt, schimpften wie immer über den Stau und über das, was uns sonst noch so verärgerte. Schließlich meinte der Fahrer zu mir: »Darf ich Sie mal was fragen?« – »Nur zu«, sagte ich. – »Wie kommt es eigentlich«, fragte er und sah mich dabei freundlich im Rückspiegel an, »dass jemand wie Sie sich so für deutsche Politik interessiert?«

Jemand wie ich. Jemand wie ich, der sich aus der Sachsen-Anhalter Provinz in die Weltstadt Berlin verirrt hat? Jemand wie ich, der sich für Schrebergärten begeistert? Ich, der Chemiker, Familienvater, Brillenträger?

Weil mir nichts Lustiges einfiel, sagte ich ganz sachlich: »Ich wohne seit 30 Jahren in Deutschland. Meine Kinder sind hier geboren. Ich bin deutscher Staatsbürger und Steuerzahler. Warum soll ich mich nicht für deutsche Politik interessieren?« Das Gute und Bedenkliche zugleich war die Tatsache, dass er mich weder beleidigen noch mein politisches Engagement infrage stellen wollte. Es zeigte nur einmal mehr sehr deutlich, wie weit entfernt wir hier noch von einem selbstverständlichen Umgang mit Einwandererbiographien sind.

In Berlin habe ich, seit ich im Bundestag sitze, wie jeder Abgeordnete Anrecht auf den Fahrdienst des Bundestages. Wenn ich also nicht mit U-Bahn, S-Bahn oder Taxi fahre, mache ich davon gerne Gebrauch. Der Dienst besteht aus rund 100 Autos und 200 Fahrern. Neulich wurde ich von einem etwa 60 Jahre alten, türkeistämmigen Mann abgeholt. Er arbeite schon seit vielen Jahren für den Fahrdienst, erzählte er mir. Dann fragte er mich, wo ich herkäme. Ich sagte wie fast immer: »Mein Wahlkreis ist Halle an der Saale, dort lebe ich.« – »Aber wo sind Sie geboren?«, fragte er weiter. »Brasilien? Ghana vielleicht?« – »Senegal«, sagte ich.

Als wir das Gespräch später fortsetzten, fragte er mich, ob er mir persönlich etwas sagen dürfe. Ich dachte, er sei vielleicht unzufrieden mit einer politischen Entscheidung von mir. Doch dann strahlte er mich an mit breitem Lächeln. Er sagte, er habe sich im *Kürschner* über mich informiert. Der *Kürschner*, oder korrekt: *Kürschners Volkshandbuch* ist ein Band, dessen Tradition zurückreicht bis ins Jahr 1890. Jenes rot-weiß-gestreifte Handbuch, in dem man sich seit der damals achten bis zur heutigen 18. Wahlperiode über alle Abgeordneten im Deutschen Reichs- beziehungsweise Bundestag informieren kann. Auch ich bin seit 2013 mit einer Kurzbiographie vertreten. Der Mann hatte also nachgeschlagen, und nun sagte er: »Ich war überrascht und gleichzeitig überglücklich, dass wir so weit sind in diesem Land.« Er fuhr fort: »Ich lebe seit 40 Jahren hier. Früher wäre es undenkbar gewesen, dass wir einen Schwarzen Abgeordneten haben.«

Solche Rückmeldungen bekomme ich häufig von Migranten aus den unterschiedlichsten Ländern, aber dann sagte er noch einen Satz, der mich ganz besonders gefreut hat. Er sagte: »Wissen Sie was? Deswegen bin ich stolz auf Deutschland.«

Mit Karamba in den Bundestag

»Sei nicht überrascht, ich werde dich vorschlagen«
Rüdiger Fikentscher

Ich werde heute oft gefragt: »Sind Sie etwa direkt gewählt?« Ich antworte dann immer: »Bei uns im Osten werden nur die Schwarzen direkt gewählt.« Meistens dauert es ein Weilchen, bis der Groschen fällt.

Wir nennen das den Merkel-Effekt. Bei der letzten Bundestagswahl ist es aus der SPD einzig Frank-Walter Steinmeier gelungen, die meisten Erststimmen einzuheimsen. Fast alle anderen Direktmandate holt sich traditionell die CDU. Nur die Linke hat einige Direktmandate in Berlin. Eine Umfrage in der Woche vor der Bundestagswahl ergab, dass sich sogar 36 Prozent der Studenten in Halle, die in der Mehrheit den Grünen nahestehen und mit ihrer Zweitstimme nicht die CDU wählen wollten, für Angela Merkel aussprachen. Wie viel in den heutigen Zeiten noch übrig ist vom Merkel-Effekt, nachdem die Kanzlerin wegen ihrer Flüchtlingspolitik so stark an Zustimmung verloren hat, oder ob er sich sogar ins Gegenteil verkehrt, werden die nächsten Wahlen zeigen.

Dennoch habe ich auf eine Mehrheit bei den Erststimmen gehofft, denn so ein Direktmandat ist wie ein Wahlsieg deluxe. Unter den Bundestagsmitgliedern herrscht manchmal der Eindruck, man sei dann ein Abgeordneter erster Klasse. In der Frage nach der Direktwahl schwingt immer etwas ungläubiges

Staunen mit. Als wäre meine Karriere nicht schon unwahrscheinlich genug – sollte es da auch noch möglich sein, dass die Hallenser ihr Kreuzchen hinter einem Schwarzen machen? Ich höre dann oft Zuversicht und Hoffnung heraus, dass Deutschland tatsächlich schon so weit sein könnte. Und auch ein Stück Erleichterung darüber, dass man sich um so etwas wie Rassismus dann ja weniger Gedanken machen müsse.

Auch mein Freund und Unterstützer Rüdiger Fikentscher hatte darauf gehofft. Eine Direktwahl als Signal für Deutschland, für Europa sogar: Vielleicht ist es dort drüben ja gar nicht so schlimm, wie immer alle dachten.

Es war an einem Tag im Juli 2012, als ein Anruf von Rüdiger alles veränderte. Zu der Zeit war ich gerade Referent im Ministerium Arbeit und Soziales in Magdeburg und seit drei Jahren im Stadtrat von Halle. Es war noch ein Jahr hin bis zur nächsten Bundestagswahl, und für die kommende Sitzung unseres Ortsvereins stand auf dem Programm, Vorschläge für den Wahlkreis 72 zu machen. Dazu gehören die Stadt Halle sowie die Einheitsgemeinden Kabelsketal, Landsberg und Petersberg. Ein paar Tage vor der entscheidenden Sitzung sagte Rüdiger also am Telefon: »Sei nicht überrascht, ich werde dich vorschlagen.«

Ich war trotzdem verblüfft. Mir blieben noch ein paar Tage, um die Überraschung zu verdauen. Natürlich war ich sofort von der Idee begeistert. Ich sprach mit meiner Familie darüber und signalisierte Rüdiger meine Zustimmung. Viel mehr konnte ich nun nicht tun, als der Fürsprache meines Mentors zu vertrauen und abzuwarten, was passieren würde. Ich hatte ja nichts zu verlieren.

Rüdiger blieb nicht mein einziger Unterstützer, hinter mich stellte sich auch eine Frau, die mir in den darauffolgenden Jahren sehr ans Herz wachsen sollte. Sybille Reinhardt, eine Didaktik-Professorin aus Halle, sollte mich all die Jahre unterstützen, inhaltlich wie materiell. Als ich später zu ersten Sitzungen nach Berlin musste und nicht einmal einen Schlafplatz hatte, stellte sie mir für mehrere Monate sogar ihre Wohnung zur Verfügung, ohne je eine Gegenleistung zu verlangen. So viel selbstverständliche Solidarität war mir aus meiner Kindheit vertraut und zuletzt in meiner deutschen Zweitfamilie, dem warmherzigen Winter-Clan, begegnet.

Womit wir nicht gerechnet hatten, war die Gegenwehr von einem Ortsvereinsvorsitzenden. Der Hallesche Kinderarzt Dr. Detlef Wend war selbst kurz im Gespräch gewesen, um als möglicher Kandidat anzutreten. Er hatte jedoch kein Interesse bekundet und abgelehnt. Bis zu dem Tag, an dem er feststellte: Es gab einen Bewerber aus den eigenen Reihen. Das weckte seinen Ehrgeiz. Auf einer DIN-A4-Seite, die er an die Anwesenden verteilte, bevor er sie vorlas, legte er dar, warum er nun doch für den Bundestag kandidieren wolle.

Für die SPD in Halle, sagte er, sei es doch wünschenswert, eine Persönlichkeit zu finden, die »unterschiedliche gesellschaftliche Gruppen ansprechen kann, aber auch den Mut hat, öffentlich zu strittigen Themen Stellung zu beziehen«. Mit »prägenden Persönlichkeiten« könnten wir in dieser Stadt »mehr Akzeptanz für unsere Partei« erreichen und – davon sei er überzeugt – »auch wieder Direktmandate gewinnen«. Eine Fähigkeit, die er mir ganz offenbar absprach.

Dass aus einem Ortsverein gleich zwei Anwärter hervorgehen, ist in der Tat ungewöhnlich. Nun mussten wir bei den anderen Ortsvereinen unserer Region vorstellig werden. Dabei wuchs meine Zuversicht allmählich. Ich hatte das Gefühl, besser anzukommen als mein Konkurrent.

Wir näherten uns dem entscheidenden Datum. Der Delegierten-Stadtparteitag für Halle, Kabelsketal, Petersburg und Landsberg stand an. »Zweikampf unter Genossen«, schrieb die

Mitteldeutsche Zeitung, sie nannte uns zwei Kandidaten, »die durchaus für einen Neuanfang stehen könnten«, und sagte eine knappe Entscheidung voraus.[35]

Mit eindeutigen 64,4 Prozent der Stimmen – 38 zu 21 – wurde ich nominiert. Die SPD sollte mich also tatsächlich für den Wahlkreis 72 ins Rennen für den Bundestag bringen, und Burkhard Lischka, Bundestagsabgeordneter für Magdeburg und rechtspolitischer Sprecher der SPD, setzte den Tweet ab: »Der erste Schwarze, den man wählen kann!«

Aus den Reihen der Linken und Grünen hagelte es Kritik an der angeblich rassistischen Entgleisung. Ich selbst habe mich nicht in die Diskussion eingemischt, was im Nachhinein betrachtet wohl ein Fehler war. Ich sah überhaupt nichts Schlimmes darin, im Gegenteil, ich fand den Tweet lustig und harmlos. Ich habe Burkhard erst später, vielleicht zu spät, gesagt, dass ich die Kritik an seiner ironischen Äußerung nicht nur unangebracht, sondern richtig ärgerlich fand. Wir müssen achtsam sein mit dem Vorwurf des Rassismus und ihn nicht auch noch in einem harmlosen Wortspiel, einem Witz unter Kollegen wittern.

Mein Konkurrent brachte es erst nach vier Stunden über sich, mir zu gratulieren. Leider hatte er nicht nur Glückwünsche für mich parat. Meinen Sieg bezeichnete er als »positive Diskriminierung«, wie die Zeitschrift *Publik-Forum* im Juni 2013 berichtete. »Den schießen sie uns schon nicht ab«, sollte es parteiintern geheißen haben, zitiert ihn *Publik-Forum* weiter.[36] Als wäre ich der Alibi-Schwarze, den aufgrund seiner Hautfarbe schon niemand anrühren würde. Der Typ mit dem »Exotenticket«, mit dem man überall passieren kann.

Auch mein Unterstützer Rüdiger Fikentscher sah sich damals zur Klarstellung genötigt: »Ich hätte doch niemanden unterstützt, nur weil er eine andere Hautfarbe hat«, sagte er der

Süddeutschen Zeitung. »Er muss auch gut sein«, und er, Fikentscher, könne nur hoffen, »dass dieser ursprüngliche Nachteil, den er hier hatte, keiner mehr ist. Wir müssen alles tun, dass dieser Nachteil verschwindet.«[37]

Im Februar 2013 betrat ich das Alte Theater in Magdeburg. Meine Partei war zusammengekommen, um die Landesliste für die kommende Bundestagswahl zu wählen. Noch wusste ich nicht, dass ich die Lacher an diesem Tag auf meiner Seite haben würde, und nicht nur wegen des Titels meiner Doktorarbeit. Es war eine aufregende Atmosphäre. SPD-Chef Sigmar Gabriel würdigte in seiner Rede, dass ich gar für Listenplatz 3 vorgeschlagen war und fragte ins Publikum: »Ist er denn da? Es ist ja so dunkel, man sieht hier ja gar nichts.« Im Publikum wurde herzhaft gelacht. Ob beim Parteivorsitzenden die Freude am Flachwitz Einzug gehalten hatte oder ob ihm der Satz ganz unabsichtlich zweideutig geriet, war mir in dem Moment fast egal.

Ich stellte mich in einer Rede den Genossen und Genossinnen vor – dann hatte ein Delegierter eine Frage an mich. Ich hätte mal bei einer Veranstaltung begeistert von Polygamie erzählt, sagte er, ob ich denn immer noch eine positive Haltung zur Vielehe hätte? Ich sagte, dass ich mich freute, dass er sich so gut an meine Ausführungen erinnern könne. Ich selbst täte es allerdings auch, und zwar daran, wie ich einmal – in lockerer Runde am Biertisch – über Polygamie im Senegal gesprochen hätte. Und ich stellte klar: »Ich war auch damals und bin noch immer gegen Polygamie. Ich bin verheiratet mit *einer* Frau.«

Der Saal applaudierte mir, und ich vernahm da und dort ein »Och, wie schade!«. Ich ließ mich nicht aus der Ruhe bringen. Die Delegierten brachten mir am Ende das beste Wahlergebnis. Für Listenplatz 3 bekam ich 88 Ja-Stimmen, zehn Nein-Stimmen und vier Enthaltungen. Auf den zweiten Platz kam Waltraud Wolff, hinter mir folgten auf den Plätzen 4 und 5 Marina Kermer und Andreas Schmidt. Platz 3, und das war in diesem Moment bereits ein erster kleiner Erfolg, reichte relativ sicher für den Einzug in den Deutschen Bundestag. Doch damit fing die Arbeit jetzt erst richtig an.

Nach dem Nominierungsparteitag in Magdeburg war nun also der *Spiegel* auf mich aufmerksam geworden und schlug mit seinem Artikel hohe Wellen. Halle war in Aufruhr. Empörung unter meinen Stadtratskollegen. Der Oberbürgermeister meldete sich zu Wort, andere prominente Hallenser wollten auch noch was sagen. Der Chefredakteur der *Mitteldeutschen Zeitung* Hartmut Augustin lud den damaligen *Spiegel*-Chefredakteur zu einem Leser-Forum nach Halle ein, um mit den Bürgern über Rechtsextremismus zu diskutieren. Dazu kam es leider nie. Der MDR brachte eine Sendung zum Thema samt Live-Schalte mit mir. Da konnten mich die Zuschauer dann aufgebracht erleben. Ich hielt nicht hinterm Berg damit, dass ich mich ziemlich »verarscht« fühlte, wie mir live im TV herausrutschte. Ich hatte tatsächlich den Eindruck, dass 20 Jahre Arbeit gegen das schlechte Image Ostdeutschlands umsonst gewesen waren dank eines einzigen tendenziösen Artikels. Plötzlich wurde ich in Städten wie München und Frankfurt am Main wieder gefragt: Wie kannst du nur da leben? Warum ziehst du nicht weg? Ich befürchtete einen großen Schaden für Halle und auch für andere ostdeutsche Städte. Auch die Integrationsbeauftragte der Stadt, Petra Schneutzer, sagte damals: »Die Recherchen des *Spiegel* sind einfach unkorrekt. Es schadet unserer Stadt und unserer Integrationsarbeit.«

In Wahrheit erlebte ich, sowohl als Stadtrat wie auch als Privatmensch, eine ganz andere, eine internationale und menschenfreundliche Stadt. Rechtsradikalismus existiert zweifelsohne, davor darf niemand die Augen verschließen. Aber gemessen an den vielen Qualitäten dieser Kultur- und Wissenschaftsstadt ist es völlig unangebracht, sich ausschließlich darauf zu fixieren.

Jana Krupik-Anacker, eine engagierte Hallenserin, richtete damals eine Facebook-Seite ein, die sie »Halle ist vielfältig« nannte und mit immer neuen Beiträgen bestückte, die die Weltoffenheit unserer Stadt illustrieren sollte. Erst kam mir die Aktion wie ein Angriff auf mich vor. Als hätte ich etwas in die Welt gesetzt, dem nun vehement widersprochen werden musste. Aber dann stellte ich fest, dass auch viel Positives aus dem Wirbel entstanden war. Wir gingen gestärkt daraus hervor. Der breite Widerspruch aus der Bevölkerung war gute Reklame für Halle. Und gute Reklame zuletzt auch für mich.

Denn danach kamen sie alle. Von *New York Times* über *Africa Courier* bis zu *Al Jazeera* und BBC. Sogar *Reader's Digest* besuchte mich in Halle und *Mwananchi*, ein Magazin aus Tansania, das auf Swahili erscheint. Ich wollte nun weg von den ewigen Klischees. Ich musste die Gelegenheit nutzen, die mir die unterschiedlichsten Medien boten, denn wann, dachte ich, würden CNN und *Arte* das nächste Mal aus und über Halle berichten?

Fast jeden Tag wurde ich ab jetzt von Foto- und Fernsehkameras begleitet. Und jeden Tag konnte ich zeigen, was diese meine Stadt zu bieten hat. Vielleicht hat so mancher darauf gehofft, eine Szene einzufangen, die Halle von einer anderen, hässlichen Seite zeigt. Auch die hat es natürlich gegeben. Die NPD, die bei einer Kundgebung Bananen in Richtung meines Wahlplakats schmiss. Die ältere Frau, die meine Kollegen aus dem Wahlkampfteam beim Plakatieren mit den Worten ansprach: »Habt ihr bei euch keine Deutschen mehr?« Der junge Mann aus meinem Team gab schlagfertig zurück: »Das ist der beste Deutsche, den wir haben.«

Und dann jene Szene, die in wenigen Sätzen die ganze Ambivalenz dieser Stadt deutlich machte. An jenem Morgen in der Straßenbahn war zwar kein Reporter dabei, eine befreundete Lehrerin aus Halle, die die Szene verfolgte, erzählte mir später davon: Zwei junge Männer saßen nebeneinander und schauten aus dem Fenster auf die Straße. Da zeigte der eine auf mein Wahlplakat und dröhnte durch den Waggon: »Nu sach ma, was ist das denn für'n Affe da?!« Da sagte der andere: »Du spinnst wohl, Alter, das ist doch eener von uns! Ein Ossi! Wenn du das noch mal sagst, kriegst du eine rein.«

In den Medien sollte ich ab jetzt zu allen möglichen Themen Stellung beziehen. Nicht nur zu den Schwerpunkten meiner eigenen politischen Arbeit, nein, auch zu Afrika, zu den Kriegen in der Welt, zu Dürre- und Hungerkatastrophen. Irgendwann musste ich einräumen: Ich kann mich nicht zu allen Bereichen des Weltgeschehens äußern. Ich kann jetzt und hier was sagen zum Thema Mindestlohn, zu bürgerschaftlichem Engagement oder von mir aus zur rechtlichen Lage von Datschenbesitzern. Aber ich bin nicht der Generalsekretär der Vereinten Nationen. Und auch nicht der »Obama von Halle«, wie man mich immer wieder nannte.

Meine Schwerpunkte waren schon wegen meines Lebenslaufs die Themen Bildung, Integration, Umwelt. Allein kann man die Themenfelder natürlich nicht bestreiten. Politiker profitieren in hohem Maße von Experten in ihren Teams. Mit meiner Unterstützerin Sybille Reinhardt, der Hochschulprofessorin aus Halle, ging ich im Bereich Bildung in die Tiefe. Ich stellte ein Expertenteam aus weiteren 15 Personen zusammen. Daneben bildete ich ein Wahlkampfteam, bestehend aus zehn Personen. Geleitet wurde dieses Team vom SPD-Stadtvorsitzenden Christian Weinert, der den gesamten Wahlkampf koordinierte. Zum ehrenamtlichen Wahlkampfteam gehört neben den Verantwortlichen für die Presse, Finanzen und Terminkoordinierung auch ein sogenannter Campagner, der zum persönlichen Ansprechpartner des Kandidaten gemacht wird. Den Posten übernahm Thomas Stimpel, heute mein wissenschaftlicher Mitarbeiter im Berliner Büro und zuständig für den Bereich Bildung. Die Aufgabe des Campagners besteht darin, an allen Workshops des Willi-Brandt-Hauses zur Vorbereitung des Wahlkampfs teilzunehmen und alle gewonnenen Ideen und Methoden in den Wahlkampf einfließen zu lassen.

Die Aufgabe des Expertenteams war es, mich in den Bereichen Soziales, Umwelt, Energie, Gesundheit, Entwicklungspolitik, Kultur und immer wieder Bildung zu unterstützen. In enger Absprache mit ihnen bestritt ich Vorträge und Podiumsdiskussionen. Koordiniert wurde mein Expertenteam von meinem Freund Rüdiger Fikentscher. Von Rüdiger habe ich überhaupt sehr viel gelernt. Ein paar seiner Weisheiten als langjähriger Politiker: »Extern vor intern.« Soll heißen: Wenn man sich entscheiden muss, auf welche Veranstaltung man geht, und man muss sich bei der Fülle von Terminen sehr oft zwischen mehreren entscheiden, wähle immer die externe. Denn die Leute aus der eigenen Partei sind meistens ohnehin auf deiner Seite. Wichtiger sind die Leute da draußen, die kannst du noch für dich gewinnen. Oder auch: »Aktiv vor passiv.« Soll heißen: Im Zweifelsfall lieber zu den Terminen gehen, bei denen man selber reden und nicht nur zuhören darf.

Podiumsgespräche und Vorträge *ex cathedra* genügten natürlich nicht, um mich den Hallensern zu nähern. Ich gesellte mich an ihre Kneipentische. Auch wenn die Leute mir dann ihre Bierkrüge im Gesicht platzierten. »Auf Ihr Wohl!«, grüßte ich sie gut gelaunt im Brauhaus, sobald sie ihre Gläser wieder hoben, und grinste sie von ihren Bierfilzen an. Wir hatten, mit freundlicher Unterstützung von Timba Schuh, dem Betreiber der Halleschen Spezialitätenbrauerei Kühler Brunnen, mehrere Tausend Bierdeckel herstellen lassen. Und das, obwohl er selbst eigentlich FDP-Anhänger ist. »Vielfalt macht den Unterschied – Wie in der Politik, so auch beim Bier«, ließen wir auf die Rückseite drucken. Bei meinem Lieblingsargentinier wechselte ich ins Spanische, wünschte »¡Buen Provecho!« Und erklärte, diesmal weniger politisch: »Gutes Steak und guter Wein, ins ›Los Andes‹ kehr ich gerne ein.« Und wieder war ich garantiert Gesprächsthema am Tisch – selbst wenn die Leute nur sagten, der ist sich auch für nix zu schade.

Auf die Bierdeckel-Idee war jedenfalls vor uns noch keiner der Mitbewerber gekommen. Stefan Will aus meinem Wahlkampfteam kümmerte sich persönlich um die Verteilung. Wir im Team nennen Stefan spaßig »untersetzter Mittvierziger mit freundlichen Augen«, seit ihn ein Reporter in einem Artikel der *Frankfurter Rundschau*, der von meinem Wahlkampf handelte, ihn so beschrieben hatte.

Heute sind meine Bierdeckel jedenfalls Kult. Als ich neulich mit ein paar Freunden in einem Lokal in Halle einkehrte, kam der Kellner schüchtern angeschlichen. Auf seinen Armen balancierte er einen Stapel Bierfilze, etwa einen halben Meter hoch. Die Gäste wollten sie meistens mit nach Hause nehmen, sagte er, seien dann aber enttäuscht, dass sie nicht handsigniert sind. Während meine Freunde aßen, verbrachte ich die Zeit damit, etliche Unterschriften auf Bierdeckeln zu hinterlassen.

Aber mit Bierdeckeln allein war natürlich noch keine Wahl zu gewinnen. Als Unterstützer konnten wir einige prominente Hallenser gewinnen. Der Schauspieler Peter Sodann, der 2009 für die Linke als Kandidat für das Amt des Bundespräsidenten angetreten war, lobte meine »Spontaneität, Gelassenheit und Fröhlichkeit, die den Damen und Herren im Bundestag gut tun wird«. Der Journalist Günter Wallraff, zwar kein Hallenser, aber überregional umso bekannter, unterstützte mich, weil »Deutschland so einen kompetenten und sozial engagierten schwarzen Politiker braucht, nicht zuletzt auch, um rassistische Dunkelzonen unseres Landes aufzuhellen«. Der Hallenser Gastronom Wolfgang Käubler, den alle nur Wolle nennen, sagte: »Er ist einer von uns! Kein professioneller Berufspolitiker, sondern ein grundsympathischer Mensch, den das Leben geprägt hat und der diese Erfahrung im Bundestag einbringen möchte.« Wolle und ich kennen uns noch aus Zeiten, als er Geographie studierte. Stefan Will aus meinem Team erzählt gerne die Geschichte, wie er in jener Nacht, als er die Bierdeckel an die Gaststätten auslieferte, irgendwann auch vor Wolles Kneipe ankam. Davor saßen ein paar Kerle mit Biergläsern, großflächig tätowiert und ziemlich angetrunken. Die grölten ein bisschen rum: »Ey, wer bist'n du? Was willste denn? Mit Politik haben wir hier nix am Hut!« Da sagte Wolle: »Jetzt reicht's. Ihr könnt immer nur saufen und labern. Aber wenn es einmal darum geht, Haltung zu zeigen, dann duckt ihr euch weg. Ich sage euch, der Zeitpunkt für Haltung ist jetzt.«

Haltung zeigten dann viele Hallenser, und das in einem Ausmaß, dass man nicht mehr ausschließen konnte, ob sie sich nicht geschäftsschädigend für sie auswirken würde. Mit so einem klaren politischen Bekenntnis macht man sich ja nicht nur Freunde. Wir hatten im Endspurt des Wahlkampfs kleine Plakate herstellen lassen, auf die wir mein Foto und den Satz drucken ließen: »Wir haben uns entschieden: Mit Karamba in den Bundestag.« Zwei Wochen vor der Wahl ging mein Team durch die Stadt und fragte bei den Geschäftsleuten nach, ob sie die Bilder bei sich aufhängen würden. Am Ende klebten sie in Bäckereien, Fleischerläden, Friseursalons und Nagelstudios. In manchen Kneipen hing das Plakat nicht einfach an der Wand, sondern gleich im Dutzend in einer langen Reihe. Wer sich so etwas traute, zwei Wochen vor der Wahl, wer sich also 14 Tage lang den Nachfragen der Kunden stellte, die sicher nicht alle begeistert waren über diesen Kandidaten, der bewies wirklich Haltung, die mein Team und mich tief bewegte.

Ein großer Unterstützer in dieser Zeit blieb immer auch mein langjähriger Bekannter Chu Tan Cuong, eine besondere Persönlichkeit in Halle. Er kam aus Vietnam nach Deutschland, etwa zur selben Zeit, als ich aus dem Senegal kam, er lebt also nun auch schon seit drei Jahrzehnten hier. Er studierte in Halle Jura und Musik. Viele von uns Ostdeutschen haben ja diesen bereits beschriebenen Knick in ihrem Lebenslauf – einen so deutlichen wie Chu Tan Cuong können aber nur wenige vorweisen. Heute steht er nicht etwa als Anwalt vor der Richterbank, nein, er schlägt lieber Nägel mit bloßer Hand in die Wand, bringt Holzlatten an seinem Körper zum Zerbersten und schiebt mit Speerspitzen am Hals einen Wagen vor sich her, ohne dass sie ihm die Haut aufschlitzen. Chu Tan Cuong ist Kung-Fu-Meister und hält mehrere Weltrekorde. Alles eine Frage der Konzentration, sagt er. Und der Atemtechnik. Er betreibt die Kampfkunstschule »Vo Dao Vietnam« und bringt seit Jahren Mitarbeitern in Kliniken und Jobcentern bei, wie sie sich gegen Burn-out-Symptome zur Wehr setzen können. Außerdem engagiert sich Chu Tan Cuong seit Jahren gegen Rechtsextremismus und in der Jugendarbeit. Im traditionsreichen Steintor-Varieté, in dem ich so viele Jahre zuvor meine erste echte Jugendweihe erlebt habe, veranstaltet er heute das Event »Fight on Stage« mit Jugendlichen aus sozialen Brennpunkten in Halle. Es geht dabei nicht nur um die Bereitschaft, an seine körperlichen Grenzen zu gehen. Sondern auch um die Überwindung gesellschaftlicher Schranken.

Für meinen eigenen Kampf fehlte nun noch ein kräftiger Schlachtruf. Erst dachten wir als Wahlkampfslogan an Altbewährtes wie »Botschafter für Halle«, aber das klang langweilig und einfallslos. Irgendwer kam schließlich darauf, Kapital aus meinem Namen zu schlagen, und warf in den Raum: »Mit Karamba in den Bundestag!« Es bedurfte keiner weiteren Diskussion: einstimmig angenommen.

Bis dahin gab es aber noch viel freie Fläche mit meinem Gesicht zu bekleben. Der *Focus* hat nachgemessen: »Die Straßen seiner Stadt tragen sein Gesicht. (...) Drei Meter misst es auf den großen Wahlplakaten«, schrieb das Magazin. »Ein Meter seines Plakats besteht aus seinem Lächeln, mit dem er die Menschen für sich gewinnt. Und je einen halben Meter vom Plakat nehmen seine Augen ein.«[38]

Aber wie wichtig Plakate und Slogans auch sein mögen, die Kommunikation blieb doch sehr einseitig. Das reichte mir nicht. Ich besuchte die Menschen, um mit ihnen über ihre politischen Sorgen und Wünsche zu sprechen. Viele Politiker gehen von Tür zu Tür – dingdong, darf ich kurz reinkommen? Ich wäre mir vorgekommen wie ein Staubsaugervertreter, der die Menschen in ihren privaten Gemächern bedrängt und wahrscheinlich völlig ungelegen kommt. Ich ging lieber von Laube zu Laube. Wer gerade in seinem Schrebergarten sitzt, der hat meistens jede Menge Zeit.

Zu Beginn der Aktion hatten einige Jusos Bedenken. Kleingärtner? Ist das denn unsere Klientel? Im Laufe der Zeit konnte ich sie überzeugen, und sie begleiteten mich schließlich bis zum Ende meines Wahlkampfs.

Anstatt unangekündigt an Haustüren zu klingeln, gingen wir also vor wie folgt: Betreten der Kleingartenanlage, erst mal orientieren. Wer ist denn heute so da? Wer sieht so aus, als könnte er einen kleinen Plausch vertragen? Ein freundlicher Gruß Richtung Schrebergärtner: »Guten Tag!« Frage meines Begleiters: »Dürfen wir Sie kurz stören?« Im Falle der Zustimmung: »Dürfen wir Ihnen unseren Bundestagskandidaten vorstellen?« Es folgt die Übergabe verschiedener Werbematerialien, darunter Pflanzensaatgut, Flaschenöffner, Feuerzeug, Faltblätter und mehr. Bei Gesprächsinteresse des Kleingärtners respektive der Kleingärtnerin: Frage nach konkreten politischen Themen, die ihnen wichtig erscheinen für die Bundestagswahl. Und schon waren wir mittendrin in oftmals sehr ergiebigen Gesprächen.

Die meisten Bewohner waren aufgeschlossen und gesprächsbereit. Einmal begleitete mich sogar Andrea Nahles bei meinen Besuchen, sie erzählte später noch oft begeistert davon, wie ich nicht mit Schokolade auf Stimmenfang ging, sondern mit Kohlrabi, Gurke und Tomate.

Von der Laube ging es weiter in die Innenstadt. Dort stand ich an unseren Info-Zelten den Bürgern Rede und Antwort, nun immer begleitet von Fotografen und Reportern. Ich war also ganz in meinem Element. Auch wenn ich Rückschläge in Kauf nehmen musste. Wie an jenem Tag, als ein älterer Mann vorbeiging und mir, der ich ihm freundlich einen Flyer überreichen wollte, ins Gesicht schleuderte: »Geh' doch nach Afrika und lass dich dort wählen.« Ihnen auch noch einen schönen Tag. Neuer Bürger, neues Glück. Die meisten begegneten mir mit viel Neugier und Freundlichkeit.

Besonders bei Jugendlichen und jungen Erwachsenen kam ich gut an. Eine Umfrage unter Studenten kurz vor der Wahl ergab, dass mir 36,9 Prozent von ihnen ihre Erststimme geben wollten. Ständig sprachen mich kleine Gruppen von Schülern an. Meistens ging es so los: »Können wir ein Foto mit Ihnen machen?« Dann versorgte ich sie erst einmal alle mit meinen Buttons. Die Jusos hatten Hunderte Anstecker mit dem Ausruf »Ay, Karamba!« pressen lassen, in Anlehnung an Bart Simpsons Lieblingsspruch. Nachdem alle ihr Selfie gemacht hatten, erlaubte ich ihnen, ganz uneigennützig natürlich, dass sie die Fotos auch bei Facebook posten dürften. Was viele von ihnen gerne taten.

Ein sonnig-milder Herbsttag im Jahr 2013. Nach einem Dreivierteljahr harter Wahlkampfarbeit soll es nun so weit sein. Am Morgen öffnen in ganz Deutschland die Wahllokale. Auch die 2482 Standorte in Sachsen-Anhalt laden in den neun Wahlkreisen des Landes zur Stimmabgabe fürs nächste deutsche Parlament ein.

Am Abend treffen sich die Parteien, um gemeinsam zu bangen, die erste Hochrechnung zu feiern oder den Schock zu verdauen. Die FDP, die sich im Brauhaus versammelt, wird es an jenem Abend am härtesten treffen. Ich hoffe, es werden dafür nicht meine Bierdeckel verantwortlich gemacht. Die FDP verliert 7,7 Prozent und erreicht am Ende mit desaströsen 2,6 Prozent in unserem Bundesland das schlechteste Ergebnis seit der Wiedervereinigung. Noch mehr Verluste fährt prozentual die Linke ein und kommt nur auf 24 Prozent der Stimmen. Der Neuling AfD, damals noch im niedrigen einstelligen Bereich, schafft es auf 4,2 Prozent noch vor den Grünen mit 3,9 Prozent. Und wer sich nun fragt: Und was ist los mit der angeblich so mächtigen NPD? Die fällt weit ab mit 2,2 Prozent in Sachsen-Anhalt und bundesweit nur 1,3.

Zur selben Zeit im Rossini am Halleschen Markt. Der Wirt Gharib Reslan ist gebürtiger Libanese und hat in Göttingen studiert. Nun betreibt er in Halle ein italienisches Restaurant. An diesem Abend ist der Laden voll mit Sozialdemokraten. Um 18 Uhr starren alle nervös auf den Bildschirm. An meiner Seite sind meine Familie, ein paar Freunde, darunter Kay und Katrin, die extra aus Jena angereist sind. Dann die erste Enttäuschung, bundesweit kommt die SPD nur auf 26 Prozent. Aber noch ist für mich nichts entschieden. Erst später am Abend kommen die Zahlen aus dem Stadthaus.

Im Restaurant Wildschütz knallen derweil die Korken. Hier feiert die CDU unglaubliche 41,2 Prozent mit einem Zuwachs von 11,1 Prozent. »Sachsen-Anhalt, einig Merkel-Land!«, schreibt am nächsten Tag die *Bild*-Zeitung. »Historisches Wahlergebnis zwischen Arendsee und Zeitz.« Und nicht nur das: »Die CDU holt erstmals alle Direktmandate im Land, sichert sich darüber hinaus auch Platz 1 bei den Zweitstimmen.« Das Direktmandat in Wahlkreis 72, das ich mir so erhofft hatte, geht an den CDU-Kandidaten Christoph Bergner. Der frühere Ministerpräsident Sachsen-Anhalts hat damit selbst die Linke Petra Sitte überholt.

Ich kann meine Enttäuschung kaum verbergen. Nach Feiern ist mir nicht zumute, stattdessen halte ich mich an meinem Glas Apfelsaftschorle fest. Und hoffe, dass nicht alles umsonst gewesen ist.

Berlin, wir kommen

»Der Star des Abends ist der Drittplatzierte!«

Mein Team und ich waren enttäuscht. Und auch wenn Listenplatz 3 so gut wie sicher reichen sollte, traute ich dem Braten nicht, bis wirklich alle Stimmen ausgezählt waren.

Am späten Sonntagabend war klar, mit 17,9 Prozent der Zweitstimmen für die SPD im Wahlkreis Halle und landesweit 18,2 Prozent ist mir der Einzug in den Bundestag gelungen. Mit 23,3 Prozent der Erststimmen konnte ich das Ergebnis für meine Partei sogar noch um sieben Prozentpunkte gegenüber 2009 verbessern.

Am nächsten Tag war es angenehm, die *Bild*-Zeitung aufzuschlagen. Sie feierte mich – auch ohne genügend Stimmen fürs Direktmandat – wie den Gewinner des Abends. Auf der Zeitungsseite prangte groß ein Foto, das mich am Wahltag mit meiner Frau Ute und unseren beiden Kindern Fatou und Makhily in der Herbstsonne zeigte. Unter das Foto hatten sie in großen Buchstaben geschrieben: »Der Karamba-Coup«. Und im Text war zu lesen: »Der Star des Abends ist der Drittplatzierte!« Weil ich der erste Schwarze Abgeordnete in der Geschichte des Deutschen Bundestages werden würde.

Zum ersten Mal hatte ich mich zusammen mit meiner Familie den Fotografen präsentiert, was ich all die Monate des Wahlkampfs trotz zahlloser Anfragen immer abgelehnt hatte. Ich wollte sie aus der Öffentlichkeit heraushalten. Besonders mein Sohn kann zu viel Aufmerksamkeit gar nicht gut leiden. Er mag es nicht einmal, wenn sein eigener Vater ein Foto von ihm macht. »Papa, das verletzt meine Persönlichkeitsrechte«, sagt er dann. Keine Ahnung, woher er das hat. Ich sage dann zu ihm: »Dann stelle ich dir ab jetzt jeden Tag in Rechnung, an dem du meinen Namen tragen darfst. Mein Name ist schließlich eine Marke!« Allzu scheu ist mein Sohn aber offenbar doch nicht, er wurde von seinen Mitschülern für repräsentabel genug gehalten, sie als Klassensprecher zu vertreten. Vielleicht tritt er ja irgendwann einmal in meine politischen Fußstapfen.

Ich glaube, meine Tochter hat sich am meisten über meinen neuen Job gefreut. Auf Facebook jubelte sie, als endlich alles besiegelt war und wir gemeinsam in die Hauptstadt fuhren: »Berlin, wir kommen!« Alle ihre Freundinnen haben das geliked, und oft fragt sie mich nun: »Sag mal, Papa, bist du nächste Woche zufällig in Berlin?« Nicht weil sie ihren Vater besuchen will, sondern weil sie meine Wohnung in Prenzlauer Berg für sich allein haben will. Ich sage dann zu ihr: »Schau einfach in den Kalender auf der Bundestag-Homepage, da siehst du, wann Sitzungswochen sind und wann du wieder sturmfrei hast.«

Ich bin an Neuanfänge gewöhnt. Manche sind holprig, andere sind sanft, und nach rauen Zeiten kommen immer auch wieder ruhige. So schlicht dieser Gedanke auch klingen mag, er war mir Zeit meines Leben ein treuer Begleiter. Ich ging auch an diesen Neubeginn mit Zuversicht heran. Geholfen hat vielleicht, dass mir nicht viel Zeit zum Zweifeln und Hadern blieb. Schon in der ersten Woche nach dem Wahltag stand eine Sitzung nach der anderen auf dem Programm, darunter auch die erste SPD-Fraktionssitzung in Berlin. Dort musste ich mich kaum noch jemandem vorstellen. Frank-Walter Steinmeier sagte nur einmal in die Runde: »Das hier ist übrigens unser

Kleingartenfreund.« Aber alle wussten schon von mir, das hat mir den Einstieg sehr erleichtert.

Schon während der Wahlkampfphase müssen wir Kandidaten unsere Wünsche angeben, welchen Ausschüssen wir später zugeteilt werden wollen, noch bevor man überhaupt weiß, ob man gewählt worden ist. Auf dem entsprechenden Formular hatte ich meine Wünsche angekreuzt: Bildung und Umwelt, Arbeit und Soziales. Nun sollte endlich die Auflösung kommen.

Bei Bildung ist es geblieben, es kamen hinzu: der Ausschuss für Menschenrechte und humanitäre Hilfe, bei dem ich stellvertretender Vorsitzender wurde – und wie sehr ich darin von meiner eigenen Lebenserfahrung profitiere, will ich gleich an einem Beispiel erzählen –, sowie der Unterausschuss Bürgerschaftliches Engagement. Auch das ein Thema, das mich schon sehr viele Jahre begleitet, doch nach zwei Jahren Mitgliedschaft musste ich diese leider wegen der Fülle von Aufgaben ruhen lassen. Ich wurde außerdem Berichterstatter für Internationalisierung, für die Nationalakademien, für die Alexander-von-Humboldt-Stiftung sowie, und das freute mich besonders, weil mich persönlich viel mit ihm verband: für den Deutschen Akademischen Austauschdienst (DAAD), der damals, als ich nicht wusste, ob ich nach der Wende weiterstudieren dürfte, mein Stipendium gerettet hat.

Doch es war der Ausschuss für Menschenrechte, in den ich mich bald mit einer sehr persönlichen Erfahrung einbringen konnte. Vielleicht ist das, bei aller Bitterkeit solcher Erlebnisse, mein Vorteil als Abgeordneter. Dass ich manches, was für viele nur abstrakte Begrifflichkeiten sind, am eigenen Leibe erfahren habe.

An einem Märztag des Jahres 2012 war ich gerade wieder auf dem Weg von Magdeburg nach Halle. Am Tag hatte ich im Ministerium der Landeshauptstadt gearbeitet, am Abend stand noch eine Ortsvereinssitzung in Halle an. Auf der Tagesordnung stand ein wichtiges Thema, das ich auf keinen Fall versäumen wollte. Ich stieg also in den IC. Im Zug saß außer mir noch ein weiterer Schwarzer. Manchmal grüßt man sich flüchtig oder nickt sich kurz zu, ohne sich zu kennen, es geschieht fast unbewusst, weil es in Ostdeutschland eben doch zu den selteneren Begegnungen zählt. Wir beide stiegen in Halle am Hauptbahnhof aus und gingen, wie Dutzende andere Menschen, im Abstand von einigen Metern in Richtung Ausgang. Da standen an der Tür rechts und links jeweils ein Bundespolizist. Der eine hielt mich an, der andere den Mitreisenden aus dem Zug. »Kann ich mal den Ausweis sehen?« Ich reichte dem Polizisten meinen Personalausweis. Er wendete ihn hin und her. Er fragte: »Wo wohnst du?« Wir waren offenbar schon beim Du angelangt. Ich sagte, hier in Halle, und deutete auf die Adresse auf der Rückseite meines Personalausweises, den er gerade noch so eingehend studiert hatte. Er schien weder mir noch diesem hochoffiziellen Dokument zu trauen. Ich hatte es eilig und wollte schnell weiter, also schaute ich, was ich ihm noch so zu bieten hatte. Ich zog meinen Stadtratsausweis. Ein kleines Kärtchen, laminiert. Das war natürlich höchst verdächtig. Viermal drehte er ihn in seiner Hand hin und her. Okay, dachte ich, versuchen wir es mit dem Dienstausweis des Sozialministeriums. Ein Drehen und Wenden wie gehabt, dann sagte er irgendwann zu seinem Kollegen: »Gut, mit den Papieren lassen wir ihn laufen.« Sie sprachen über mich wie über einen Kleinkriminellen, den sie aufgegabelt hatten und dem sie gerade leider nichts nachweisen konnten. Wann sie den anderen »laufen ließen«, habe ich leider nicht mehr mitbekommen, ich sagte, ich werde mich beim Stahlknecht über ihn beschweren. »Bei wem?«, fragte er. »Kenn ich nicht.« Er war Mitglied der Bundespolizei, und damit war natürlich nicht Sachsen-Anhalts Innenminister Holger

Stahlknecht sein Dienstherr, aber ich war aufgeregt, so aufgeregt sogar, dass ich vergaß, was ich selbst immer allen predige, die so etwas erleben: nach seinem Namen zu fragen.

Ich eilte gleich zur Ortsvereinssitzung. Auf der Tagesordnung stand für heute das Thema: Kennzeichnungspflicht für Polizisten. Ich hatte mir meine Meinung gebildet, ich stimmte für Ja.

In der Folge dieses Erlebnisses sprach ich immer öfter auch öffentlich über Racial Profiling: Polizeikontrollen aufgrund äußerer Merkmale wie einer anderen Hautfarbe – ein Verfahren, das es offiziell natürlich gar nicht gibt. Dass es dennoch alltägliche Realität ist, wissen diejenigen, die es betrifft, nur zu gut. Aber das sind eben auch diejenigen, die in den Entscheidungsgremien unserer Demokratie unterrepräsentiert sind. In Paragraph 22 des Bundespolizeigesetzes heißt es: »Die Bundespolizei kann eine Person befragen, wenn Tatsachen die Annahme rechtfertigen, dass die Person sachdienliche Angaben für die Erfüllung einer bestimmten der Bundespolizei obliegenden Aufgabe machen kann. Zum Zwecke der Befragung kann die Person angehalten werden.«

In der Realität führt das häufig zu Kontrollen nach rein rassistischen Kriterien. Bereits am Anfang der Wahlperiode setzte ich Racial Profiling als Thema für den Ausschuss für Menschenrechte. Ich wurde 2014 zum Deligiertentag der Gewerkschaft der Polizei eingeladen, um neben Wolfgang Bosbach, damals Vorsitzender des Innenausschusses, und Jörg Ziercke, damals Präsident des Bundeskriminalamts, ein Grußwort zu halten. Ich war angehalten, über meine Erfahrungen zu sprechen. Kurze Zeit später führten wir ein Fachgespräch mit der Friedrich-Ebert-Stiftung zum Thema. Schließlich sprach ich in einer meiner Reden im Plenum des Bundestages über Racial Profiling, woraufhin es zu einer sogenannten »Unterrichtung durch die Bundesregierung« kam: Einem Bericht also, der auf Verlangen des Bundestages oder auf Eigeninitiative der Bundesregierung dem Parlament vorgelegt wird. Wenn man dann genügend Verbündete für eine Sache findet und beide Koalitionäre sagen, ja, das ist ein wichtiges Thema, kann das schon der nächste Schritt in Richtung eines Gesetzentwurfs sein. Man darf dabei aber nicht seine Gegner unterschätzen. Bei der 2. Lesung zum »Entwurf eines Gesetzes über die Rechtsstellung und Aufgaben des Deutschen Instituts für Menschenrechte« nannte ich Racial Profiling eines der Themen (bezüglich der Lage der Menschenrechte in unserem Land), mit denen sich das Institut zukünftig kritisch auseinandersetzten muss. Dabei kam es zu einem unschönen Wortwechsel zwischen mir und einem CSU-Kollegen.

Nachdem ich meine Rede gehalten hatte, in der ich auch das Gutachten des Deutschen Instituts für Menschenrechte zum Thema Racial Profiling zitierte, warf mir der Abgeordnete Bernd Fabritius »eine ungerechte Unterstellung gegenüber der Polizei der Bundesrepublik Deutschland« vor. Ich erwiderte: »Das habe ich nicht gesagt! Nehmen Sie das sofort zurück!« Er blieb dabei, beschuldigte mich des »Kollektivverdachts« und fragte dann, ob ich denn ausschließen könne, dass bei dem Vorfall, den ich geschildert hätte, ein »konkreter Fahndungsverdacht« bestand. Ich wehrte mich: »Ja, ich bin ein Verbrecher! Danke schön!« Und auch wenn er den Verdacht wohl nicht gegen mich persönlich aussprechen wollte, dann zeigt meine Reaktion doch genau die Kränkung, die man in Momenten wie diesen empfindet. Dutzende Menschen am Bahnhof bekamen mit, wie ich kontrolliert wurde. Und irgendetwas bleibt ja immer hängen. Wer weiß, wer heimlich dachte: Na, der kam mir ja immer schon verdächtig vor.

Auch das Institut für Menschenrechte geht in seiner Studie

auf diesen Punkt explizit ein. Darin heißt es: »Die Betroffenen werden dadurch öffentlich für die ganze Umgebung sichtbar in einen kriminellen Kontext gestellt. Bestehende Stereotype bei Außenstehenden können so in besonderem Maße bekräftigt werden.« Die Polizei dürfe schließlich nur dann Personen kontrollieren, wenn ein bestimmter Anlass besteht. »In der Regel dürfen Außenstehende also davon ausgehen, dass sich eine Person verdächtig gemacht hat, wenn sie kontrolliert wird.«[39] Das ist die Spirale, in der sich Vorurteile wechselseitig bestätigen – schmerzhaft für die Leidtragenden, aber auch ein fatales Signal an die Gesellschaft.

Denn das ist für mich persönlich und vor allem politisch das Entscheidende an der Meldung vom »ersten Schwarzen im Deutschen Bundestag«: Nicht die »Story«, die leider oft mit einer großen Portion Exotik erzählt wird. Sondern die Tatsache, dass sich mit Geschichten wie meiner im wahrsten Sinne des Wortes unsere repräsentative Demokratie verändert: Sie wird ein kleines Stückchen repräsentativer. Weil damit im Parlament, dort wo politische Debatten stattfinden und zu ganz konkreten politischen Maßnahmen und Gesetzen führen, Erfahrungen und Perspektiven eingebracht werden, die zuvor kaum Gehör fanden.

Es geht nicht um mich dabei, es geht um die Erfahrungen, die viele Menschen in diesem Land täglich machen.

Als Politiker fühle ich mich zwangsläufig auch als Sprachrohr, als Fürsprecher der Menschen, deren Belange deswegen kein bisschen weniger politische Berechtigung haben, weil sie vielleicht selbst nicht aktiv sind, sondern ein »ganz normales Leben« führen möchten. Ich wünsche mir aber, dass die Menschen sich wiederum für die Arbeit derer, die sie repräsentieren, mehr interessieren. Ich möchte in diesem Kapitel den ein oder anderen parlamentarischen Prozess etwas genauer beschreiben. Denn ich stelle immer wieder fest, dass die meisten Bürger die

Arbeit ihrer Abgeordneten gar nicht kennen, weswegen ich auch jedem nur empfehlen kann, mal an einer der Führungen durchs Parlament teilzunehmen. Jeder Abgeordnete darf im Jahr mindestens 150 Menschen empfangen, sie im Haus herumführen und sie mit allen parlamentarischen Abläufen vertraut machen. Unsere Besucher sind bunt gemischt, Familien, Vereine, Schulklassen und Unis, von der Katholischen Hochschule Freiberg bis hin zur Nationalen Universität der Mongolei, vom Humanistischen Regionalverband Halle-Saalekreis über den CVJM Nürnberg bis hin zum Verein der in der DDR geschiedenen Frauen e.V.

Die meisten Besucher sind überrascht, dass ein Großteil des politischen Alltags in Ausschüssen und Arbeitsgruppen stattfindet, und nicht etwa im Plenarsaal, von dem mancher glaubt, man müsste sich nur vor den Fernsehkameras in Szene setzen und schon hätte man seinen Arbeitsnachweis erbracht.

Am Anfang hatte ich selbst noch den Ehrgeiz, mit ständiger Anwesenheit im Plenum zu glänzen, ich dachte, ich könnte so dazu beitragen, dass die Bürger uns Politiker nicht immer für Faulenzer halten. Ich war immerzu abgehetzt, bin von einer Sitzung in die nächste gestürmt. Und das, obwohl mein Büro auch noch Unter den Linden liegt und nicht im Abgeordnetenhaus gleich neben dem Reichstag, es war also immer eine Viertelstunde Fußmarsch, bis ich überhaupt das Gebäude erreicht hatte.

Irgendwann erlöste mich der Satz eines Kollegen, der zu mir sagte: »Der faulste Abgeordnete ist der, der immer im Plenum sitzt.« Der zeigt zwar ständig: »Hallo, hier bin ich!« Aber kommt vor lauter Präsenz gar nicht zur eigentlichen politischen Arbeit.

Anders ist es, wenn die eigenen Themengebiete im Plenum auf der Tagesordnung stehen, dann ist selbstverständlich Anwesenheitspflicht. Diese wird geprüft mithilfe von Listen, die in allen Gebäuden ausliegen, die zum Bundestag gehören, und zwar an allen Eingängen, damit man sich nicht mit der Erklärung herausreden kann, man sei an diesem Tag leider nicht an der Liste vorbeigekommen und habe deshalb nicht unterschreiben können. Das dient natürlich auch der eigenen Absicherung, denn wer an einem Sitzungstag nicht da ist, wird mit einem saftigen Bußgeld belegt. Von der monatlichen »Abgeordnetenentschädigung«, wie sie so schön heißt, werden 100 Euro abgezogen, selbst wenn man sein Fernbleiben erklären kann. Ganze 200 Euro sind sogar fällig für jeden Sitzungstag, an dem man unentschuldigt fehlt. Selbst wenn man ein ärztliches Attest vorweisen kann oder einen Aufenthalt in einem Krankenhaus oder Sanatorium, sind es immerhin noch 20 Euro. Im Laufe der letzten Jahre wurde die Höhe der Bußgelder, die im Abgeordnetengesetz festgehalten ist, verdoppelt. Darüber wird natürlich viel seltener berichtet als über die verpönten Diätenerhöhungen für Politiker.

Schmerzhaft wird es auch, wenn man an Tagen mit namentlichen Abstimmungen nicht da ist. Jeder Abgeordnete hat mehrere Marken zur Stimmabgabe zur Verfügung, die namentlich gekennzeichnet sind. Diese Marken oder Chipkarten werden alle in einem Schrank neben dem Plenarsaal aufbewahrt, der eine halbe Stunde vor der nächsten Abstimmung geöffnet wird. Jeder Abgeordnete findet darin in seinem jeweiligen Fach seine Karten, nimmt sie heraus und nach einer Abstimmung räumt der Saaldiener sie zurück in den Schrank. Dort ordnet er sie wieder den einzelnen Namen zu. Aber weil Saaldiener eben auch nur Menschen sind, denen Fehler passieren, sind wir dazu angehalten, noch einmal zu prüfen, ob in den Fächern auch die richtigen Chipkarten liegen.

Die Saaldiener hatten sich an jenem Tag im Jahr 2014 allerdings nichts zu Schulden kommen lassen: Es standen für den Tag gleich drei wichtige namentliche Abstimmungen auf dem

Programm. Damit sie auch niemand verpasst, klingelt es in allen Gebäuden des Bundestages 15 Minuten, bevor es losgeht. Ich eilte also zum Plenarsaal und nahm brav an jeder einzelnen Abstimmung teil. Noch am selben Tag erklärte ich wie immer meine Entscheidungen auf meiner Facebook-Seite. Da klingelte mein Handy. Man nenne mich einen Heuchler, erzählte mir mein Team am Telefon, ob ich mir das erklären könne? Ich verstand nicht, wovon die Rede war. Die Leute beschwerten sich in den Kommentaren, sagte mein Mitarbeiter, dass ich mich lang und breit über mein Abstimmungsverhalten ausließe, dabei sei ich nicht einmal dabei gewesen. »Aber natürlich war ich da«, sagte ich und verstand immer noch nicht, was eigentlich los war. Nun, sagten meine Mitarbeiter, mehrere Leute hätten offenbar im Protokoll des Bundestags nachgelesen und dabei festgestellt, dass ich gar nicht an der Abstimmung teilgenommen hätte.

Ich meldete den Irrtum der Bundestagsverwaltung. Diese aber bedauerte mir mitteilen zu müssen, es seien bei keiner Abstimmung meine Karten in den Urnen gewesen. Ich war sicher, ich könnte den Fehler aufklären, die Kameraaufzeichnungen aus dem Saal bewiesen ja, dass ich an besagtem Tag da gewesen bin. Es half mir nur nichts, was einzig und allein für sie zählte, waren die ausgezählten Stimmen aus den Urnen. Und die hatte ich an jenem Tag für eine Kollegin eingeworfen. Es war mein eigener Fehler, ich hatte ins falsche Fach gegriffen. Das Protokoll ist wie in Stein gemeißelt, das konnten sie nicht mehr nachträglich ändern. Für jedes Fernbleiben macht das 100 Euro Abzug. Wahrscheinlich freute sich die Kollegin, dass sie so unerwartet von der Geldbuße verschont geblieben war.

Kurz nach der Wahl aber war an reguläre parlamentarische Arbeit noch gar nicht zu denken. Erst zogen sich die Koalitionsverhandlungen ewig hin. Zugleich kam die Arbeit im Wahlkreis ja nicht zum Erliegen, und weil ich einer von nur vier sachsenanhaltinischen SPD-Abgeordneten in Berlin bin, mussten wir die Zuständigkeiten noch einmal neu aufteilen, sodass ich zusätzlich auch noch den Burgenlandkreis und Teile des Saalkreises übernahm. Außerdem musste ich mein neues Mitarbeiterteam casten. Ich wollte es so heterogen wie möglich gestalten. Frauen und Männer. Aus dem Osten und dem Westen. Juden, Christen, Muslime, Atheisten. Jung und Alt. Letzteres funktionierte am wenigsten, meine älteste Mitarbeiterin ist 35 Jahre alt. Vier Leute sollten in der Hauptstadt arbeiten, vier weitere in meinem Wahlkreis. Dazwischen hieß es: Kisten auspacken, Telefon- und Faxanschlüsse beantragen – es gab ja keinen SPD-Vorgänger aus meinem Wahlkreis, der in der letzten Legislaturperiode im Bundestag gesessen und mir sein gemachtes Nest überlassen hätte. Ich musste also bei Null anfangen.

Von den 630 Abgeordneten waren ein Drittel Neulinge, die sich erst einmal zurechtfinden mussten. Als Willkommenspaket gab es einen Laptop, ein Goodybag mit Lageplan, eine Netzcard der Deutschen Bahn und einen Begrüßungsbrief von Joachim Gauck. Meine Parteigenossin Michelle Müntefering, Ehefrau von SPD-Urgestein Franz Müntefering, war eine dieser Neulinge. Genau wie der frühere Schauspieler Charles M. Huber, bekannt geworden als Ermittler Henry Johnson in der Krimireihe *Der Alte*, heute Abgeordneter der CDU.

Die *Mitteldeutsche Zeitung* fragte mich in jenen Tagen, ob ich nicht Lust hätte, regelmäßig über meine Eindrücke aus Berlin zu berichten. Und tatsächlich erzählte ich nun in einer wöchentlichen Kolumne den Lesern, was ich alles in der Hauptstadt erlebte: Wie ich mich ständig in dem riesigen Gebäude verlief. Wie ich eins der Büros Unter den Linden bezog, die bei einigen unbeliebt sind, weil man so lange zum Plenarsaal braucht, ich mich aber freute über die Bewegung zwischen den vielen Empfängen und Sitzungen. Außerdem sind die Büroräume viel größer als die im Paul-Löbe-Haus. Ich erzählte, wie ich meinen ersten Geburtstag ohne meine Familie in Berlin verbrachte. Wie ich morgens ständig im Stau stand und meine geliebte Tram vermisste. Wie ich immer neue Termine mit der IT-Abteilung absolvierte, zwischen den Meetings Kisten aus- und Regale einräumte und zwischendrin noch fast den Farbeimer umwarf. Ich fand es wichtig, den Menschen auch über solche Tage und Alltäglichkeiten das Leben eines Politikers näherzubringen. Ihnen zu zeigen, dass wir »da oben« ganz normale Menschen sind.

Und ich schrieb darüber, wie ich dann als einer der ersten den 180 Seiten umfassenden Koalitionsvertrag in den Händen halten durfte, der sich für mich so spannend las wie ein Krimi. Natürlich konnte ich nicht mit jedem Punkt zufrieden sein. Ich fand es schade, dass SPD und CSU nicht ihren Willen zu mehr Volksentscheiden durchsetzen konnten, die CDU war strikt dagegen. Und auch beim Thema Rentenangleichung zwischen Ost und West kam nur der Kompromiss zustande, dass man sie zum Ende der Wahlperiode noch einmal prüfen wolle. Begeistert aber war ich vom flächendeckenden Mindestlohn, von der Abschaffung des Optionszwangs beim Thema Staatsbürgerschaft, von der Entlastung der Länder beim Bafög durch den Bund und die Bekämpfung von Rechtsextremismus, für die 40 Millionen Euro bereitgestellt wurden, die später noch einmal auf 50 Millionen erhöht wurden.

Meine Aufgabe war es nun, mit dem gewaltigen Schriftstück auf Tour zu gehen und bei den SPD-Mitgliedern um Zustimmung zu werben. Denn erst wenn die Parteien dem Koalitionsvertrag zugestimmt hatten, konnte es auch losgehen. Bis dahin sollte auch nicht alles reibungslos verlaufen: 30000 Stimmen wurden beim SPD-Mitgliederentscheid für ungültig erklärt, weil die eidesstattliche Versicherung nicht richtig ausgefüllt war. Es blieb ein Nervenkitzel bis zum Schluss, denn bis zur endgültigen Abstimmung war ja nicht klar, ob man der Regierung angehören würde oder der Opposition.

Es war eine Zeit, in der ich schnell zwischen bundes- und lokalpolitischen Terminen – wie der Bundeskanzlerinnenwahl und der Abstimmung im Stadtrat über Halles Haushalt – hin- und herschalten musste. Zwischen der feierlichen Eröffnung des Parlaments und einem Wiedersehenstreffen im Ortsverein Halle-Nordost. Es waren Tage, in denen ich ständig dazulernte, ich erfuhr zum Beispiel, dass man sich bei wichtigen Terminen im Plenum beeilen muss, um noch einen guten Platz zu ergattern. Und dass die vorderen Reihen nicht nur deshalb so beliebt sind, weil es dort Tische gibt, auf denen man sich ausbreiten kann, oder weil man von dort am besten sieht – nein, eher andersherum: weil man dort von den Fernsehkameras am besten gesehen wird.

Es gehörten auch verstörende Momente zum Lernprozess. Die Wiederwahl Angela Merkels war schon eine seltsame Erfahrung: Erst diese klare Gegnerschaft im Wahlkampf, der mit harten Bandagen ausgetragen wurde, befremdlich für einen harmoniesüchtigen Menschen wie mich. Dann schließlich doch die Zustimmung zu einer weiteren Amtszeit. Sich lieber davor zu drücken ist bei solchen Entscheidungen auch nicht angeraten. Prompt erlebte ich bei der Bundeskanzlerinnenwahl in der SPD-Fraktion meinen ersten Zählappell. Es wurde kontrolliert, wie viele Abgeordnete anwesend waren. Alle mussten sich in eine Anwesenheitsliste eintragen. Die Namen der Leute, die nicht unterschrieben hatten, wurden laut vorgelesen. Ziemlich peinlich.

Mit Merkels Wiederwahl erschloss sich mir noch einmal sehr deutlich, was unsere Arbeit bedeutet und was sie auf Wähler oft frustrierend wirken lässt: dass Demokratie und Politik von Kompromissen leben. Wenn ich meinen Wahlkampf bestreite mit dem Thema Rentenanpassung zwischen Ost und

West, kann ich, auch wenn ich gewählt bin, nur durchsetzen, worauf wir uns gemeinsam einigen. Als Einzelner kann man wenig bewegen. Politische Beschlüsse sind das Ergebnis langwieriger Verhandlungen und Abwägungen. Bevor ein Gesetz verabschiedet wird, haben wir schon viele Verhandlungsstufen hinter uns gelassen. »Kein Gesetz verlässt den Bundestag so, wie es hineingekommen ist«, hat Peter Struck gesagt. Roger Willemsen zitiert den früheren Vorsitzenden der SPD-Bundestagsfraktion in seinem letzten Buch *Das Hohe Haus*, für das er ein Jahr lang jeden Tag die Sitzungen im Plenarsaal besucht hat, und ergänzt: »Ehre und Mühsal der Legislative in einem Satz.« Kritisiert wird am Ende aber immer nur die Vorlage, ohne zu bedenken, welche bewegte Vorgeschichte sie hat.

In diesen Zeiten bemerkte ich, dass mir als Mitglied des Bundestags die Menschen im Wahlkreis plötzlich anders begegneten – und gleichzeitig zu mir sagten: »Du musst so bleiben wie du bist.« Ich nannte nun Leute, die ich bislang nur aus dem Fernsehen kannte, meine Kollegen. Menschen wie Heinz Riesenhuber, ältestes Mitglied im Bundestag und Präsident der Deutschen Parlamentarischen Gesellschaft, mit dem ich sofort ins Gespräch kam. Ich beglückwünschte ihn zu seiner temperamentvollen Rede zur Eröffnung der ersten Sitzung des 18. Bundestags, die er traditionsgemäß als Alterspräsident leitete. Gregor Gysi kam auf mich zu, um mir zu gratulieren, und Hans Christian Ströbele sehe ich nun fast täglich: Wenn ich aus meinem Bürofenster im fünften Stock schaue, kann ich ihn schräg gegenüber mit seinem roten Schal am Schreibtisch sitzen sehen.

Schon bald stand noch eine weitere Wahl an. Die der Schriftführer. Ich fühlte mich geehrt, als ich für die Aufgabe ausgewählt wurde, auch wenn ich am Anfang manchmal Angst hatte, ich könnte für alle gut sichtbar in meinem Stuhl wegdösen, wenn ich nach einem stressigen Tag für die Spätschicht von 21 bis 23 Uhr eingeteilt bin. Das ist zum Glück noch nie passiert. Ich habe dann später erfahren, dass die Ehre gar keine so große war, sondern dass neue Abgeordnete sanft dazu verdonnert werden, sich als Schriftführer zu betätigen.

Weil ich die Einführungsveranstaltung verpasst hatte, war ich anfangs etwas unsicher, was die Kleiderordnung betraf. Musste ich wirklich Krawatte tragen? Einmal hatte ich sie kurz vor einem Einsatz als Schriftführer abgenommen – wie man das so macht, wenn man einen Tag voller Termine hinter sich gelassen hat. Da kam mir im Plenarsaal ein CDU-Kollege entgegen: »Hallo, Herr Schriftführer? Wo ist denn deine Krawatte?« Ich bin ja ein Freund von korrekter Kleidung und schaute deshalb lieber noch einmal nach: 2011 waren tatsächlich zwei Abgeordnete, einer von den Grünen und einer von der Linken, als Schriftführer »abgelöst« worden, weil sie sich beharrlich geweigert hatten, Krawatte zu tragen. Im Jahr 2014 hat sich die Bundestagsführung dann auf eine Lockerung der Kleiderordnung für Schriftführer geeinigt. Vor allem unter den besagten Parteien hatten sich immer weniger Männer bereit erklärt, einen Schlips anzulegen.

Schon in den ersten Wochen hatte ich ein nicht alltägliches Erlebnis im Bundestag. Es war der 12. März 2014, im Plenarsaal lief die 19. Sitzung der Wahlperiode. Den Vorsitz leitete der Vizepräsident des Bundestages, Peter Hintze, CDU. Die Tagesordnungspunkte »Fortschrittsbericht zum Fachkräftekonzept der Bundesregierung« und »Tödlicher Einsatz von US-Drohnen im Rahmen eines Luftangriffs der NATO-Schutztruppe ISAF am 6. März 2014 in Afghanistan« waren bereits abgearbeitet, da hatten wir noch ein ganz dickes Brett zu bohren: das Freihandelsabkommen TTIP.

Zur Beantwortung standen, wie so oft in den Fragestunden,

die zuständigen Staatssekretäre der jeweiligen Geschäftsbereiche zur Verfügung. Während Arbeitsministerin Andrea Nahles am Mittag noch persönlich zu ihrem Thema erschienen war, stellte sich den Fragen zum ISAF-Mandat stellvertretend für Ursula von der Leyen an jenem Tag der CDU-Abgeordnete Ralf Brauksiepe, Parlamentarischer Staatssekretär bei der Bundesministerin der Verteidigung. Zur TTIP-Fragestunde erschien nun für den Geschäftsbereich von Sigmar Gabriel, Bundesminister für Wirtschaft und Energie, seine Parlamentarische Staatssekretärin Brigitte Zypries, SPD.

Ohne jetzt genauer auf die Feinheiten des TTIP-Abkommens eingehen zu können: TTIP ist ein Thema, das uns sicher noch lange beschäftigen wird, und ich bin mir nicht sicher, ob wir es gerade gut angehen. Uns fehlt das Verständnis in der Bevölkerung, die uns in der Frage nicht zu vertrauen scheint. Dabei ist es Parteikonventbeschluss, dass wir uns auf keine faulen Kompromisse einlassen werden. Es gibt Verhandlungen, und es gibt eine rote Linie. Wenn das Abkommen mit Arbeitnehmer- und Verbraucherrechten sowie unseren Umweltgesetzen nicht zu vereinbaren ist, dann werden wir nicht zustimmen. Was wir wollen, ist ein gemischtes Abkommen wie CETA mit Kanada.

In jener Stunde folgte eine Reihe hochkomplexer Detailfragen zum Thema, die Zypries nach bestem Wissen beantwortete. Bis sie auf Nachfrage eines Linken-Abgeordneten einräumen musste: »Herr Kollege Lenkert, diese Frage kann ich Ihnen nicht beantworten. Das weiß ich schlicht nicht.« Nach einer weiteren Frage und einer langen anschließenden Ausführung seitens Zypries', beschwerte sich die Linke Katharina Vogler: »Das ist keine Antwort auf meine Frage!« So ging es weiter. Noch einmal musste Zypries einräumen, sie könne da leider »keine Auskünfte geben. Ich habe eben schon gesagt, dass ich das nachreichen muss, es tut mir leid. Ich bin da nicht im Stoff; dafür bitte ich um Nachsicht.«

Die zeigte die Opposition natürlich nicht. Vizepräsident Hintze: »Keine Frage mehr?« – Ralph Lenkert: »Doch! Ich habe noch eine Frage!« – »Entschuldigung, Sie machten so einen resignierten Eindruck.« – (Heiterkeit) – Lenkert: »Ich war von der Antwort enttäuscht (...).« Wenig später ein Zwischenruf von der Grünen Steffi Lemke: »Die Bundesregierung weiß nicht, ob der Bundestag zustimmen muss! Das ist ja irre!«

Schließlich hatte Vizepräsident Hintze folgende Mitteilung zu machen: »Liebe Kolleginnen und Kollegen, die Fraktion Die Linke beantragt, Minister Gabriel herbeizuzitieren.« Der war an diesem Tag aber gerade in seinem Wahlkreis. Manfred Grund, CDU/CSU: »Ich sehe überhaupt keinen Bedarf, neben der Staatssekretärin Frau Zypries, die die Fragen hervorragend beantwortet hat, ...« – (Lachen bei der Linken) – »... den Minister herbeizuzitieren. Wir lehnen diesen Antrag ab.« Beifall der CDU/CSU und der SPD.

Und ich sagte zum Kollegen Ralph Lenkert: »Der arme Sigmar, er hat doch heute seinen Papa-Tag in Goslar.« Lenkert sagte nur: »Sei doch froh, gleich erlebst du deinen ersten Hammelsprung!« So leicht ließ ich mich nicht abspeisen. »So sieht das also bei euch aus«, scherzte ich, »ständig predigt ihr, man müsse Beruf und Familie miteinander vereinbaren können, aber wenn ein Mann bei seiner Tochter ist, dann holt ihr ihn weg bei der erstbesten Gelegenheit.« Aber gespannt war ich nun doch, was gleich passieren würde.

Schließlich ließ Hintze per Handzeichen im Plenum abstimmen. Und der Grüne Volker Beck ätzte angesichts der mauen Ausbeute: »Kleine Koalition!« Weil nicht genügend Abgeordnete der großen Koalition anwesend waren, um eine Beschlussfähigkeit zu garantieren.

Wenn man normalerweise mit rund 80 Prozent der Sitze im Parlament die Mehrheit hat, ist so ein Ergebnis natürlich beschämend. Aber die Kollegen bleiben den Sitzungen ganz sicher nicht fern, weil sie lieber Kaffeetrinken gehen. Wenn ich es selbst formuliere, klingt es am Ende noch wie Eigenlob, darum lasse ich noch einmal Roger Willemsen sprechen. Der schreibt in seinem Buch *Das Hohe Haus*: »Der Bürger mag sich über leere Reihen im Parlament wundern und die ›Faulheit‹ der Abgeordneten beklagen. Das Gegenteil ist richtig. Die Abgeordneten sind mit Verpflichtungen so befrachtet, dass sie oft bis an die Grenze der Belastbarkeit oder Aufnahmefähigkeit arbeiten.«

Auch an diesem Tag verteilten sich die Abgeordneten über die verschiedenen Arbeitsfelder. Sie saßen in Fachgesprächen fest, empfingen Schulklassen oder Firmenausflügler, denen sie ihre Arbeit erklärten. Zum Beispiel, was sie den ganzen Tag in ihren Ausschüssen treiben. Ein Tag kann zum Beispiel so aussehen: Morgens empfange ich den kurdischen Nationalrat aus Syrien. Zum Mittag eine Delegation aus Nahost, die mit mir über die Wasserversorgung in den Palästinensergebieten sprechen will, denn das Recht auf sauberes Wasser ist nach Resolution 64/292 der Vereinten Nationen ein Menschenrecht. Vielen Gruppen, die das Gespräch mit dem Ausschuss für Menschenrechte suchen, geht es vor allem um das öffentliche Bild, das dabei entsteht. Vom Deutschen Bundestag empfangen zu werden, ist für jeden Interessenvertreter erst einmal ziemlich gute PR. Doch bei all den Gesandten, die wir empfangen, haben manche auch das Nachsehen. Ich erinnere mich an jene Gruppe Exilhereros aus Amerika, die viel zu kurzfristig angefragt hatte, die Absprachen waren chaotisch, am Ende musste das Treffen abgesagt werden. Und das öffentliche Bild, das nun in diesem Fall für sich sprechen sollte, war: Ausgerechnet der Deutsche Bundestag lehnt den Empfang einer Gruppe Hereros ab.

Der langen Rede kurzer Sinn ist leider: Man kann nicht immer alles stehen und liegen lassen.

Nun, manchmal muss man es allerdings, und zwar ganz buchstäblich. Hintze musste nun ein parlamentarisches Instrument bemühen, das nur selten zur Anwendung kommt: den sogenannten Hammelsprung. Dann schrillen bei allen Abgeordneten die Glocken, auf den Korridoren und sogar in manchen Toiletten leuchten die Lampen, auf die Handys wird eine SMS mit der Aufforderung geschickt, sofort vor den Plenarsaal zu eilen. Alle bereits Anwesenden müssen nun aufstehen und den Saal verlassen, bis sich davor ein gewaltiges Getümmel aus Abgeordneten gebildet hat.

Die Linksfraktion twitterte: »Na, ein paar peoplez hat die #GroKo dann ja, wie es aussieht, doch noch ins Plenum herbeitelefoniert. Ob's reicht?« Und ich selbst schrieb: »Wieder ein erstes Mal im Bundestag. Diesmal ist es mein erster #Hammelsprung. Grüße aus dem Bundestag.« Manche Neulinge, die sich »Erstis« nennen, twitterten sogar Selfies, wie sie gespannt vor den Plenums-Türen warteten. Ausgelassene Stimmung wie in der Schule, wenn alle zur Feuerübung nach draußen müssen, beschwingt über die ungeahnte Abwechslung vom Alltag.

Als sich die schwatzhafte Meute nur langsam aus dem Saal bewegen ließ, mahnte Hintze: »Liebe Kolleginnen und Kolleginnen, ich verstehe, dass das Plenum ein angenehmer Ort ist …« Und mein Parteikollege Rüdiger Veit scherzte: »Wir wollen Sie nicht allein lassen!« Als dann doch endlich alle draußen waren, wurde der Hammelsprung eröffnet.

Woher der Ausdruck kommt, ist nicht ganz geklärt, aber das Prozedere, bei dem die Schriftführer an den Türen stehen und laut mitzählen müssen, wie viele Menschen hindurchschreiten, erinnert schon ein bisschen an einen Schäfer, der seine Tiere zählt. Alle Herren und Damen mussten nun durch eine der drei Türen den Saal wieder betreten. Die erste steht für Ja, die zweite für Nein, die dritte für Enthaltung. Dann wurden die Türen geschlossen, und die Schriftführer übergaben Hintze das Stimmergebnis.

Der Antrag wurde mit großer Mehrheit abgelehnt. Die Opposition nahm es mit Humor, die Linksfraktion twitterte: »350 gegen 77 MdB für @sigmargabriel in der Fragestunde. Mariechen wird sich freuen! :)« Hintze teilte mit, man werde nun also fortfahren, und sagte noch: »Die Fragestunde ist sehr interessant.« – Unruhe im Saal – »Peinlich ist sie«, rief Steffi Lemke, »nicht interessant!« Hintze unternahm noch einen letzten Versuch, ein paar Abgeordnete dafür zu begeistern: »Es dürfen alle im Plenum bleiben, so ist das nicht.« Die Ausbeute war eher mäßig, die meisten gingen ihrer Wege. Dann setzte er die Fragestunde auch ohne den Minister fort.

Man kann das jetzt alles für unnötige Umständlichkeiten oder Schikane halten. Denn natürlich hat Staatssekretärin Zypries die allermeisten Fragen gemäß des Sachstands beantwortet, und auch ein Sigmar Gabriel hätte zum damaligen Zeitpunkt wohl nicht viel mehr Erhellendes zum Thema beitragen können. Aber das sind nun mal Recht und Pflicht der Opposition. Sie kostet uns Zeit, aber vieles, was sie betreibt, führt am Ende zu konstruktiven Debatten. Auch wenn sie einen manchmal in den Wahnsinn treiben kann. Demokratie lebt eben davon, Möglichkeiten und Wege zu diskutieren. Und selbst wenn man einen bestimmten Vortrag sachlich ablehnt, kann mir die Auseinandersetzung damit neue Blickwinkel verschaffen und das wechselseitige Verständnis fördern.

Ich möchte ein Beispiel aus meiner eigenen Arbeit nennen. Eines meiner Themen, mit denen ich den Wahlkampf um das Bundestagsmandat gegangen bin, war, wie schon erwähnt, die Rentenangleichung zwischen Ost und West. Aber weil ich seit meiner Wahl ja nun nicht alleine die Legislative verkörpere, sondern mir diese Macht mit 629 anderen Parlamentariern aus verschiedenen Fraktionen teile, bin ich angewiesen auf Verbündete und Kompromisse. Wir konnten uns mit der SPD immerhin so weit durchsetzen und im Koalitionsvertrag festhalten lassen, dass die Rentenanpassung zum Ende des Jahres 2016 überprüft wird.

Die Linke interessiert das natürlich nicht. Die sagen, die SPD will die Angleichung? Bitte schön! Und beantragt, sie sofort und auf der Stelle umzusetzen. Ich halte mich an den Kompromiss, den wir mit unserem Koalitionspartner ausgehandelt haben – und werde prompt vorgeführt. In etwa so: Erst verspricht er im Wahlkampf, er will die Rentenangleichung, und dann traut er sich doch nicht? Dafür gibt es dann Schelte für mich in meinem Wahlkreis, weil die Leute denken, da hat wieder mal ein Politiker Versprechungen gemacht und verrät nun seine Ideale.

Alle Fraktionen, unabhängig von ihrer Größe, werden im Bundestag mit dem gleichen Budget ausgestattet, das der Haushaltsausschuss in Absprache mit dem Bundestagspräsidenten festlegt. Bündnis 90/Die Grünen und Die Linke bekommen noch extra was obendrauf, den sogenannten Oppositionszuschlag, um ihre Minderheitenrechte zu stärken. Aber dafür müssen sie auch richtig was tun. Mit dem Zuschlag soll kompensiert werden, dass diese Parteien an keine Ministerien angebunden sind, folglich nicht von deren Experten, Arbeitskräften und Apparaten profitieren können und daher externe Sachverständige beauftragen müssen.

Der Oppositionszuschlag ist in der aktuellen Wahlperiode sogar noch auf 15 Prozent erhöht worden. Außerdem haben wir uns als SPD dafür stark gemacht, dass die sehr kleine Opposition, die gerade einmal 20 Prozent im Parlament ausmacht, auch in dieser Größe noch Untersuchungsausschüsse, Sondersitzungen und Enquete-Kommissionen einberufen darf, was davor erst bei einem Anteil von 25 Prozent möglich war. So wird in der Demokratie sichergestellt, dass die Opposition ihrer Meinung genügend Gehör verschaffen kann. Und das tut sie dann eben auch unablässig – u.a. mit Anträgen, die von vornherein keine Aussicht auf Erfolg haben. Opposition zu sein, heißt daher auch, mit Ablehnung umzugehen. Vor allem, wenn die Partei Die Linke heißt.

Wie an jenem Tag im Februar 2016, als ich ein weiteres »erstes Mal« im Bundestag erlebte. Grüne und Linke hatten einen Antrag gestellt, am 100. Jahrestag des Völkermords an den Armeniern einen Gedenktag abzuhalten. Grünen-Chef Cem Özdemir war federführend in dem Vorhaben, und eigentlich war sich das Parlament fraktionsübergreifend einig, dass es sich dabei um eine sinnvolle Sache handeln würde. Die Abgeordneten waren also pflichtgemäß zur namentlichen Abstimmung erschienen. Da zeigte sich, dass die CDU ausscheren würde. Was war der Grund? Es gab eigentlich keinen. Bis auf die Tatsache, dass die CDU grundsätzlich keine gemeinsame Sache mit der Linken macht. Ein Antrag, den die Linke stellt, wird von vornherein und ohne Ansicht der Hintergründe abgelehnt. So entspricht es der Fraktionslinie.

Ich erinnere mich, wie ich mich einmal mit meinem CDU-Kollegen aus dem Bildungsausschuss mit einer Schülergruppe in Thüringen getroffen habe. Mehrere Schüler beschwerten sich, dass es wegen des Kooperationsverbots zwischen Bund und Ländern zwischen den Schulen im reichen Bayern und im ärmeren Thüringen überhaupt keine Vergleichbarkeit gäbe. Mein Kollege pochte darauf, es müsse weiterhin einen Wettbewerb geben zwischen den Ländern. Fragte man aber genauer nach, bestätigte er, dass die CDU nicht zulassen wolle, dass der Bund sein Geld an ein Land gibt, in dem die »falsche« Partei – nämlich die Linke – an der Macht ist. Was könnten die alles anstellen im Unterricht. Kommunismus lehren zum Beispiel. Der Linken werden also per se schlechte Absichten und Demokratiefeindlichkeit unterstellt. Ich halte das für Affentheater, wir haben als Partei glücklicherweise den Entschluss gefasst, dass wir keine Koalition prinzipiell mehr ausschließen wollen. Für demokratische Prozesse ist es wichtig, selbst die Linke mehr einzubeziehen.

Cem Özdemir entschied sich an dem Abstimmungstag schließlich für einen einmaligen Vorgang: Er sagte einfach alles ab. Er zog den Antrag zurück und ließ die Abstimmung platzen. Alle Abgeordneten waren umsonst gekommen. Wenige Monate später, am 2. Juni 2016, beschloss der Bundestag schließlich doch die Resolution »Erinnerung und Gedenken an den Völkermord an den Armeniern und anderen christlichen Minderheiten in den Jahren 1915 und 1916«. Mit nur einer Gegenstimme und einer Enthaltung. Und sorgte nicht nur in der Person Cem Özdemirs, der nun auch von türkischer Seite angefeindet, bedroht und als »angeblicher Türke« diskreditiert wurde, für Spannungen mit der Türkei. Von allen türkeistämmigen Bundestagsabgeordneten verlangte Präsident Recep Tayyip Erdoğan einen Bluttest, um ihr Türkischsein zu belegen, und hetzte in einer Weise gegen sie, dass viele von ihnen Angst bekamen, ihren nächsten Urlaub in der Türkei zu verbringen. So befanden wir uns also in Berlin, in überraschender parteiübergreifender Einträchtigkeit, mit einem Mal mitten in einem politischen Zerwürfnis von internationalem Ausmaß.

Auch wenn ich nun 22 Wochen im Jahr in der Hauptstadt sein muss, bleibt mein Wohnort doch weiterhin Halle, bei meiner Familie und meinen Freunden. Als ich im November 2015 mein

Stadtratsmandat aus Zeitmangel aufgeben musste, schickte mein Team eine Presseerklärung raus. Leider kam es bei vielen Zeitungslesern so an, als hätte ich Halle verlassen, viele sprachen mich nun mit Bedauern auf der Straße an. Das tat mir unendlich leid. Seitdem laufe ich noch emsiger zu Fuß durch die Stadt, damit die Leute sehen: Mich werden sie hier so schnell nicht los.

Auch wenn es zeitraubend sein mag, die Gespräche mit den Menschen vor Ort bleiben auch für einen Bundespolitiker ein wichtiger Teil seiner Arbeit. Wenn ich mich zu einem Termin in Halle verabredet habe, entschuldige ich mich schon immer im Voraus, dass ich wahrscheinlich zehn Minuten zu spät kommen werde. Bin ich zu Fuß unterwegs, hält mich immer jemand auf der Straße auf. Ich will aber niemanden abwimmeln, ich versuche, auf jeden Einzelnen einzugehen.

Ich kann nur froh sein über jeden Menschen, der reden will. Auch wenn mir seine Meinung nicht passt. Viele Menschen sind mit der Zeit, in der sie leben, überfordert. Manche sind völlig allein und haben niemanden, mit dem sie darüber sprechen könnten. Das Fernsehen sendet jeden Tag beunruhigende Nachrichten und konfrontiert die Menschen mit Bildern, die man erst mal verarbeiten muss. Viele entwickeln dann ihr ganz eigenes Verständnis der Dinge.

Mein Bürgerbüro in der Großen Steinstraße in Halle bietet jeden Tag eine Bürgersprechstunde an. Da denken sich die Menschen: Super, ich bin Bürger, da geh' ich mal hin. Und manche tun es sogar jeden Tag, manche fragen sogar nach Kaffee und Tee, weil es sich so doch viel netter plaudern lasse.

Hier begegne ich mit meinem Team nahezu allen denkbaren Bereichen. Ernsthaften Sorgen, konstruktiven Vorschlägen und natürlich auch Vorurteilen und Spleens. Eine Frau etwa hat Angst, dass nun all die Afrikaner zu uns kommen, die sie in den

Nachrichten immer in den Rettungsbooten sieht. Ein 80 Jahre alter Herr fordert ständig die Bepflanzung des Hochwasserwalls mit Lupinen. Ein junger Mann will einfach mal sagen: Toll, was ihr hier macht. Wieder ein anderer braucht eine Beratung zum Thema Urheberrecht. Ein weiterer hat Fragen zu seiner Frühverrentung im Speziellen und zur Energiewende im Allgemeinen. Und dann gibt es die vielen Menschen, die dringliche und existenzielle Probleme haben. Wie die Mutter aus Russland, die mit ihrer psychisch schwer kranken Tochter nach Deutschland kam, um sie hier von guten Ärzten behandeln zu lassen. Aber weil sie kaum Deutsch spricht, hat man ihr die Vormundschaft entzogen und lässt sie im Unklaren darüber, was mit ihrem Kind passiert. Irgendjemand riet ihr dann, geh doch mal zum Karamba, vielleicht weiß der ja Rat. Die Leute kommen dann nicht mit der Erwartung, dass ich das Problem sofort löse. Oft kann ich erst einmal nur Hinweise zur Gesetzeslage geben. Ich nehme ihre Fälle jedoch genau auf und sehe dann, an welche Stelle ich mich damit wenden kann.

Man fühlt sich auch ohne Stadtratsmandat als Bundespolitiker den Bürgern zu Hause verpflichtet, sie haben einen schließlich gewählt, und oft schwingt noch die Sorge mit, die Menschen könnten denken, ihr eigener Abgeordneter kümmert sich nicht genug um ihre Belange. Wenn dann auch noch ein Minister aus Berlin einschwebt, um sich ein Bild von der Lage vor Ort zu machen, und man selbst erst am nächsten Tag aus der Zeitung davon erfährt, da leidet das Ego des Abgeordneten, da reagiert man schon mal verschnupft. Was will der denn nun hier, fragt man sich, hier bin ja wohl immer noch ich zuständig.

Manchmal vermischen sich kommunale Themen mit bundespolitischen. Eine tolle Nachricht für unsere Region war zum Beispiel, als der Bund 150 000 Euro für die Händel-Festspiele bereitstellte, ein großes musikalisches Erbe der Deutschen und für Halle ein wichtiger Wirtschaftsfaktor. Manche Themen aus meinem Wahlkreis nehme ich mit nach Berlin, weil sie mir persönlich am Herzen liegen. Neulich las ich einen Artikel in unserer Lokalzeitung über ein Krankenhaus in Halle mit einer Tuberkuloseabteilung, die europaweit führend ist auf ihrem Gebiet, aber zu wenige Mittel hat. Dann bringe ich das Thema in der Arbeitsgruppe Bildung auf den Tisch, um gemeinsam zu überlegen, wie der Bund die Arbeit der Klinik bezüglich vernachlässigter Krankheiten wie Tuberkulose noch stärker unterstützen könnte.

Meistens aber liegen die Aufgaben im Wahlkreis und die Politik auf Bundesebene weit auseinander. Mein schwerster parlamentarischer Tag war im letzten Jahr die Abstimmung zum Syrien-Einsatz der Bundeswehr, die mir sehr zu schaffen machte.

Jede Entscheidung bleibt eine schwere, und manche kann ewig an einem kleben bleiben. Fortan wird man zum Beispiel als »Kriegstreiber« beschimpft, weil man in den Augen mancher Leute nicht klar genug pazifistische Stellung bezogen hat.

Je bedeutsamer die Entscheidung, desto mehr Augenmerk wird auf die Fraktionsdisziplin gelegt. Für gewöhnlich stimmt man innerhalb der Koalition geschlossen ab. Beim Thema »Ehe für alle« zum Beispiel sah ich mich verpflichtet, gegen die Grünen zu stimmen, einfach weil sie in der Opposition waren, obwohl ich ebenfalls für die völlige Gleichstellung bin. Anträge der Opposition werden meistens abgelehnt, die CDU treibt es dabei mit der Linken vielleicht ein bisschen auf die Spitze. Denn natürlich kann man Ausnahmen machen, und auch CDU-Abgeordnete schließen sich nicht immer blind der Regierungsmeinung an. 60 Unionsmitglieder sind damals ja auch nicht Angela Merkel gefolgt und haben stattdessen gegen die Griechenlandhilfe gestimmt. Was die Opposition vorbringt, sind meistens maximale Forderungen, das macht es einem leichter, ihnen die Zustimmung zu verweigern, weil man natürlich nicht alle Punkte mittragen kann. Folge ich nicht der Koalitionslinie und weiche bei einer Abstimmung ab, dann werde ich zwar innerhalb der Fraktion nicht gerade angefeindet, aber erklären muss ich mich doch bei einigen Kollegen.

Im Dezember 2015 kamen wir also zur Abstimmung über den Syrien-Einsatz zusammen. In den Tagen davor hatte ich mit vielen Kollegen diskutiert und immer wieder das Für und Wider abgewogen. Viele waren sich unsicher. Und ich selbst schwankte noch in der Nacht vor der Abstimmung zwischen Ablehnung und Enthaltung. Als am nächsten Tag die Debatte lief, schwankte ich zwischen Enthaltung und Zustimmung. Bis zwei Minuten vor der Stimmabgabe wusste ich nicht, wie ich mich entscheiden sollte. Dagegen sprachen die Erfahrungen mit Irak, Afghanistan, Libyen – all diese Länder verfielen nach den Interventionen ins Chaos. Niemand hatte doch einen Plan, was nach Gaddafi kommen sollte. Aber ich hatte mich auch daran erinnert, wie Frank-Walter Steinmeier in jeder einzelnen Fraktionssitzung immer wieder über seine Arbeit berichtet hatte. Über seine Reisen nach Libyen, in die Ukraine, in den Iran, und immer wieder nach Syrien. Über seine Treffen mit Oppositionellen vor Ort. Wie die Franzosen ihn um Beistand gebeten hätten nach den Anschlägen in Frankreich und wie er einfach keine andere Möglichkeit sehe, als sich militärisch zu beteiligen. Und ich fragte mich nun, was ist die Alternative? Stopp den Waffenexporten? Das war mir zu wenig. Da drüben wurden jeden Tag Menschen geköpft. Wir haben jahrelang weggeguckt, als in Mali Zehntausende Menschen von Terroristen misshandelt wurden. Das konnten wir doch nicht schon wieder geschehen lassen.

Ich las noch während der Debatte Steinmeiers »Liebe Freunde«-Brief, in dem er uns im Detail über den Stand seiner Arbeit informierte. »Liebe Freunde«-Briefe nennen wir solche Schreiben von Ministern und Sprechern von Arbeitsgruppen zu verschiedenen Themenfeldern, vom Haushalt bis zur Sterbehilfe, weil sie immer mit derselben Anrede beginnen. Dieser Brief überzeugte mich. Ich stimmte mit Ja. 28 SPD-Abgeordnete folgten nicht der Regierungshaltung und stimmten mit Nein. Mit Abweichlern hatte man natürlich innerhalb der Fraktionsspitze gerechnet, aber über 28 war man dann doch überrascht. Es ist üblich, dass man sich vorher innerhalb der Fraktion bespricht und diejenigen ein Zeichen geben lässt, durch Aufstehen oder Handheben, die eine abweichende Meinung vertreten. Nicht um sie vorzuführen, sondern um vorab eine Einschätzung zu bekommen, mit wie vielen Gegenstimmen man zu rechnen haben wird. Und vielleicht auch in der Absicht, sie doch noch im Namen der Koalitionsdisziplin umstimmen zu können. Weil bei weitem nicht so viele aufgestanden waren, wie dann später dagegen stimmten, wurde nach der Abstimmung in der Fraktion noch einmal die Regel für alle erklärt. Und da sah dann ich mich zum Aufstehen genötigt, obwohl ich bei der Probeabstimmung schon so abgestimmt hatte wie später, als es ernst wurde. Aber auch ich hätte unter den 28 sein können. Auch ich war mir bei der Probeabstimmung noch nicht sicher genug gewesen. Manchmal brauche man eben sehr lange, sagte ich, um sich eine Meinung zu einem so komplexen Thema zu bilden. Manchmal entscheide man sich erst kurz vor der Stimmabgabe. Und wäre denn der Sinn einer Debatte verfehlt, wenn man in ihrem Verlauf zu neuen Einsichten und gelegentlich zu einer anderen Entscheidung käme? Wir sollten also die Regel noch einmal überdenken, regte ich an. Nein, nein, hielten einige Kollegen dagegen, als Abgeordneter müsse man sich nun einmal entscheiden und dann dabei bleiben können. Das sei schließlich unser Job.

Nach der Syrien-Abstimmung musste ich mich für meine Entscheidung im Wahlkreis oft rechtfertigen. Wie konntest du mit Ja stimmen, fragten mich die Leute auf der Straße. Ich erklärte meine Zustimmung dann ähnlich wie oben, und ich bemühte mich jedes Mal, ihnen zu versichern, wie schwer mir die Entscheidung gefallen sei.

Es hat sich bereits Historisches getan in meiner ersten Wahlperiode im Bundestag. Zu den großen Themen des Koalitionsvertrags gesellten sich die Griechenlandkrise, der genannte Bundeswehreinsatz in Syrien und die Verschärfung des Asylrechts. Was in diesen bewegten Zeiten des Terrors und der Krisen noch auf uns zukommt, ist jetzt noch nicht zu ermessen. Auch über das Thema Asyl wird seit den Angriffen in Würzburg und Ansbach wieder heftig diskutiert. Davon ahnten wir noch nichts, als der Deutsche Bundestag am 25. Februar 2016 das Asylpaket II verabschiedete.

Auch ich bin an jenem Tag im Parlament. Die Fotos, die über die Nachrichtenseiten laufen, zeigen mich inmitten eines Pulks von Leuten an der Abstimmungsurne. Mit im Gedränge: Angela Merkel, Bundeskanzlerin, und Volker Kauder, Vorsitzender der CDU/CSU-Bundestagsfraktion. Zusammen mit Gerda Hasselfeldt, CSU-Landesgruppenchefin, und Thomas Oppermann, SPD-Fraktionschef, zeichnet Kauder für das Gesetz verantwortlich.

Auf den Fotos aus dem Plenarsaal halte ich in meiner Hand die blaue Abstimmungskarte, ich halte sie selbstbewusst in die Höhe, als würde ich mich damit ausweisen wollen. Blau steht für Ja, Rot steht für Nein. Wer sich enthalten will, bekundet dies mit einer weißen Karte, die er in die entsprechende Urne steckt. Die blaue Karte, die ich in der Hand halte, wird an diesem Tag allerdings nicht in der Abstimmungsurne landen. Auch wenn das Foto suggeriert: Karamba Diaby stimmt gerade für die Verschärfung der Asylgesetze, ich werde mit Nein stimmen.

Das neue Gesetz hat zum Ziel, Asylverfahren zu beschleunigen, weil unter den vielen Menschen, die täglich nach Deutschland kommen, sehr viele sind, deren Anträge ohnehin kaum Erfolgsaussichten haben. Es geht also darum, die betreffenden Menschen schneller und konsequenter, nun innerhalb von ein bis zwei Wochen, abschieben zu können. Eine auch in meinen Augen unerlässliche Maßnahme. Ich frage mich mit Sorge: Wie viel kann unsere Gesellschaft leisten? Wann ist unsere Belastungsgrenze erreicht? Mit dem neuen Gesetz war auch der Beschluss verbunden, Flüchtlinge in Deutschland mit einer strengeren Residenzpflicht zu belegen, damit ihre Verteilung nach dem Königsteiner Schlüssel gewährleistet bleibt. Außerdem sollte der Familiennachzug für zwei Jahre ausgesetzt sowie strengere ärztliche Atteste für Flüchtlinge eingefordert werden, die ihrer Abschiebung durch Krankheit entgehen wollen.

Innenminister Thomas de Maizière, der sich zum letzten Punkt geäußert hatte, wollte mit anderen Worten den Ärzten in Deutschland unterstellen, sie schrieben im großen Stil Atteste aus Gefälligkeit oder Nachlässigkeit. Das fand ich empörend. Im Aufenthaltsgesetz heißt es zudem, der Gesetzgeber gehe davon aus, »dass grundsätzlich nur lebensbedrohliche und schwerwiegende Erkrankungen, die sich durch die Abschiebung wesentlich verschlechtern würden, die Abschiebung verhindern können«. Aber was ist mit Krankheiten wie Diabetes zum Beispiel? Auch die wird lebensbedrohlich, wenn ein Patient nicht die richtigen Medikamente bekommt. Als de Maizière den Vorwurf später noch einmal in einem Zeitungsinterview wiederholte, musste er nachträglich einräumen, dass es sich bei seinen Attestzahlen eher um eine gefühlte Wahrheit ohne statistische Grundlage handelte.

Was mich am Ende aber deutlich zum Nein bewegte, war der Beschluss zum Familiennachzug für unbegleitete minderjährige Flüchtlinge. Als stellvertretender Vorsitzender im Ausschuss für Menschenrechte und humanitäre Hilfe muss ich ein Gesetz immer auch aus dieser Perspektive betrachten. Abgesehen davon, dass ich nicht daran glaube, dass sich die Zahl der Flüchtlinge auf diese Art deutlich reduziert, geschweige denn sich irgendetwas an den Fluchtursachen ändert: Ich will nicht dafür verantwortlich sein, dass Kinder ihre Eltern nicht wiedersehen dürfen. Der Schutz der Familie ist im deutschen Grundgesetz garantiert. Menschenrechte sind auch in Krisenzeiten nicht relativierbar. Ich stelle es mir immer an meiner eigenen Tochter vor. Auch wenn die neue Regel nur für Menschen greift, für die in Deutschland nur subsidiärer Schutz gilt, also Menschen, die keinen Schutzstatus nach der Genfer Flüchtlingskonvention genießen, aber auch nicht nach Hause zurückgeschickt werden können, weil ihnen dort Folter und Todesstrafe drohen: Wie groß muss die Not sein, wenn man sich von seinem Kind trennt? Und wie viel größer wird dann erst die Verzweiflung im neuen Land sein, wenn man keine Chance hat, sich wiederzusehen und diesen beschwerlichen Neuanfang ohne vertraute, geliebte Menschen zu bewältigen?

Das Asylpaket II wurde am Ende mit breiter Mehrheit beschlossen. 429 Abgeordnete stimmten mit Ja, 147 mit Nein, vier enthielten sich. Ich war einer von 30 SPD-Abgeordneten aus der großen Koalition, die sich gegen die Regierungsmeinung stellten. Nach § 31 der Geschäftsordnung zur namentlichen Abstimmung erklärte ich im üblichen Wortlaut: »Bei Abstimmungen mit erheblicher Reichweite oder auch bei Gewissensfragen nehme ich für mich das Recht eines jeden Abgeordneten nach Artikel 38 (1) des Grundgesetzes in Anspruch.«

Wie also kam die blaue Karte für Ja in meine Hand? Was

hatte ich neben Angela Merkel zu suchen? Ganz einfach, auch an jenem Tag war ich als Schriftführer eingesetzt worden. Als solcher nehme ich nicht nur Anträge und Wortmeldungen entgegen, führe Rednerlisten und überwache akribisch die Redezeiten. Ich habe auch darauf zu achten, dass bei Abstimmungen alles korrekt verläuft. Als Abgeordneter der großen Koalition wurde ich an Urne 3 gegenüber der Unionsfraktion eingeteilt, an derjenigen Urne also, wo die Regierungsmitglieder meistens ihre Stimme abgeben: Ein Ja zum verschärften Asylrecht. Die Karte in meiner Hand sollte also nur sagen: Hier bitte blau wählen. Wie ein lebender Wegweiser für Abgeordnete. Mit meiner eigenen Stimme hatte das nichts zu tun.

An jenem Tag im Februar 2016 sprach mich Cem Özdemir an der Urne an. Özdemir hatte eine persönliche Frage. Er wollte von mir wissen, ob ich die gleichen Erfahrungen gemacht habe wie er damals als Schriftführer. Ich fragte nach, was genau er damit meine, und er präzisierte: Ob auch ich regelmäßig Hass-Mails erhalte, wenn ich im Fernsehen mal wieder an der Seite des Bundestagspräsidenten zu sehen gewesen sei.

Cem Özdemir, ein etablierter deutscher Politiker, geboren in Urach am Fuße der Schwäbischen Alb, wurde und wird tatsächlich beschimpft wegen seiner türkeistämmigen Vorfahren. Ich selbst bekomme vor allem dann böse E-Mails, Briefe und Kommentare bei Facebook, wenn ich mich gerade zu einem politischen Thema öffentlich geäußert habe. Das geht eigentlich allen Politikern ähnlich. Bei mir aber sind die Anfeindungen immer rassistisch motiviert.

Beim Wahlkampf auf der Straße hatte das übrigens noch anders ausgesehen. Klar, manche Leute waren mir feindselig begegnet, manche wutschäumend. »Kriegstreiber!«, »Hartz-IV-Verbrecher!«, »Wer hat uns verraten? Sozialdemokraten!« – aber das meiste dieser Anfeindungen erleben weiße Politiker gleichermaßen. Was in sozialen Medien und E-Mails stattfindet, ist von einem anderen Kaliber. »Was mischen Sie sich in unsere deutsche Politik ein?«, gehört noch zu den harmlosen Statements. Weitaus häufiger werde ich aufgefordert: »Gehen Sie doch in den Busch, und lassen Sie sich dort wählen!« Doch als stiller Beisitzer im Bundestag, ohne dass ich mich zu einem Thema geäußert hätte, war mir so etwas noch nicht passiert. Dabei hatte gleich mein erster Dienst als Schriftführer sogar einen zweifachen Migrationshintergrund. Meine Kollegin an diesem Tag neben Bundestagspräsident Norbert Lammert, CDU, war Azize Tank von der Linken, die in Istanbul geboren wurde.

Cem Özdemir ist schon vor 22 Jahren ins deutsche Parlament eingezogen. Als er damals gewählt wurde, war er zusammen mit der Sozialdemokratin Leyla Onur der erste Bundestagsabgeordnete mit türkischen Wurzeln. Heute haben 5,6 Prozent der Abgeordneten eine Migrationsbiographie – gemessen an 19 Prozent in der gesamten deutschen Bevölkerung noch immer recht wenig. Seit der letzten Legislaturperiode ist die Zahl immerhin von 21 auf 35 Politiker gestiegen. Die Grünen sind, gemessen an der Anzahl ihrer Sitze im Parlament, mit einem Anteil von 11,1 Prozent Spitzenreiter unter den Parteien, gefolgt von der Linksfraktion mit 10,9 Prozent und der SPD mit 6,3 Prozent. Ich bin also einer von zwölf SPD-Parlamentariern (von insgesamt 193) mit nicht-deutschen Wurzeln. Ganz unten angesiedelt sind CDU mit acht von 255 Abgeordneten (3,1 Prozent) und die CSU mit nur einem von 65 (1,8 Prozent). Die meisten der Kollegen aus Einwandererfamilien sind immer noch türkeistämmig. Mit meinem Kollegen Charles M. Huber, dessen Vater wie ich aus dem Senegal stammt, sind nun endlich auch zwei Afrodeutsche im Parlament vertreten. Ich hoffe, wir bleiben nicht die einzigen.

Riesenstimmung und Debakel

»Ein bisschen mehr Mischung kann niemandem schaden.«

13. März 2016, kurz vor 18 Uhr. Ich bin mit Freunden und Parteikollegen im »Groben Gottlieb« verabredet, einer gemütlichen Gaststätte in der Innenstadt von Halle. Gemütlich ist uns allerdings weniger zumute. In den Bundesländern Rheinland-Pfalz, Baden-Württemberg und Sachsen-Anhalt ist heute gewählt worden, und wir ahnen schon, dass das kein guter Abend für uns wird. In der Fußgängerzone, in der eben noch als Hasen verkleidete Hallenser Studenten Schokoladeneier an Kinder verteilt haben und nun die Marktleute ihre Buden abbauen, treffen vereinzelt Polizeibusse ein. Die Behörden befürchten zu Recht, dass nicht alle mit dem Wahlergebnis zufrieden sein werden. Und tatsächlich wird sich spät am Abend spontan ein Umzug aus etwa 250 Menschen durch die Innenstadt formieren.

Im Moment rechne ich noch mit rund 15 Prozent für die Sozialdemokraten, was ja auch schon eine gewaltige Niederlage wäre. Es kommt aber viel schlimmer, als wir uns alle ausgemalt haben.

Um 18 Uhr eröffnet Bettina Schausten die Zitterpartie im Ersten Deutschen Fernsehen. Mit Grabesstimme, wie mir scheint, aber vielleicht ist mir selbst auch nur so mulmig. Sie sagt jedenfalls in Unheil verheißendem Tonfall, man müsse sich ernsthaft fragen, ob man die SPD noch zur Liga der wichtigsten Volksparteien Deutschlands zählen könne. Sigmar Gabriel, sagt sie weiter, habe seinen Rücktritt zwar schon ausgeschlossen, aber wer, bitte schön, sollte für dieses »Himmelfahrtskommando« auch freiwillig als Nachfolger bereitstehen?

Die Prognosen, die in wenigen Sekunden über unseren Bildschirm laufen, werden uns eine Bundesrepublik präsentieren, wie sie unterschiedlicher kaum sein könnte. Die ersten Zahlen kommen aus Baden-Württemberg – und liefern gleich den ersten Schock. Die Sozialdemokraten liegen bei 13 Prozent, nur knapp vor der Alternative für Deutschland mit 12 Prozent. Und werden im Laufe des Abends noch von der AfD mit über 15 Prozent überholt. Winfried Kretschmann von den Grünen wird zwar der Gewinner des Abends sein mit 30,3 Prozent, aber seine grün-rote Regierung hat die Mehrheit eingebüßt.

Dann geht es weiter nach Rheinland-Pfalz. Der Reporter vor Ort berichtet von »Riesenstimmung«, und er findet sie tatsächlich bei den Sozialdemokraten. Malu Dreyer wird am Ende des Abends 36,2 Prozent der Stimmen erreichen. Die Stimmung der Genossen wird allerdings durch eine andere Zahl eingetrübt. Die AfD hat nämlich ebenfalls Grund zum Feiern, sie wird mit 12,6 Prozent die drittstärkste Kraft im Südwesten. Die Grünen, bei der letzten Wahl noch stark, verlieren dagegen über zehn Prozent und stehen nun bei 5,3.

Dann wird der Reporter in Sachsen-Anhalt zugeschaltet. Die Wahlbeteiligung, so viel weiß man schon jetzt, ist beachtlich. Aber dann sagt einer an unserem Tisch: »Denkt mal an Achtundneunzig. Da sind plötzlich 20 Prozent mehr Menschen wählen gegangen, und wie ging es aus?« Er spielt an auf den großen Erfolg der DVU.

Mit einem Verlust von 10,9 Prozentpunkten kommt die SPD

in Sachsen-Anhalt auf 10,6 Prozent der Stimmen im Land. Im Laufe des Abends sacken wir noch so viel weiter ab, dass wir schon froh sein können, noch zweistellig zu bleiben. Die AfD holt dagegen unfassbare 24 Prozent.

Im vollen Lokal herrscht Stille. Irgendjemand sagt, der Wirt möge doch bitte mal auf MDR umschalten, vielleicht erfahre man da mehr über die Zahlen aus Sachsen-Anhalt. Aber im MDR senden sie gerade in aller Seelenruhe das *Sandmännchen*, als wäre nichts geschehen. Die Menge starrt eine Weile schweigend auf den Bildschirm, als würde sie überlegen, ob das nicht das bessere Fernsehprogramm sei. Erst einmal schlafen, und wenn man am nächsten Morgen aufwacht, war alles nur ein böser Traum. Dann entscheidet der Wirt: »Ich schalte dann mal wieder auf ARD um, okay?« – »Na gut«, hört man verzagt aus der Menge.

Im Ersten spricht Sigmar Gabriel gerade über sein größtes Sorgenkind. Das Land Sachsen-Anhalt. Ich denke mittlerweile, bei den Zahlen kann es eigentlich nur Neuwahlen geben, weil mir keine Regierungskonstellation realistisch erscheint. Um 18.20 Uhr läuft über den Ticker auf meinem Handy, dass Wulf Gallert von der Linken eine Zusammenarbeit mit der CDU nicht kategorisch ausschließen wolle. Dies sei eine schwierige Situation und mit dieser müsse man sich irgendwie auseinandersetzen. Verkehrte Welt.

In allen drei Ländern bringt die AfD die gesamte Arithmetik durcheinander. Von »tektonischer Verschiebung« sprechen die Fernsehexperten, und das Schlagwort des Abends ist wieder einmal, wie an so vielen Wahltagen: Debakel. Das wird abwechselnd mal der CDU, mal der SPD zugewiesen. Derweil versucht Everhard Holtmann, Politologe an der Universität Halle, das Land Sachsen-Anhalt und seine Bewohner zu erklären und spricht von einer »tief eingewurzelten Unzufriedenheit«, die sie sonst von der Wahl abgehalten, diesmal aber zur Protestwahl verleitet habe.

Die Menschen fühlten sich benachteiligt und abgehängt, heißt es allenthalben. Sie trauten nicht mehr den etablierten Parteien und verpassten ihnen dafür einen Denkzettel. Das Recherchezentrum *Correctiv* hat mal zusammengetragen, was das Programm der AfD für ihre Wähler eigentlich sonst noch so bedeuten würde, jenseits von offiziell zur Parteilinie erklärter Islamfeindlichkeit. Und kommt zu dem Schluss, dass sich gerade die einfachen, sich abgehängt vorkommenden Leute davon wohl kaum gut vertreten fühlen dürften. Hinter der »Reform der sozialen Sicherungssysteme« verbirgt sich nichts anderes als ein Vorteil für Wohlhabende. Arbeitslosen- und Unfallversicherung, für die bislang der Staat aufkommt, sollen nach dem Willen der AfD privatisiert werden, vor allem für Geringverdiener ein unlösbares Problem. *Correctiv* erklärt die Folgen an einem Beispiel: »Ein gut verdienender Ingenieur mit Hochschulabschluss, der ein geringeres Risiko hat, arbeitslos zu werden, zahlt wenig. Dagegen müsste eine geringbeschäftigte Verkäuferin bei Karstadt in einem privatisierten System im Verhältnis zu ihrem Gehalt einen sehr hohen Beitrag bezahlen. Sie hat ein höheres Risiko, arbeitslos zu werden. Da die Versicherung freiwillig wäre, würden sich gerade viele Geringverdiener die Absicherung sparen, um mehr zum Leben zu haben. Die sofortige Not von Menschen, die aus welchem Grund auch immer arbeitslos werden, wäre die Folge. Sie würden direkt in Sozialhilfe fallen.«[40]

Worüber genau ihre Wähler so unzufrieden sind, erklärt uns aber erst einmal André Poggenburg im Wahlstudio von Magdeburg, der für die AfD in den Landtag einziehen wird: »Masseneinwanderung!« – »Na klar«, ruft meine Kollegin an unserem Tisch. »Masseneinwanderung in Sachsen-Anhalt, ausgerechnet.« Bei uns sind gerade einmal 35 000 Flüchtlinge ins Land gekommen, von denen sind mehr als 10 000 schon weiter in den Westen umquartiert worden. Viel mehr wird Poggenburg an dem Abend auch nicht mehr von sich geben, jedenfalls nicht gegenüber den sogenannten Mainstream-Medien. »Wer, wie etliche AfD-Anhänger, Medien pauschal als ›Lügenpresse‹ verunglimpft«, wird später die *Mitteldeutsche Zeitung* schreiben, »der muss sich konsequenterweise seine eigene Öffentlichkeit schaffen« – und berichtet, wie Poggenburg an dem Abend »hinter verschlossenen Türen, bewacht von zwei Sicherheitsleuten, in einem Fernsehstudio der besonderen Art« Platz nimmt. Denn dort hat das Hetzmagazin *Compact*, das mit dem Slogan »Mut zur Wahrheit« wirbt, seine Kameras aufgebaut. Im Laufe des Abends werden sich noch weitere Vordenker der Neuen Rechten wie Hans-Thomas Tillschneider und Götz Kubitschek dazugesellen.

Meine Mitarbeiterin Franca, die im Stadthaus die Zahlen für Halle eingeholt hat, kommt schließlich mit der Nachricht zu uns zurück, dass die AfD in Halle-Neustadt ein Direktmandat gewonnen hat. »Und dahin muss ich jetzt noch allein im Dunkeln nach Hause«, sagt meine Bekannte Satenik Roth, und sie sagt es nur halb im Spaß. Sie ist Armenierin und stellvertretende Vorsitzende des Ausländerbeirats. Die anderen drei Direktmandate gehen in Halle, aller Kontinentalplattenverschiebung zum Trotz, mal wieder an die CDU. Wenigstens darauf ist Verlass.

Nach der Wahl veröffentlichte das Landesinnenministerium von Sachsen-Anhalt beängstigende Zahlen. Rechte Straftaten hätten im Jahr 2015 deutlich zugenommen, zeigte der Bericht, und zwar um fast 40 Prozent. Insgesamt wurden 1749 rechtsmotivierte Delikte registriert, mehr als die Hälfte davon seien sogenannte Propagandadelikte wie Schmierereien verfassungsfeindlicher Symbole oder das Rufen rechter Parolen gewesen. Die Zahl rechter Gewalttaten stieg um 62 auf 109.[41] Die Statistik zeigte, und das schockierte mich besonders, auch eine besondere Konzentration auf Halle. Ich hoffe, dass diese eine Momentaufnahme bleibt und kein Dauerzustand wird.

Die kleine Demonstration, die sich spontan am Wahlabend in der Innenstadt gebildet hatte, protestierte jedenfalls gegen Rechtsradikalismus und für eine menschenfreundliche Gesinnung in Halle und Sachsen-Anhalt. Die Polizei musste an dem Abend nicht einschreiten, der Umzug blieb friedlich.

Zu Neuwahlen kam es nicht. Ein paar Wochen später einigten sich CDU, SPD und Grüne in Sachsen-Anhalt auf die erste Kenia-Koalition Deutschlands.

Ende März 2016, etwa zwei Wochen nach der Wahl, erschien in der Lokalzeitung ein Leserbrief. Leser Heinz N. aus Halle wollte seiner Hoffnung Ausdruck verleihen, dass die neuen Landtagsabgeordneten nun »endlich erkennen mögen, dass das kräftige Zupacken Priorität haben sollte«. Denn erst am Wahlsonntag, so der Leser weiter, habe ihn sein Weg zum Wahllokal »ausgerechnet an total verdreckten Behelfsparkplätzen, vermüllten Grünanlagen und verschmutzten Fahrbahnrändern« vorbeigeführt. Als er dann auch noch zur Kenntnis habe nehmen müssen, »dass vor und hinter dem maroden Zaun rings um das ohnehin wüste Geländedreieck vis-à-vis des Erdgas-Sportparks immer noch viel Unrat sein schändliches Dasein fristet«, da sollte es doch endlich so weit sein, dass die Stadt dem Dreck »den Garaus« machen werde.

Ich nehme dabei vor allem eines zur Kenntnis: ein ziemlich großes Missverständnis. Der Landtag ist genauso wenig dafür zuständig, den Schmutz in der Stadt zu beseitigen, wie er dazu in der Lage ist, die Asylpolitik zu ändern, Waffenexporte zu stoppen oder sonst wie in die Weltpolitik einzugreifen. Das

Familienministerium hat nach der Wahlkatastrophe vom 13. März das Budget für politische Bildung von 50 auf 100 Millionen Euro aufgestockt. Ein guter Schritt. Das Schlagwort der Initiative heißt »Demokratie leben«.

Dazu gehört auch, den Bürgern noch einmal begreiflich zu machen, wer zu welchem Zweck gewählt wird. Wenn man sauer auf Merkel ist, bringt es nichts, die CDU-Landespolitiker abzustrafen. Die haben nichts zu tun mit Asylzuweisung und werden keine Obergrenze für Flüchtlinge einführen können. Auch wenn Sachsen-Anhalts Ministerpräsident Reiner Haseloff in seinem Wahlkampf, trotz eines Anteils von gerade einmal 2,8 Prozent, der unserem Land nach dem Königsteiner Schlüssel zugewiesen wurde, nicht davor zurückgeschreckt ist, das Thema für seine Zwecke populistisch auszunutzen und den Anschein zu erwecken, er werde sich persönlich für eine Obergrenze stark machen. Die AfD hat auf ihren Plakaten mit dem Slogan geworben: »Die Griechen leiden, die Deutschen zahlen, die Banken kassieren.« Sie versprach ein Ende der bisherigen Asylpolitik und mehr Volksentscheide in Deutschland. Allesamt bundespolitische Forderungen, die im Landtag nichts zu suchen haben.

Die Grundlagen der politischen Allgemeinbildung müssen schon verstärkt in der Schule gelehrt werden – und dazu gehört nun einmal zu wissen, wie das Wahlsystem der Bundesrepublik funktioniert und wie die Zuständigkeiten verteilt sind. Mit der richtigen Landespolitik, so müssen wir den Kindern erklären, kann man zum Beispiel dafür sorgen, dass ihre Schulen schöner werden. Dass ihr Pausenhof saniert wird und mehr Lehrer eingestellt werden. Wenn man nun die AfD dazu befragte, woher sie das Geld dafür nehmen würde, dann würde die Antwort sicher lauten: »Bei den Flüchtlingen sparen!« Das klingt erst einmal griffig, ist aber Unsinn, denn ein Großteil der Ausgaben für Flüchtlinge kommt aus Bundes-, nicht aus Landesmitteln.

Wer soll das bezahlen?, fragen nun die Leute, und das ist, neben der Angst vor »Überfremdung«, wohl die virulenteste Sorge rund um das Thema Asyl. In der ersten Fraktionssitzung in Berlin nach den Landtagswahlen im März haben wir uns selbstkritisch befragt, wie es uns passieren konnte, so viele Wähler zu verlieren. Sigmar Gabriel hatte noch ein paar Wochen vor der Wahl darauf verwiesen, wie gut es Deutschland wirtschaftlich geht. Und wie wir den Haushaltsüberschuss dazu nutzen können, ins eigene Land zu investieren, in Bildung, in Brücken und kaputte Straßen, in ein Sozialpaket, das unter anderem eine Lebensleistungsrente über 850 Euro für Menschen garantiert, die 40 Jahre lang ihre Beiträge gezahlt haben.

Hängengeblieben ist bei seinen Kritikern nur, Sigmar Gabriel greife nun selbst in die populistische Kiste und wolle Stimmen fangen mit der Forderung, es müsse endlich was für die armen Deutschen getan werden, die zugunsten der Flüchtlinge kürzer treten müssten. Gemeint hat er etwas ganz anderes, nämlich: Leute, es geht uns gut, niemandem wird etwas weggenommen, ganz im Gegenteil. Wir können die Ausgaben, die unsere Flüchtlingspolitik erforderlich macht, stemmen – und das sogar ohne die schwarze Null anzutasten.

Meine Analyse in Berlin vor der Fraktion lautete: Wir müssen selbstbewusster auftreten, wenn wir von unserer Regierungsarbeit profitieren wollen. 76 Prozent der Wähler in Sachsen-Anhalt stimmten der folgenden Aussage zu, und immerhin 43 Prozent der SPD-Wähler: »Man weiß im Moment nicht, wofür die SPD inhaltlich steht.« Wenn wir eine bessere Vereinbarkeit von Beruf und Familie erreicht haben, wenn wir die Rente mit 63 durchsetzen konnten und einen flächendeckenden Mindestlohn von 8,50 Euro – wovon viele Bürger, die jetzt die AfD gewählt haben, profitieren –, dann dürfen wir nicht immerzu »Aber« sagen. »Aber eigentlich hätten wir 10 Euro erreichen müssen.« »Aber eigentlich hätten wir keine Ausnahmen akzeptieren dürfen.«

Ein großer Teil der Wähler, die uns abhandengekommen sind, fühlt sich von uns nicht mehr vertreten. Von 97 000 früheren SPD-Wählern in Sachsen-Anhalt haben allein 20 000 Wähler die AfD vorgezogen. Eine Partei aus Erzkonservativen und Evangelikalen, aus allgemeinen Angstmachern und völkisch Bewegten vom äußersten rechten Rand. So weit, so bitter. Nur verloren geben dürfen wir sie nicht! Manchmal denke ich, wir halten uns aus falsch verstandenem Anstand zu sehr zurück. Dabei müssen wir die Menschen gezielt ansprechen mit dem, was wir ihnen als Partei zu bieten haben. Wenn ich zu Ihnen sage, kommen Sie doch mal zum Abendessen vorbei, würden Sie wohl sagen: »Ja, mal sehen«. Und ich würde vergeblich auf Sie warten. Wenn ich aber sage, heute Abend gibt es bei uns Mafé zum Abendessen, das ist Lammfleisch mit Erdnusssoße und Reis, seien Sie um 19 Uhr in der Willi-Brandt-Straße Nr. 97 – wenn ich Sie so klar und verbindlich einladen würde, dann kämen Sie ganz sicher vorbei.

Rückblick. 10. März 2016, ein paar Tage vor der Landtagswahl. Am Vorabend ist Frank-Walter Steinmeier im »Enchilada« aufgetreten. Es sind 450 Leute gekommen, steht in der Zeitung, mindestens 50 weitere standen noch vor der Tür und kamen nicht mehr in den überfüllten Raum. Wir werten das mal als gutes Zeichen. Bei Horst Seehofer vor ein paar Wochen, der mit Ministerpräsident Haseloff aufgetreten ist, sind auch nicht mehr Leute gekommen.

In der Regionalgeschäftsstelle der SPD, in der sich auch mein Wahlkreisbüro befindet, sitzen einige Parteifreude gerade im Nebenraum am Konferenztisch. Sie konferieren nicht, sie machen handfeste Wahlkampfarbeit: Vor ihnen stehen Dutzende Paletten mit pink bemalten Ostereiern, die sie in kleine

Korbnester packen, und ich frage mich, wo sie die alle noch loswerden wollen so kurz vor dem Wahltag.

Es sind sitzungsfreie Tage, das heißt, ich muss in dieser Woche nicht in Berlin sein, sondern kann mich um meine Hallenser kümmern. Am Nachmittag werde ich einen Wahlaufruf drehen, in dem ich die Leute bitte, ihre Stimme unserem Hallenser Kandidaten Detlef Wend zu geben, meinem früheren Konkurrenten im Rennen um die Bundestagskandidatur, aber nun halten wir wieder zusammen, und für seinen Einzug in den Landtag werden die Stimmen glücklicherweise reichen. Erst einmal aber hat sich in meiner Sprechstunde ein Kleingärtner angekündigt, der mit mir über seine kleingärtnerspezifischen Sorgen sprechen möchte.

Es erscheint schließlich in meinem Büro: eine ganze Kleingärtnerdelegation aus Vorstand, Schatzmeister und Vereinspräsident. Zunächst beglückwünschen sie mich noch einmal zu meiner Wahl in den Bundestag. Man hoffe, die Aufregung habe sich inzwischen gelegt, sagt der eine, denn man könne sich ja vorstellen, dass das mit einer, er »sage jetzt mal anderen Hautfarbe« gar nicht so einfach sei hier im Osten. Ich bedanke mich, versichere, ja, alles habe sich ein wenig beruhigt, und frage, was ich denn für sie tun könne. Wir reden also eine Weile. Es geht, zusammengefasst, um Pachtprobleme, um Geldnöte, um Nachwuchssorgen.

Lassen Sie mich kurz eine der größten Sorgen der Kleingärtner schildern, bevor Sie ahnen, worauf ich hinauswill mit meiner kleinen Ausführung. Mein Freund Stefan, selbst überzeugter Kleingärtner, mahnt manchmal zu mehr Nüchternheit. Man könne es auch übertreiben mit der ewigen Unantastbarkeit der Pachtverträge. Verträge liefen nun einmal aus oder würden gekündigt, so sei das eben, selbst Hongkong sei schließlich irgendwann an China zurückgegeben worden. Die Zeiten seien ohnehin vorbei, in denen sich die Menschen am Freitagmittag um zwölf Uhr ins Wochenende verabschiedeten. Niemand habe heute mehr die Zeit dazu. Niemand wolle sich mehr so vollständig zurückziehen wie damals die Menschen mit ihrer Datschenmentalität. Da mag er recht haben, aber ich erlebe immer wieder, dass der Schrebergarten ein hochemotionales Thema bei uns ist. Für viele Generationen steht ihre Laube für Beständigkeit innerhalb der Familie. Alles ändert sich heute so schnell in dieser Welt, aber die Laube, sagen sie, die ist immer noch da.

Viele Parzellen stehen heute leer. Für die ausstehende Pacht, die der Kleingartenverein einzieht, müssen nun die übrigen Pächter aufkommen. Herr Müller zahlt nun also für das Grundstück von Herr Meier mit, weil der vielleicht verstorben ist oder einfach keine Lust mehr hatte. Nun will Herr Müller aber seine Laube nicht neben einer Parzelle stehen haben, auf der auch noch Wildwuchs und Verwahrlosung herrschen. Damit er die Nachbarparzelle nicht mitversorgen muss, wäre es am einfachsten für alle, wenn die Fläche stillgelegt und die Laube abgerissen würde. Nur: Wer soll das bezahlen? Und was passiert dann mit dem freien Land? Der Besitzer, also Stadt, Kirche, irgendeine Stiftung, will die Fläche natürlich nur im Ganzen verpachten, was sollte er auch mit vereinzelten kleinen Wiesen anfangen, die auf dem ganzen Gelände verstreut sind? Kein Landwirt könnte damit etwas anfangen, schon gar kein Bauunternehmer, der neue Wohnanlagen plant. Früher oder später wird er also wohl den Vertrag auflösen und die ganze Anlage platt machen. Man darf eben sein Herz nicht zu sehr daran hängen, würde Stefan jetzt sagen. Auch Wohnungen muss man irgendwann verlassen und Autos verkaufen.

Aber wäre es nicht viel schöner, wenn man junge Familien für die ganze Idee der Laube neu begeistern könnte? Ich wage mich also vor mit einer Frage an die eingefleischten Kleingärtner mit jahrzehntelanger Laubenvergangenheit – schon der Vater habe damals im selben Garten gewerkelt, erzählten sie gerade noch, und man selbst sei als Bub mit dem Rad jeden Sonntag …

Und ich denke noch, wenn ich sie damit jetzt mal nicht überfordere. Alles verändere sich, setze ich an, nicht nur in der Kleingartenkolonie, aber wem sagte ich das, sondern in der ganzen Republik. Zu uns kämen heute viele junge Familien mit Kindern, die möglicherweise schon bald Arbeit haben würden und in kleinen Mietwohnungen unterkämen. Sie würden sicher Gefallen daran finden, ihren Kindern auch einen kleinen Garten bieten zu können.

Noch bevor ich die drei Herren fragen kann, ob man vielleicht auch in dieser Hinsicht aufgeschlossen sei, sehe ich den ersten im Augenwinkel nicken. Aber ja, sagt der Vorstand, das könne man sich durchaus gut vorstellen. Ich bin mir noch nicht ganz sicher, ob sie wirklich wissen, von wem ich da rede. Doch da sagt schon der Schatzmeister, sein Sohn habe eine Parzelle in einer Anlage mit einigen, er »sage jetzt einfach mal Türken« – und die seien allesamt tiptop in Schuss. Genutzt bis auf den letzten Quadratmeter mit herrlich bunten Gemüsebeeten. Ein bisschen mehr Mischung, sagt der Dritte, also auch mit Migranten, das könne doch niemandem schaden. Das sei doch eine Bereicherung. Migranten, schiebt er noch schnell hinterher, er wisse jetzt gar nicht, ob er das richtig so sage.

Ich muss lächeln und versichere ihm, aber ja, das sei schon ganz in Ordnung so. Und bin begeistert, dass sich meine Erfahrungen von damals, als ich als wahrscheinlich erster Schwarzer in der Geschichte der Laubenpieper durch die Kolonien von Halle marschiert bin, noch immer Bestand haben: dass kleingeistig nur der zu nennen ist, der seine Vorurteile nicht hinterfragt.

Ich habe nie behauptet: Wenn es nur bunt genug ist, dann wird alles gut. Nein, Vielfalt ist nicht Friede, Freude, Eierkuchen.

Es gibt immer Reibereien. Die Herausforderung besteht darin, damit umzugehen. Zu lernen voneinander, sich nicht bequemen Vorurteilen hinzugeben. Fremde nicht als Bedrohung zu sehen. Und zwar auf beiden Seiten. Die Aufgabe der Politik ist es, entsprechende Maßnahmen zu fördern, um aus Migranten Mitbürger zu machen. Als Politiker fordere ich im Gegenzug, dass die Menschen, die in unserem Land bleiben wollen, den Willen zeigen, sich einzugliedern und zu beteiligen. Das beginnt mit dem Besuch von Integrations- und Sprachkursen und endet, wenn es nach meinem Wunsch geht, mit der Wahrnehmung der demokratischen Rechte und Pflichten, die uns dieses Land bereitstellt. »Von nichts kommt nichts«, hat Willy Brandt gesagt. Und, nicht zu vergessen, mein Schwager.

Die Kleingärtner von Halle folgen einem großen Beispiel. Der Kleingärtner-Stadtverband von Augsburg ist 2014 mit dem Schwäbischen Integrationspreis ausgezeichnet worden. Mehr als die Hälfte der Kleingärtner hat hier einen Migrationshintergrund, das Nebeneinander verschiedener Kulturen gelingt fast selbstverständlich. Ein Kleingarten ist wie ein Mikrokosmos, hier lebt die Putzfrau neben dem Oberstudienrat, der pensionierte Anwalt neben dem geflüchteten Arzt. Und wenn jemand neu eine Parzelle pachtet, passieren in der Regel zwei Dinge: Man wird von den Alteingesessenen willkommen geheißen. Und man bekommt das deutsche Kleingartengesetz in die Hand gedrückt. Wenn sich die Bewohner an bestimmte Regeln halten, können sie gut zusammenleben.

Das gleiche Prinzip wünsche ich mir in Bezug auf die Zuwanderung. Wenn wir den neu Ankommenden mit aufrichtiger Offenheit begegnen und wenn diese bereit sind, die bewährten Regeln zu akzeptieren, dann klappt das auch. Um nicht zu sagen: Dann schaffen wir das.

Dank

An erster Stelle danke ich meiner Frau Ute. Für alles. Für ihre Rückendeckung bei meiner Arbeit und auch für die kritische Lektüre des Manuskripts.

Ich danke meinen Kindern Fatoumata Sarah, Makhily Benjamin und Mamadou Tahirou. Für ihr Verständnis und ihre Nachsicht, dass bei meinen vielen beruflichen und ehrenamtlichen Aktivitäten, die viel Zeit und Kraft in Anspruch nehmen, meine Präsenz und der tägliche Austausch mit ihnen zeitweise zu kurz kommen.

Mein Dank gilt Eva Sudholt für die sehr gute und freundliche Zusammenarbeit. Hervorzuheben ist ihre Geduld und ihre Fähigkeit, die teils sehr komplexen Zusammenhänge meiner Biographie aufzunehmen und in klare Worte zu fassen.

Daniela Kaya danke ich für die kollegiale und fachliche Unterstützung bei der Erstellung des Buchkonzepts, bei der Beratung zur Agenturauswahl sowie bei der kritischen Lektüre des Manuskripts mit Hinweisen zum interkulturell sensiblen Sprachgebrauch.

Ich bedanke mich bei allen Freundinnen und Freunden, die mich direkt oder indirekt u. a. bei den Recherchen und bei der Sammlung von Materialien unterstützt haben.

Daniel Graf von der Agentur Graf, meinem Lektor Philipp Werner und Carola Brandt vom Verlag Hoffmann und Campe danke ich für die vertrauensvolle Zusammenarbeit.

Anmerkungen

1 Vgl. Gordon Repinski, Das Experiment, in: *Der Spiegel*, 14. 4. 2013.

2 *http://www.spiegel.de/spiegel/spiegelblog/halle-an-der-saale-ein-schwarzafrikaner-kandidiert-fuer-den-bundestag-a-892282.html*

3 *http://www.faz.net/aktuell/gesellschaft/schiffsunglueck-todesfaehre-wurde-in-deutschland-gebaut-169497.html*

4 Vgl. Burchardt Brentjes, Anton Wilhelm Amo – Der schwarze Philosoph in Halle, Leipzig 1976.

5 *http://www.mz-web.de/halle-saale/1200-jahre-halle-jubilaeum-soll-weit-wirken-10031222*

6 *http://www.volksstimme.de/nachrichten/sachsen_anhalt/1023956_mit-karamba-in-den-wahlkampf.html*

7 Irmhild Schrader/Anna Joskowski/Karamba Diaby/Hartmut M. Griese (Hrsg.), Vielheit und Einheit im neuen Deutschland – Leerstellen in Migrationsforschung und Erinnerungspolitik (= Bildung in der Weltgesellschaft 8; wissen & praxis 176), Frankfurt a.M. 2015.

8 Vgl. auch Christoph Giersch, Zwischen sozialer Gerechtigkeit und ökonomischer Effizienz. Sozialethische Analyse der Chancen und Risiken von Niedriglohnstrategien in Deutschland, Münster 2003.

9 Karamba Diaby, Interkulturelle und antirassistische Pädagogik in Sachsen-Anhalt – Das Projekt IKaP, in: Wolfram Stender/Georg Rohde/Thomas Weber (Hrsg.), Interkulturelle Bildungsarbeit – Projekterfahrungen und theoretische Beiträge, Frankfurt a.M. 2003, S. 165–176.

10 Everhard Holtmann, Die angepassten Provokateure. Aufstieg und Niedergang der rechtsextremen DVU als Protestpartei im polarisierten Parteiensystem Sachsen-Anhalts, Opladen 2002.

11 Oliver Decker, Johannes Kiess, Elmar Brähler (Hrsg.), Die enthemmte Mitte. Autoritäre und rechtsextreme Einstellung in Deutschland. Die Leipziger Mitte-Studie 2016, Gießen 2016.

12 *http://www.sueddeutsche.de/politik/npd-rechtes-splitting-1.2897794*

13 *http://www.faz.net/aktuell/politik/inland/nach-aeusserungen-ueber-afrikaner-afd-vorstand-legt-hoecke-indirekt-parteiaustritt-nah-13974041.html*

14 *http://www.welt.de/geschichte/article156377227/AfD-Politiker-haelt-antisemitisches-Machwerk-fuer-echt.html*

15 *http://www.spiegel.de/spiegel/print/d-142514129.html*

16 *http://www.welt.de/politik/deutschland/article151900341/Klage-gegen-AfD-Politiker-wegen-Vergewaltigungs-Post.html*

17 *http://www.forschungsgruppe.de/Publikationen/PS_460_047_057_Analyse_Jung.pdf*

18 Wolf Schneider, Sind wir etwa weiß, wir »Weißen«? *https://www.bilanz.de/leben/hautfarbe*

19 *http://www.mz-web.de/mitteldeutscher-marathon-sprachschule-in-den-staffeln-8969624*

20 Vgl. Alexander Klose / Doris Liebscher, Antidiskriminierungspolitik in der deutschen Einwanderungsgesellschaft. Stand, Defizite, Empfehlungen, Gütersloh 2015, S. 17. *https://www.bertelsmann-stiftung.de/fileadmin/files/Projekte/28_Einwanderung_und_Vielfalt/Studie_IB_Antidiskriminierungspolitik_in_der_deutschen_Einwanderungsgesellschaft_2015.pdf*

21 Monika Maron, Merkels kopflose Politik macht die Rechten stark, in: *Frankfurter Allgemeine Zeitung*, 14. 1. 2016.

22 Thorsten Gerald Schneiders: In schlechtes Licht gerückt. Das Araberbild bei Thilo Sarrazin, in: Thorsten Gerald Schneiders

(Hrsg.), Die Araber im 21. Jahrhundert. Politik, Gesellschaft, Kultur, Wiesbaden 2013, S. 407.

23 Thilo Sarrazin, Deutschland schafft sich ab. Wie wir unser Land aufs Spiel setzen, München 2010.

24 Hans Wolfgang Brachinger, Amtliche Daten zwischen Klamauk und Ignoranz, in: *Neue Zürcher Zeitung*, 10. 9. 2010.

25 *http://www.augsburger-allgemeine.de/augsburg/Forscher-warnt-vor-Rueckgang-der-Bevoelkerung-id8402681.html*

26 *http://www.spiegel.de/wirtschaft/soziales/sarrazin-debatte-es-gibt-keine-integrationsmisere-in-deutschland-a-715730.html*

27 *https://idw-online.de/de/news384817*

28 Vgl. Alexander Klose, Doris Liebscher, Antidiskriminierungspolitik in der deutschen Einwanderungsgesellschaft. Stand, Defizite, Empfehlungen. Gütersloh 2015, S. 19. *https://www.bertelsmann-stiftung.de/fileadmin/files/Projekte/28_Einwanderung_und_Vielfalt/Studie_IB_Antidiskriminierungspolitik_in_der_deutschen_Einwanderungsgesellschaft_2015.pdf*

29 Ebd., S. 21.

30 Ebd., S. 26.

31 Ebd.

32 *http://www.pi-news.net/2011/05/offener-brief-an-karamba-diaby/*

33 *http://www.mz-web.de/halle-saale/stadtraete-sollen-sich-stasi-pruefung-unterziehen-8212952*

34 *http://www.spiegel.de/politik/deutschland/angela-merkel-entschuldigt-sich-bei-manuela-schwesig-fuer-volker-kauder-a-1005762.html*

35 *http://www.mz-web.de/halle-saale/halle-zweikampf-unter-genossen-6994738*

36 *https://www.publik-forum.de/Politik-Gesellschaft/der-obama-von-halle#*

37 Cornelius Pollmer, Team Karamba, in: *Süddeutsche Zeitung*, 16. 5. 2013

38 *http://www.focus.de/politik/deutschland/tid-34612/politik-einer-fuer-deutschland_aid_1146899.html*

39 Hendrik Cremer: »Racial Profiling« – Menschenrechtswidrige Personenkontrollen nach § 22 Abs. 1a Bundespolizeigesetz. Empfehlungen an den Gesetzgeber, Gerichte und Polizei. Deutsches Institut für Menschenrechte, Berlin 2013. *http://www.institut-fuer-menschenrechte.de/uploads/tx_commerce/Studie_Racial_Profiling_Menschenrechtswidrige_Personenkontrollen_nach_Bundespolizeigesetz.pdf*

40 *https://correctiv.org/blog/2016/03/14/das-afd-programm-entschluesselt/*

41 *http://www.taz.de/!5291245/*